現代ロシアを見る眼

「プーチンの十年」の衝撃

木村 汎　袴田茂樹　山内聡彦

Kimura Hiroshi　Hakamada Shigeki　Yamauchi Toshihiko

NHKBOOKS 1162

NHK出版【刊】

Printed in Japan
［図版作成］ジェイ・マップ
［校正］鶴田万里子
［協力］小林丈洋
［本文組版］㈱ノムラ

◉

目次

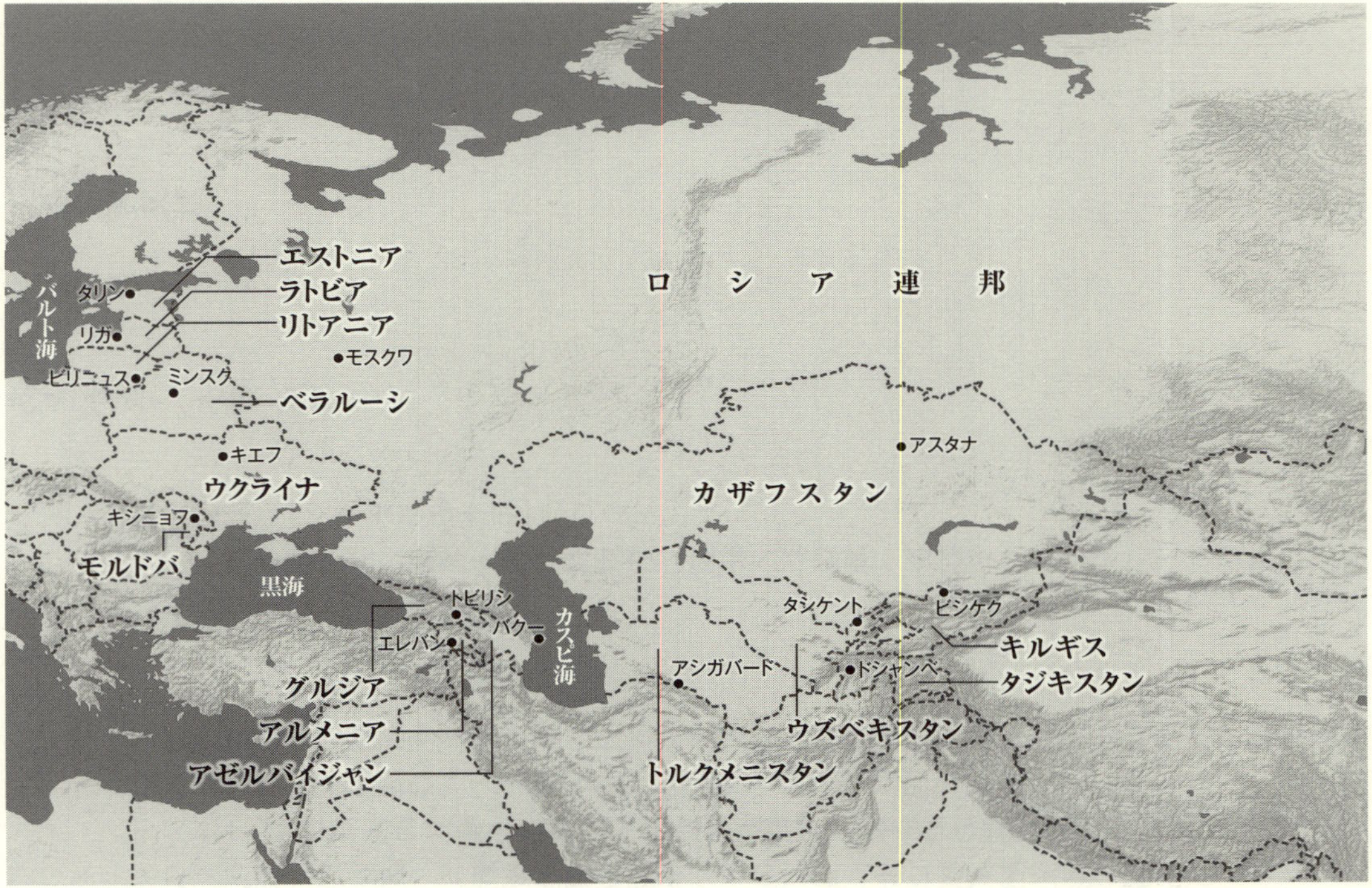
ロシア連邦
エストニア
ラトビア
リトアニア
ベラルーシ
ウクライナ
モルドバ
グルジア
アルメニア
アゼルバイジャン
カザフスタン
トルクメニスタン
ウズベキスタン
キルギス
タジキスタン
バルト海
黒海
カスピ海
タリン
リガ
ビリニュス
ミンスク
モスクワ
キエフ
キシニョフ
トビリシ
エレバン
バクー
アシガバード
タシケント
ドシャンベ
ビシケク
アスタナ

序言

なぜ、一九九九年〜二〇〇九年なのか

一九九九年八月九日——。現代ロシア史を画する分水嶺である。ボリス・エリツィンがウラジーミル・プーチンを首相に指名した日だからである。もっとも当時、「エリツィン大統領の指名がその後十年以上にもわたってロシアの命運を左右する重要決定となる」、こう予測する者は、ほとんどいなかった。というのも同大統領は気まぐれな性格の持ち主で、頻繁に大臣の首をすげ替える常習犯として知られた人物だったからである。実際、同大統領はそれまで在任七年半の間に、三名の外相、九名の財務相、六名の内相、七名の保安庁長官、六名の検事総長を交替させた。首相は五名、しかも最後の四名はわずか一七か月間における交替だった。ところが、プーチンのケースだけは例外となった。プーチンは順調に大統領代行を経て、エリツィンの後継者、すなわちロシア大統領の座に収まったからである。

プーチンがロシア政治を実質上預かるようになってから、ちょうど十年たった二〇〇九年八月九

日。この日の前後にロシアのマスメディアは、こぞって「プーチンの十年」と題する記事や論文を掲載した。そのほとんどは、プーチンの十年を手放しで礼賛する類のものだった。それらは一九八〇～九〇年代を「危機の二十年」、なかでも一九九〇年代を「失われた十年」とみなし、プーチンの十年がそれらとは対照的な時期になったと説いた。より具体的にいうと、ロシアは安定と秩序を回復し、部分的とはいえ経済的繁栄を達成し、国際的発言力も増大させた。要するに、プーチンの十年は「ロシアの復興期」または「黄金の時代」である。ロシア国内におけるこのような肯定一点張りの評価とはおそらく異なるものとなるだろうが、本書もまた「プーチンの十年」を検討しようとする一つの試みである。

「プーチンの十年」という時代のくくり方はやや正確性を欠くとの印象を抱く読者がいるかもしれない。プーチンの大統領任期は八年だったはずと主張するかもしれない。しかしこれは、形式論である。大統領ポストを占める占めないにかかわらず、プーチンはその十年間にわたりロシア内外政治の最高責任者だった。

まず、大統領に正式に就任する前の時期、プーチン（首相または大統領代行）はすでに大統領に等しい活動を始めていた。政権末期のエリツィン大統領が心身ともに脆弱化し、クレムリン登庁もままならぬ療養生活を余儀なくされていたからである。たとえばプーチンの存在理由《レゾン・デートル》またはメルクマールとさえなった第二次チェチェン戦争は、首相時代のプーチンによって提唱され、開始された。

また、プーチン時代が二〇〇八年五月のプーチンの大統領辞任と同時に終了したとみる見方も、同様に形式的で皮相な見解である。その後もプーチンが首相、政権与党「統一ロシア」の党首に就任し、タンデム（双頭）体制下にメドベージェフ大統領と二人でロシア内外政治を主導していることは、何人も否定しえない事実だからである。

不気味な変化の予兆

仮にもし「プーチンの十年」との時代の区切り方に対してより適切な批判が加えられるとしたら、それはむしろ、なぜ十年でしかないのかという問いだろう。たしかにプーチン主導の政治は現在なお継続中で、その点から右の批判は正鵠《せいこく》を射ている。しかしそのことは、とりあえず一九九九～二〇〇九年の十年間を一区切りとして取り上げ、検討しようとする本書の目的をいささかも減じるものではない。しかも、もし今後のロシアがこれまでの「十年」と性格を異にする新時代へ移行してゆくとしたら、本書の意義はさらに増大することになろう。筆者たちにはそのような予想を促す不気味な兆候が現れているようにさえ思われる。

たとえば、二〇〇八年後半に発生した経済危機。ロシアは、世界規模で発生した金融危機の影響をもろに受けたうえに、国際的油価の急落というダブルパンチに遭遇した。これは、第三章で後述する「レント・シェアリング・システム」を経済的、政治的基盤とするプーチン体制をその根底から揺るがす大事件であった。それはまた、一九九九年以来約十年間つづいた経済的繁栄（バブル経済）に一応終止符が打たれたことを意味する。「プーチンの十年」は一九九八年の金融危機からの回復とともに始まり、二〇〇八年の経済危機とともに終わった。十年間で、ロシアは危機→回復→危機というサイクルを一巡したともいえよう。

経済以外の分野に眼を転じる場合、二〇〇八年から〇九年にかけて、次のような重要事件が発生している。

①二〇〇八年五月——ロシア大統領がプーチンからメドベージェフへと変わった。たしかに、タンデム政権で実質上はプーチン主導が続行している。とはいえ今後の展開次第では、メドベージェフが独自性を発揮し、内外政策においてメドベージェフ色を濃くしていくことになるかもしれない。もしそうなった場合、〇八年五月はそのための法的、制度的、人事的な変化が生じた時期とみなされるであろう。

②〇八年八月——ロシアは、グルジアに対する軍事侵攻を敢行した。これは、冷戦終焉後初めての他国領土への侵攻である。ブレジネフ期のチェコスロバキアやアフガニスタンへの軍事介入を想起させるソビエト期への〝先祖返り〟だった。もし今後ロシアがウクライナ、その他の独立国家共同体（ＣＩＳ）諸国に同様または類似の軍事介入をおこなう場合、〇八年八月は明らかに歴史的な分岐点となろう。

③〇九年一月——米国にオバマ・民主党政権が成立した。プーチンが大統領に就いていた八年間は、ブッシュ前米政権の八年間とほぼ時期が重複し、「九・一一」同時多発テロ事件以後しばらくの期間を除くと、米国と対立していた時期だった。もしタンデム政権がオバマ政権との間で米ロ関係を「リセット（再構築）」し、軍縮・軍備管理その他の分野で新しい関係を樹立するならば、ロシア外交は、「プーチンの十年」のそれとは違った段階に入ることとなろう。

④〇九年八月——南シベリアのサヤノ・シュシェンスカヤ水力発電所で大事故が発生した。同発

電所は、ロシア最大の出力を誇る発電所。少なくとも七五名の死亡が確認されている。プーチン体制は、オイル・ブームで得られたレント（余剰収益）をロシアのインフラストラクチャーの整備に充てることを怠った。この事件は、そのつけとコストの大きさを満天下に向けて改めて証明することになった。

⑤〇九年九月――メドベージェフ大統領は、「ロシアよ、進め！」と題する長大論文を発表した。その衝撃的内容は、同大統領が一一月におこなった二回目の年次教書演説のなかにおいても再現された。これらの論文やスピーチが画期的だった理由は、相互に関連する次の三点にあった。(1)現ロシアの経済、社会、政治状況について歯に衣着せぬ非難を加えたこと。(2)そのことを通じて、「プーチンの十年」を事実上批判したこと。(3)そのような窮状から脱出するためにロシアは「近代化」路線の採用へと大胆に踏み切る必要があることを強調したこと。これらの三点が示唆しているのは、メドベージェフがもはや従来のプーチン主義を忠実に継続する意図を持たないどころか、逆にその修正・克服を目指すと宣言していることだった。

⑥二〇一〇年三月以降――モスクワ、その他でイスラム過激派勢力によるテロ活動が再び活発化した。タンデム政権は、〇九年四月、約十年間つづいたチェチェン共和国での対テロ作戦の終了を宣言して、ロシア軍のチェチェン共和国からの撤退を始めた。だが、同宣言は実態を覆い隠すイチジクの葉であった。同紛争の解決は「チェチェン統治のチェチェン化」との大義名分のもとに、ラムザン・カディロフ共和国大統領の手に丸投げされた。同大統領は己に白紙委任状が与えられたと勝手に解釈して、チェチェン共和国をモスクワ中央の指令から独立したカディロフ王国に変えて

しまった。カディロフの恐怖政治下においてもテロその他の無法活動は終息しないどころか、そのような「チェチェン・シンドローム」は近隣共和国のイングーシ、ダゲスタン、カラチャイ・チェルケスなど北コーカサス地域全般に伝播・飛び火しつつある。一つには、カディロフの迫害に堪えかねてチェチェン共和国からのがれた過激派が近隣共和国に拡散する結果を導いているからである。一〇年春、モスクワの地下鉄連続爆破事件によって再開した過激派のテロ活動は、一四年のソチ冬季五輪の開催に関しても暗雲をなげかける。

——以上列挙した諸事件、そしてそれらが秘める深刻な意味合いから判断して、二〇〇八~〇九年は、ひょっとすると、現代ロシア史の曲がり角となるかもしれない。プーチンの「黄金時代」の終わりを告げる節目となるかもしれない。もしそうだとすると、これはロシア以外の国々に対しても重要な影響を与える。というのも、「プーチンの十年」下のロシアは国際的な舞台において間違いなく台風の眼の一つだったからである。たとえば米ロ関係をごく簡単に復習するだけでも、このことは十分明らかとなろう。

二〇〇一年、米国同時多発テロが発生したとき、プーチン大統領は驚くほど簡単にブッシュ米大統領が唱える国際的な反テロ戦線の結成に賛同した。しかしながらその後ほどなくして、対米政策を転換してゆく。〇三年には、独仏と語らって米英軍による対イラク攻撃に反対した。〇六年には、ロシア土着のDNAを尊重する「主権民主主義」論（後述）を唱え、その実践過程に対する外部からの批判や容喙《ようかい》を拒否した。〇七年には、プーチン大統領自身、米国のユニラテラリズム（単独行動主義）を名指しで弾劾する「ミュンヘン演説」をおこない、「すわ、新冷戦の始まりか」との憶測すら流布させた。〇八年、メドベージェフ大統領は、対グルジア軍事侵攻を正当化するあまり、ロシアは「冷戦の再来を恐れない」とさえ述べた。

ところが、である。もし二〇〇八～〇九年にかけて「プーチンの十年」が節目を迎え、それまでの「プーチン主義」からの変容をしめしはじめたとするならば、それは国際政治にも深甚なるインパクトを与えるにちがいない。われわれ外部の者としてもたんに対岸の事柄として済ますわけにはゆかず、細心の注意を払ってその変貌の方向や程度を測る必要が生じる。

本書の問題意識に対して、「プーチンの十年」について論じるのは時期尚早という批判がなされるかもしれない。たしかに二〇〇九年終了早々に、本書の執筆は始まった。那須与一さながら動く標的を射るのは至難の業である。まず、対象から客観的な距離を十分保ちえない欠陥がある。だが、生々しく新鮮な記憶や証人を利用できるというプラス面もあろう。また、ややもすると実際の変化を過大評価しがちなマイナスもある。他方、ずいぶん後の時代となってから歴史を眺める場合に比べ、変化の予兆をいささかも見逃さず、時代の動きを先取りしさえする利点があるかもしれない。ともあれ、同時代史というアプローチやジャンルは十分正当化されるのである。たとえば一九二〇年代を扱ったフレデリック・L・アレンの名作『オンリー・イエスタデイ』は、まさにその表題（ほんの昨日のこと）がしめすとおり、一九二〇年代の終了から数えてわずか一年後の一九三一年に執筆された。山崎正和も、アレンの方法論に触発されて書いた『おんりい・いえすたでい'60s』で、日本の一九六〇年代を見事に分析した。本書も、その出来映えいかんを別にして、同様の意気込みによって執筆されていることを壮とし、そのアプローチを諒《りょう》としていただきたい。

本書は私木村と袴田茂樹（青山学院大学教授）、山内聡彦（NHK解説委員）の三人による共著体制をとっている。各人の専門・得意領域を分担し、最新情報を盛り込むように努めた。書名がしめしているようにたんに「プーチンの十年」間の歴史をなぞるのではなく、現代ロシアのダイナミックな変動を分析するための多角的な視点を提示することに意を用いたつもりである。

第一章

ソ連邦崩壊への道と屈辱の九〇年代

1991年8月19日、ソ連保守派のクーデターに抗して集まった市民。クーデターは失敗し、ソ連の崩壊へとつながった。(写真／ユニフォトプレス)

前史——プーチンの登場まで

「プーチンの十年」を考えるにあたって、その導入としてプーチン時代に至るまでの前史を一九六〇年代からおよそ十年区切りで九〇年代末まで概観したい。

一九六〇年代の最も大きな特徴は、社会主義の優位性に対する底抜けの楽天主義が国民の間に浸透していたことだ。同時に、ニキータ・フルシチョフの部分的な自由化政策、つまり「雪解け」政策の結果、反体制知識人の活動が世界的に注目を集めた。当時、社会主義の正しさを信じる一般国民と批判的な反体制知識人は、精神的には水と油のように別の世界に住んでいた。

一九七〇年代は、レオニード・ブレジネフの時代で、社会主義の優位性への信仰が揺らぎ、公式的なイデオロギーの裏に、多様な価値観が生まれた。しかし、チェコ事件のあと、自由化は頓挫し、ネオ・スターリン主義ともいわれるほど精神的には閉塞感の強い時代となった。経済的には、「停滞の時代」と呼ばれ、社会主義経済の非効率が露わになった。しかし、政治的にも社会的にも安定していたので、今でも年配のロシア人は、ブレジネフ時代を最も良かった時代として懐かしんでいる。

一九八〇年代は、何よりもミハイル・ゴルバチョフの思い切った改革政策であるペレストロイカ(立て直し、世直し)によって特徴づけられる。ゴルバチョフが改革者として登場しえたのは、彼のユニークな個性とともに、客観的な時代背景も無視できない要因であった。それは、多くの国民が、社会主義体制は先進資本主義国よりも後れているということを自覚するようになったからである。それゆえにまた、共産党に対しても国民は強い不信感を抱くようになった。

一九九〇年代の最大の事件は、九一年末のソ連邦の崩壊である。人類の三分の一を社会主義体制は飲み込んだが、この壮大な歴史的実験は終止符を打った。一九一七年のロシア革命とそのソ連邦の崩壊は、二〇世紀の最大の事件でもあった。また、九〇年代の経済的、社会的な混乱は、「屈辱の九〇年代」としてロシア人の心に刻み込まれている。ソ連邦崩壊と屈辱の九〇年代は、現代ロシア人の国民的原体験でもある。プーチン時代は、この原体験のリアクションとして理解すれば、すべては明快に説明できる。

一九六〇年代——底抜けの楽天主義と反体制知識人

筆者自身、一九六〇年代から七〇年代のソ連を、モスクワでの生活を通じて体験的に知っている。私の体験をもとにして、当時の雰囲気を伝えたい。私は時に「国民的原体験」という言葉を使うことがある。ある国民のそれぞれの時代における心理や思想、行動に決定的な影響をおよぼしている共通の体験という意味である。六〇年代までのソ連人における国民的原体験は、「大祖国戦争」として戦った第二次世界大戦とスプートニクの打ち上げであろう。ソ連だけで二千数百万人の犠牲を生んだ、つまりほとんどすべての家庭が犠牲者を出した、第二次大戦の強烈な印象は、ソ連人の肉体に深く刻み込まれていた。この大戦を通じて多民族国家のソ連は、初めて一つの国民国家となり、「ソビエト人」としての国民意識を獲得した。そして、六〇年代のソ連人は、戦後ようやく安定した私生活を守ることを何よりも強く望み、この安定と平穏を破る混乱と無秩序に対しては、本能的ともいえる恐怖心を抱いていた。社会主義を世界に広める「世界革命」など、一般のソ連人にとってどうでもよいことだった。つまり、彼らが祈るような気持ちで求めたのは平和と安定であり、戦争とか動乱、無秩序にはアレルギー反応をしめす根っからの平和主義者になっていた。だからこそ、中ソ対立が強まりダマンスキー島（珍宝島）事件の起きた六〇年代末には、ソ連人は一〇億人の中国との戦争を何よりも恐れたのである。

世界革命には無関心でも、一般国民は社会主義体制が資本主義体制よりも優れているということに関しては、強い確信を抱いていた。今でこそ、社会主義は失敗した体制というネガティブなイメージとなっているが、一九六〇年代のソ連人が社会主義を信じたのも不思議ではない。というのは、共産党体制のもとで、三〇年代以後農業国ロシアは米国と並ぶ工業国に発展し、巨大な犠牲を出しながらも結局は第二次大戦にも勝利し、また戦後の五〇年代には、西側諸国よりも速いテンポで経済的な復興をとげたからである。そして、科学技術の分野でも社会主義の優位を世界に強く印象づけたのが、五七年のスプートニクの打ち上げであった。第二次大戦中に圧倒的な強さを見せた米国を追い抜いて、世界最初の人工衛星を打ち上げたことを、ソ連人がどれだけ誇らしく思ったか、察するに余りある。これは、それまでの欧米に対するロシア人のコンプレックスを吹き飛ばす大事件であった。それに先立ち、ソ連は水爆や大陸間弾道弾も完成していた。欧米にとっても、「スプートニク・ショック」は強烈であった。当時のソ連人は、科学技術や自然科学の発展こそが、人類の幸福を約束すると信じて疑わなかった。生活はまだまだ質素だったが、まさに底抜けの楽天主義の時代であった。この五〇年代につづく六〇年代は、ソ連国民が共産党を信じ、政治や社会は何とか落ち着き、共産党体制が最も安定していた時代であろう。

改革派の源流としての六〇年代反体制知識人

この共産党政権の安定ということと一見矛盾するように見えるが、一九六〇年代は社会主義体制を批判する反体制知識人《ディシデント》が世界の注目を集めた時代でもある。反体制運動が当時の政治体制の安定をまだ揺るがすまでに至らなかったのは、これが比較的狭い知識人層の運動にとどまっていたこと、つまり彼らが一般国民とは精神的に相当離れていたからだ。この知識人の体制批判運動は、チェコ事件のあとの一九六九年には完全に抑圧された。つづく「灰色の七〇年代」にはこれら批判的知識人は潜伏し、彼らが改革派として政治の表舞台に再び登場するのは、八〇年代のペレストロイカ時代であった。そして結局、ソ連経済の停滞と彼ら知識人の改革運動が相まって、一九九一年のソ連邦の崩壊につながるのである。つまり、ペレストロイカ時代の改革派の源流となったのが、六〇年代の反体制知識人たちだ。ミハイル・ゴルバチョフのペレストロイカやエリツィンの共産党批判を熱烈に支持したのが、この改革派知識人たちであった。

ソ連邦崩壊の源流となった一九六〇年代の反体制知識人運動を少し詳しく見ておこう。フルシチョフの部分的自由化は「雪解け」の時代と呼ばれるが、それは自由主義作家イリヤ・エレンブルグの同名の作品（一九五四年）にちなんだものだ。自由化に決定的な影響を与えたのが、五六年の第二〇回党大会におけるフルシチョフのスターリン批判、つまり上からの非スターリン化である。翌年には、個人の自由を主張するボリス・パステルナークの『ドクトル・ジバゴ』が国外で発表され、一九五八年にノーベル文学賞を受けたが、当局の圧力により辞退させられた。批判文学の頂点をなすのが、アレクサンドル・ソルジェニーツィンの『イワン・デニーソヴィチの一日』（一九六二年）である。この時期の知識人たちによる批判活動は、上からの「雪解け」あるいはスターリン批判に応じた側面もあったが、こうした芸術・文化運動がその後の反体制運動に決定的な影響を与えた。一九六四年にはユーリー・リュビーモフが、タガンカ劇場で社会主義リアリズムとは異なるモダニズム演劇を始めて、文化界に強い刺激を与えた。知識人たちの反体制運動が西側で注目されるようになったのは、フルシチョフの解任（一九六四年一〇月）後、国外で体制批判的な書物を出版したとしてユーリー・ダニエルとアンドレイ・シニャフスキーが裁判にかけられた、「ダニエル・シニャフスキー事件」（一九六五年）以後である。

ソ連の反体制知識人たちを強く刺激したのが、一九六八年のチェコ事件である。チェコでは共産党のアレクサンドル・ドプチェク第一書記が中心となって推進された「プラハの春」と呼ばれる民主化運動が、ワルシャワ条約軍、事実上ソ連軍の戦車でつぶされた。「人間の顔をした社会主義」がスローガンであったが、のちのソ連のペレストロイカと同じ発想である。ソ連軍が出動したとき、それを正当化したのが、ブレジネフ・ドクトリンである。これは、社会主義陣営全体の利益の前には、社会主義国の主権は制限されてもやむをえないというもので、制限主権論ともいわれる。

一九六八年には、「ソ連の水爆の父」といわれるアンドレイ・サハロフ博士が体制批判の論文「進歩、平和共存、知的自由」を発表し、以後彼はソルジェニーツィンとともに、反体制運動の精神的指導者とみなされるようになった。批判的知識人の運動は、六八〜六九年ごろからは、人権擁護運動の性格を帯び、世界人権宣言とか国連憲章、さらにはソ連憲法などが批判の武器として積極的に援用されるようになった。サハロフにより一九七〇年には「ソ連人権委員会」が組織された。ただ、このような運動は、純粋に知識人のもので、一般民衆はむしろこのような知識人の反体制運動を、共産党とともに弾圧する側に回った。赤の広場で知識人が抗議のデモをした場合、彼らを「国賊」として袋叩きにしたのは、官憲より前に一般民衆であった。チェコ事件が契機となってソ連でも民主化運動への締めつけが強まり、六九年以後はネオ・スターリン主義と呼ばれる保守体制が定着した。これは、反体制知識人や民主化運動にとって、「冬の時代」の始まりでもあった。

この流れで分かるようにソ連における反体制運動は、知識人、とくに文学や芸術に深いかかわりのある文化人の運動として始まった。ホンモノの芸術は自立的な価値の世界を形成する。だからこそ、プラトンも『国家』において、為政者にとって芸術は危険であり、とくに新しい形式の芸術は目を光らせて見張らなくてはならないと述べているのだ。メッセージ性がほとんどないと思えるような抽象画などをソ連当局が目の敵にしたのも、そのためである。

一九七〇年代——価値の多元化の時代

一九六九年以後は、自由を求める知識人たちにとって「冬の時代」となった。六八年のチェコ事件で危機感を強めた共産党は、フルシチョフ以来の雪解けムードに危険なものを見て、締めつけるようになったのだ。批判的な社会民主主義者のロイ・メドベージェフは、積極的に活動している反体制知識人の数を、六七〜六八年ごろが数千人、七〇年代初頭が数百人、七七年ごろにはわずか数十人としている。ただし、七〇年代には多くの反体制知識人が投獄されたので、それを加えても七七年ごろには数百人から二〇〇〇〜三〇〇〇人と推定している。国際アムネスティは七五年につづき八〇年に『ソ連における良心の囚人』を出版したが、同書は七五年から七九年半ばまでの間に新たに投獄された、あるいは人権を抑圧された者の数を四〇〇人以上と発表した（袴田茂樹「反体制知識人」『現代マルクス＝レーニン主義事典（下）』）。この数字を見ても、七〇年代が「冬の時代」といわれる理由が分かる。一九七五年のヘルシンキ合意（全欧安全保障協力会議合意）で、ソ連は東欧諸国などの国境を認めさせる代わりに、基本的な人権などを保障することを約束した。一部のソ連知識人は、この合意やソ連も署名した世界人権宣言、あるいはソ連憲法を逆手にとって、体制批判の行動をおこなった。彼らを「ヘルシンキ・グループ」と呼ぶ。

筆者は一九六七年から七二年まで五年間モスクワ大学の大学院に留学していたので、当時のソ連知識人たちの雰囲気を実際の生活を通じて知っている。私の周囲の批判的な知識人たちは、文学や芸術に宗教的な情熱を持ってのめり込んでいた。彼らが夢中になったのは、政治の道具と化した社会主義リアリズムの作品ではなく、公式的には批判されたフォルマリズムやモダニズムの芸術であった。二〇世紀初めのソ連には、ロシア・アヴァンギャルドと呼ばれる前衛芸術の運動が盛り上がった。私の友人たちは、フォルマリズムやロシア・アヴァンギャルドの世界に夢中になって回帰していたのだ。そのころすでに、私の周囲では、共産党の公式的なイデオロギーを信じている者をバカ扱いして、憐れみの目で見る雰囲気さえあった。ソ連邦崩壊まで共産党のイデオロギーを信じ、九一年の共産党崩壊にショックを受けたプーチンは、私の友人の間では間違いなくバカ扱いされただろう。国外に行けるのはプーチンのようなＫＧＢ（国家保安委員会）か共産党の特権階級のみで、ソ連体制から逃れることのできない知識人たちは、自立的な宇宙としての非正統派の芸術、文学に、「内なる亡命」あるいは「精神的亡命」をしていたのである。一九七〇年代には、モスクワの公園などで開催された抽象画の展覧会が、当局のブルドーザーでつぶされるという事件さえ起きている。ソ連ではアングラ芸術は、文字通りアンダー・グラウンドとなったのである。ただ、禁書となっている文学や体制批判の文書も、サミズダート（地下出版）と呼ばれるタイプコピーで知識人の間では広く読まれていた。

ホンモノの芸術が、その価値的な自立性ゆえに、あるいは絶対の宇宙を形成するがゆえに、そのような体制批判の特別の力を有することは、ヘルベルト・マルクーゼが著書『美的次元』で見事に述べている。一九六〇年代の新左翼の思想的リーダーだったマルクーゼ自身が、晩年には批判主義としての左翼ラディカリズムの限界をはっきり自覚し、左翼思想から離れて芸術の絶対世界に批判の根拠を見出していたのである。

一九七〇年代の特色は、知識人だけでなく一般のソ連国民も、社会主義体制に疑念を抱くようになったことである。それは、七〇年代になると西側の情報や品質の優れた商品がソ連に流入するようになり、先進資本主義国はソ連よりも豊かだということを、一般国民も知るようになったからだ。モスクワで外国人が乗っている車は、ソ連製よりもはるかに立派である。また日本製のソニーやセイコーなどは庶民にとって高嶺の花あるいは垂涎《すいぜん》の的であった。モスクワでは私が日本人と分かると、モスクワっ子からよく「今何時ですか」と時刻を訊かれたものである。実は彼らが知りたかったのは時刻ではなく、私が日本製の時計を持っているかどうかで、セイコーを腕にはめていると、その場で「売ってほしい」といってくる。こうして、社会主義の優位に対する信仰は揺らいできた。その結果生じたのは、価値観の多様化である。

一九六〇年代は価値の世界も、冷戦構造を反映して、社会主義とそれに対抗する自由主義（民主主義）という単純な二分法で分けることができた。ソ連国内の反体制派はみな民主派であった。しかし、社会主義が揺らぐ七〇年代には、価値はもっと多元化してくる。共産党は科学的な真理を絶対とし、マルクス主義を科学的共産主義と称したが、科学至上主義に対しても疑念が抱かれた。近代化、つまり工業化や都市化を無条件に賛美する従来の共産党イデオロギーは疑われるようになる。社会主義建設の理念に疑問を持つようになった人たちは、伝統的な価値すなわちスラブ派的、民族的、宗教的な価値に目を向けるようになった。君主主義者さえ現れるようになる。また、作家のなかにも、都市に背を向けた「農村派」と呼ばれるグループが現れた。彼らは、「自然の改造」という共産主義者のスローガンやアーバン（都会）主義に疑問を抱き、自然保護とか環境保全といった新たな価値を宣伝するようになった。パステルナークや初めて全集が出されたドストエフスキーの作品は、内面的価値つまり精神性や個人の人格《リーチノスチ》に目を向けさせる。つまり唯物論や社会性に代わる精神的価値と個人主義の復活である。マルクス主義は西欧的な価値観であるが、東洋主義あるいはユーラシア主義への関心も生まれる。合理主義に対しては、神秘主義や実存主義も見直されるようになる。つまり、色あせてきた表面の公式的なイデオロギーの裏で、様々な色合いの価値観が自己主張を始めたのが七〇年代であった。

反体制知識人たちの思想も多様化した。一九六〇年代は反体制といえば、共産党のイデオロギーと共産党支配に反対する民主派のことであった。そして、欧米の自由主義が美化され無条件に肯定された。しかし、七〇年代になると、たとえばソルジェニーツィンとサハロフとロイ・メドベージェフの立場には、明らかに違いが目立つようになる。つまり、この三者はネオ・スラブ派、西欧民主派、民主主義的社会主義派というように分けられるようになった。ただ、社会主義体制を否定する前二者の立場からすると、日本では反体制知識人の代表と見られていたロイ・メドベージェフは、まだ社会主義を擁護しているがゆえに反体制派としては認められなかった。したがって彼は「(共産党)政治局の伝書鳩」と蔑まれたりもした。六〇年代にはソルジェニーツィンを支持していたわが国の知識人が、彼がスラブ派的な君主主義者と知って当惑するようになるのも、このころのことである。一九七五年にベトナム戦争が南ベトナムと米国の敗北、北ベトナムの共産主義の勝利で終焉した。これをわが国ではマスコミも知識人もベトナムの「解放」と呼んで歓迎したが、ソ連の反体制知識人たちは、スターリン主義の勝利であると否定的にみなした。

ブレジネフ時代の一九七〇年代は、政治的にはきわめて保守的な時代でもあった。共産主義とは本来は革命思想であるが、七〇年代には超保守主義に転じていた。ブレジネフ時代の末ごろ(七〇年代末~八〇年代初め)には、共産党政治局員の年齢が七〇歳前後という状況からも体制の保守性は想像がつく。嘘のような話であるが、この超保守主義の政治状況のなかでは、「改革」という言葉自体が危険な「革命」のニュアンスを帯びるようになりタブーとなった。その代わりに使われたのが「改善」という言葉である。当然、経済もきわめて保守的な官僚主義の指令経済となり、のちに「停滞の時代」と呼ばれるようになった。何とか経済は持ちこたえたが、それは七三年と七九年の石油危機で、石油価格が上昇して外貨収入が大幅に増えたためである。ブレジネフ時代のソ連経済体制は、コネと汚職がはびこるきわめて効率の悪いシステムとなっていた。

一九八〇年代——ペレストロイカと社会主義の終焉

大部分のソ連国民が社会主義体制の優位を信じた一九六〇年代、その信仰が揺らいだ七〇年代に対して、八〇年代の特色は何か。それは、国民の多くが、社会主義体制の後進性を認識し共産党に幻滅したことだ。ゴルバチョフがペレストロイカの改革路線を実行しようとし民主派知識人はそれを支持したが、官僚の抵抗で経済改革は進まず八〇年代に国民の生活はいっそう悪化した。そして八〇年代の末になると、共産党は国民から完全に見放されて罵倒の対象となり、保守的な党と改革派のバランスをとろうとする優柔不断のゴルバチョフは、改革派からも国民からも支持を失った。それが、九一年のソ連邦崩壊につながるのである。それに至る八〇年代の一〇年間を眺めてみよう。

超保守的となり、一切の改革や変化を拒否するようになったブレジネフ体制の末期においては、ブレジネフがややもうろくした状況になっても、書記長の座を外すことはできなかった。ブレジネフが死亡するのが一九八二年一一月、同月にユーリー・アンドロポフ政権が生まれるが、彼も八四年には病死して、八四年二月にコンスタンチン・チェルネンコの短期政権が生まれた。しかし八五年三月にチェルネンコも病死して、ミハイル・ゴルバチョフの政権が誕生する。

アンドロポフには二つの顔があった。一つは、一九六七年以来のKGB議長としての顔である。KGBのトップとして、彼は「プラハの春」を弾圧し、ソルジェニーツィンを国外追放し、サハロフをゴーリキー市に流刑にした。それ以前の五六年のハンガリー動乱の際は、駐ハンガリー大使として民主化運動を弾圧した。もう一つは、知的な「改革者」の顔である。四〇歳の若いゴルバチョフを七一年にスタブロポリの党第一書記から党中央委員に引き上げたのも彼であったし、書記長としてのアンドロポフは改革派知識人を側近として大事にし、自由な討論をさせた。また彼は、強力な指導者としてブレジネフ時代の腐敗、汚職にメスを入れ社会に秩序と規律を確立しようとし、反飲酒闘争も展開した。アンドロポフは腐敗、汚職の影のない清廉な人物として、ロシアにおいては今でもソ連史上最も評判の高い指導者の一人である。彼につづいたチェルネンコがまったく古いタイプの党官僚だっただけに、アンドロポフの死が多くのソ連人から惜しまれたのは事実だ。

一九八五年三月、アンドレイ・グロムイコの推薦でゴルバチョフが書記長の座に就き、一年後の八六年四月に思い切った改革政策としてのペレストロイカ政策を打ち出した。また、同年にはチェルノブィリ原発事故をきっかけに、グラスノスチ（情報公開）政策を実施。マスメディアでは共産党の批判も可能となった。従来はとても考えられなかった大きな変化で、知識人たちは大きな興奮に包まれ改革と民主化に希望を抱いた。

一九八七年一月末の党中央委員会総会でのゴルバチョフ演説は、世界を驚かせた。彼は、ソ連の政治、経済、社会の恥部や問題点を率直に暴露し、現状を驚くほど厳しく批判したからである。下からの批判を鼓舞し、文化面でもグラスノスチをスローガンに、これまで禁止されていた作品をどんどん発表させるなど、想像以上に大胆な政策を打ち出した。一九三〇年代以後の硬直した意識や心理を叩き直し、ブレジネフ時代の腐敗やたるんだ空気、保守官僚たちの非民主的なやり方を一新しようという強い決意と意欲にあふれたものだ。ゴルバチョフの報告は、まるで反体制派がしゃべっているようなトーンであった。米国務省の担当官がこれを読んで、椅子から跳び上がったという逸話が残っている。ゴルバチョフは人権とか民主主義とかいった「全人類的価値」を認め、人類の文化の本流から外れたソ連を本流に戻すのだという意識を有していた。ソ連の指導者としてはそのような発想は初めてである。

経済の面では、一九八七年八月に国営企業法を制定して、国営ではない個人営業や協同組合営業などを認めた。部分的な市場経済への移行である。しかし、ゴルバチョフ時代には中途半端な市場化と経済改革に対する官僚の抵抗で、ソ連経済は混乱し悪化した。

グラスノスチも、言論の自由や民主化そのものが目的というよりも、恐ろしく停滞したソ連の経済や社会を本格的に改革して活性化するためであった。社会主義が資本主義よりもいかに優れているかといった嘘のプロパガンダをしているだけではダメで、ソ連経済や社会の問題点を直視する必要があると感じたからである。社会主義美化の美辞麗句ではなく、ダメなものはダメとして「物事を本来の名前で呼ぼう」というのがこのころのスローガンになった。

このような発想の背後にあるものとして、ゴルバチョフが若いころ二回にわたってフランスやイタリアなど欧州を自由に旅行し、西欧の大きな発展とソ連社会のひどい後れにカルチャー・ショックを受けた経験を無視できない、と筆者は考える。一九六〇年代に彼はスタブロポリのコムソモール（青年共産主義同盟）や共産党の指導者になるが、そのころ地方の党幹部としてはとびきりの経験をしている。すなわち、六〇年代半ばのソ連人としては例外的なことであるが、妻のライサとともにフランスを四八〇〇キロも個人的にドライブ旅行する機会を得、さらに党代表団としてイタリア旅行も経験しているのだ。ゴルバチョフはその後ソ連共産党のトップにのぼり詰めるが、三〇代の若いころの西側体験を通じて、彼はソ連の後進性を痛感していたはずだ。共産主義理念の実現よりも、このソ連の後進性の克服こそが、彼にとって第一の課題となったのであり、ペレストロイカも個人企業を認めるという市場化政策もそのためであった。

対外政策では、エドゥアルド・シェワルナゼを外相に起用して、西側世界を敵視するのをやめる「新思考外交」を展開した。「欧州共同の家」の概念も、この流れの一つである。一九八七年一二月には米国との間で、中距離核戦力（ＩＮＦ）全廃条約に調印した。八八年三月には、「新ベオグラード宣言」が出され、ブレジネフ・ドクトリンが否定された。これが八九年一一月のベルリンの壁崩壊と東欧における共産党政権のドミノ的な崩壊につながる。八九年五月には中国を訪問して、中ソ対立に終止符を打った。このゴルバチョフ訪中は中国の民主化運動を鼓舞し、翌六月の天安門事件の引き金となる。八九年一二月にはゴルバチョフは地中海のマルタ島でジョージ・ブッシュ大統領と会談して、「冷戦の終結」を宣言した。

ペレストロイカ政策は、ソ連国内では民主化と独立を求めるバルト諸国に大きな刺激を与えた。一九八八年四月には「エストニア人民戦線」、六月にリトアニアの「サユディス」、一〇月に「ラトビア人民戦線」が結成され、これはロシアのほかの地域にも大きな影響を与えた。またブレジネフ・ドクトリンの否定とバルト諸国のこの新しい運動は東欧諸国の民主化・独立運動を一気に燃え上がらせた。さらにベルリンの壁崩壊と東欧の共産党体制崩壊の生々しいニュースがソ連国民の茶の間に流れ、大きな衝撃を与えた。ソ連国民の意識と政治の変化にテレビが与えた影響は巨大である。

ペレストロイカの時代には、人民代議員大会（国会）で、改革派の代議員が共産党や指導部を正面から批判する場面や共産党のトップ同士が対立する場面などがテレビで生中継され、ソ連国民は驚愕した。多くの国民が仕事を投げ出し、テレビにかじりついてこの信じられないような情景を見ようとしたので、当局は日中の国会中継を禁止したほどである。保守派のエゴール・リガチョフ共産党政治局員が、改革派のボリス・エリツィンに面と向かって「ボリス、君は間違っている！」と叫んだ場面は有名だが、巷《ちまた》では「エゴール、君は間違っている！」という言葉が流行った。ゴルバチョフは保守派の強い共産党の上に立つために、九〇年三月に大統領制を導入して人民代議員大会（国会）の選挙で大統領になった。

ゴルバチョフのペレストロイカ思想の特色は、何か。それは、それ以前の共産党指導者が「外の世界」に危機意識を抱いたのに対して、ゴルバチョフはソ連体制自体に、つまり「内の世界」に危機意識を抱いたことである。先に述べた個人的な西欧体験もその背景となっているはずだ。幾人かの回想録などによると、モスクワ大学の学生だったころのゴルバチョフは、典型的なスターリン主義者であったという。しかし、彼のその後の党経験や西側経験と思考の柔軟性が、ソ連体制自体に危機意識を抱かせるに至ったのであろう。

では、ペレストロイカは、もっぱらゴルバチョフの個人的なリーダーシップの産物といえるのか。そうではない。実は、一九八〇年代には経済はさらに悪化し、ソ連国民は、社会主義のソ連が西側よりも相当後れているし、生活水準も欧米や日本のほうが高いということを、はっきり認識するようになったのだ。国民はその原因を、共産党幹部や官僚たちが特権を貪《むさぼ》っているからだと考えた。つまり、ソ連の指導者が思い切った改革路線を提唱するための経済的、社会的、心理的な背景は、八〇年半ばには熟していたのである。この客観的な状況と、ゴルバチョフのユニークな個性およびイニシアティブが相まって、ペレストロイカ路線を生んだのである。

しかし、国民は共産党に失望しただけでなく、「おしゃべり」ばかりで生活を向上させることのできない、また保守的な共産党と改革派のバランスをとろうとする優柔不断のゴルバチョフにも失望した。一九九〇年の人民代議員大会での大統領選挙における彼の得票率は五九％にすぎなかった。新憲法では大統領は国民投票で選ぶことになっていたが、九〇年にはすでにゴルバチョフの支持は国民の間でも大きく下がっており、国民投票を実施していたら落選したであろう。今日、欧米諸国で改革者としてのゴルバチョフの評価が高いのに対して、ロシア国内では彼の評判はきわめて低い。それは、国民が求めていた安定を与えず、逆に九〇年代のソ連の崩壊と無秩序をもたらしたからである。

一九九〇年代――「国民的原体験」としての屈辱の時代

かつては「大祖国戦争」がソ連人の国民的原体験だと述べたが、現代のロシア人にとっては、ソ連邦の崩壊とそれにつづく「屈辱の九〇年代」が、国民の心理や意識を規定する原体験と言える。プーチン時代の、あるいは今日のロシア人の行動やロシアの政策は、前述のようにこの国民的な原体験のリアクションとして説明すれば、ほとんどは明快に説明できる。この観点から、ソ連邦の崩壊と九〇年代を概観しよう。

一九九一年八月のウラジーミル・クリュチコフKGB議長、ドミトリー・ヤゾフ国防相ら共産党保守派によるクーデター未遂事件（八月革命）でソ連共産党は崩壊し、九一年一二月八日にロシアのエリツィン大統領およびウクライナとベラルーシのスラブ系共和国三首脳がベラルーシのベロヴェーシの森に集まって、ソ連邦の消滅の宣言（「ベロヴェーシ合意」）に署名するとともに、独立国家共同体（CIS）創立の協定に署名した。このソ連共産党につづくソ連邦の崩壊により、人類史上最大の壮大な実験が劇的に幕を閉じた。ソ連邦崩壊は、一九一七年のロシア革命とともに二〇世紀最大の事件の一つである。ただこの時点でこのような大変革が起きるとは、ロシア人にとってだけでなく、欧米諸国にとっても、また多くの国際問題専門家にとっても、予想できない急テンポの事態であった。

実は筆者は、前年の一九九〇年九月に『ソビエト・70年目の反乱』という書物を出版しており、そのエピローグに、九〇年夏の時点でゴルバチョフ政権とソ連が今後どうなるか、五つのシナリオを書いている。そのなかでは、第一の可能性として、ゴルバチョフは保守派と改革派の中間に立って対症療法的に両者のバランス政策をとるというもの、第二は、下からの民主化運動や改革派の運動を取り込みながら権威主義のスタイルで上からの改革を実行する、第三は、党内保守派や軍、KGBなどが反撃に出て、ゴルバチョフが失脚するというシナリオを挙げている。短期的には、つまり九〇年夏のこの予想時点から一年後の八月までは、第一の予想が当たっていたし、八月のクーデター事件は、第三の予想がやや変形して現実化したともいえる。ただ東欧的な形での共産党政権の崩壊は四番目のシナリオと見ていた。エピローグは、次の言葉で結んでいる。「恐らく今後は東欧化と権威主義の両方の要因がミックスした、ロシア独特のアマルガム体制が生まれるのではないだろうか」

一九九一年のソ連共産党とソ連邦の崩壊は、ある意味で奇跡的であった。ソ連邦ほどの強固な独裁権力が、無血で崩壊した例は歴史上ほとんど例がない。この無血革命に世界は驚くとともに、大きな期待も寄せた。九一年一二月にソ連邦が崩壊し改革派のエリツィン政権が成立すると、ロシアの改革派、民主派も、またロシアにおける民主化に期待をかけそれを支援してきた西側世界も、ロシアにおける民主化や市場化は比較的スムーズに進むと考えた。政治面ではすでに共産党はなく、国民は共産党体制にアレルギーを抱いているし、ペレストロイカの時代に民主主義の運動はバルト諸国だけでなく、ロシア全体に広まっているように見えたからだ。

経済的にも、ソ連時代に工業は発展し、科学技術の面においても、ソ連は人工衛星、ロケットと宇宙開発、原子力、軍事技術、いずれの分野でも世界の最高水準にあった。教育も世界で最も水準の高い国の一つとなっていて人材も豊かだった。また、天然資源も世界で最も豊かな国であった。生産が停滞していたのは、非効率な計画経済と官僚支配の指令経済ゆえで、社会主義体制という重石を除いて市場経済が導入されれば、短期間にロシアは先進国に追いつくと見られていたのである。個人の欲望を基礎とする市場経済は、自然の雑草のように伸び、一〇年を待たずしてロシアは先進国の仲間入りをすると考えられた。

しかし、八年後の一九九九年一二月三一日、エリツィン大統領は任期を数か月残して突然辞任を発表し、その日テレビ演説で次のように懺悔した。「改革は思ったよりはるかに困難であった。われわれはあまりにもナイーブだった。この混乱をもたらしたことに対して、国民の皆様にお詫びしたい」。民主化や市場経済への移行に関して、あまりにもナイーブで楽天的にすぎたという言葉に、ペレストロイカ以後のロシア改革の問題点がすべて集約されている。

政治的には、復活した共産党を中心とする保守派や民族派が、議会《ドゥーマ》を中心にしてエリツィン大統領と真っ向から対立する状況となった。一九九三年一〇月には、大統領側が議会の建物を砲撃するという事件さえ起きた。一時は熱烈にエリツィンを支持した国民も、経済、社会の混乱がつづくなかで、政争に明け暮れる新政権に愛想を尽かし、民族主義者ウラジーミル・ジリノフスキーの自由民主党に多くの票を投じ、共産党もしぶとく生きつづけた。民主主義や市場化を目指す右派勢力同盟や政党ヤブロコなどの民主派も政争に明け暮れ、国民の広い支持を得ることはできなかった。つまり、民主派指導者も個人の党をつくり、それら党の利害と個人の野心を最優先させて、改革派として団結することはできなかったのである。

エリツィン時代の最大の困難は、市場経済がまともに機能しなかったことである。端的にいえば、近代的な市場経済が機能するための基本的なエトスつまり文化や心理がロシアには存在しなかったのだ。ソ連人が唯一理解している市場経済は、実際には騙し合いの「バザール経済」であった。ソ連邦が崩壊したあと、そこに現れたのはそれまで国家権力によって抑制されていた個人や組織、官僚、社会グループ、地域などのエゴや利己主義の噴出であった。ソ連国民は長年国家によって搾取されてきた。しかし、したたかな国民は、一方的に搾取されただけではない。ソ連時代にも、国家から奪われたものをあらゆる機会を利用して奪い返し、盗み返していた。市場化政策の柱として国有財産の私有化、国営企業の民営化が始まったが、各地で真っ先に、これまでの国家官僚、党官僚たちが、彼らが有している権限、特権、情報、コネなどを利用して、国有財産の略奪的な確保や私有化を始めた。一般民衆は、民営化企業の株と引き替えることのできる民営化小切手（バウチャー）を与えられたが、実質的な意味をもたなかった。私有化、民営化を意味する「プリバチザーツィヤ」のことを「プリフバチザーツィヤ」つまり略奪、横領と呼んで皮肉っていたが、後者のほうがむしろ実態を正確に表していた。このようにして、国有財産や国営企業をタダ同然で手にした人たちは、オリガルヒ（新興財閥）として新たな金持ち層を形成し、「新ロシア人」と呼ばれた。エゴイズムの噴出という点では、民主派や改革派も例外ではなかった。こうして、エリツィン政権下の九〇年代にロシアは無政府状態におちいり、腐敗と汚職は蔓延し、犯罪も急増した。筆者の持論である「砂社会（安定した形、秩序が形成されにくい社会）」の生地が剝き出しになったともいえる。

つまり、経済面では市場経済はまったく正常には機能しなかったのである。経済の混乱で国民生活は困窮化し、ロシア国民は発展途上国並みの生活になった。ロシア経済は投機的な性格を強く帯びるようになって、ルーブルが信用を失って物々交換のバーター経済となり、生産活動は大きく落ち込んだ。ついに、一九九八年八月には、政府は事実上のデフォルト（債務不履行）を宣言した。つまり、対外債務の支払いを凍結し、償還期限の来る短期国債を中期・長期国債に切り替えると発表したのである。ロシア政府の一方的な宣言は、市場経済の基本ルールに反するもので、国際的な批判も高まった。ロシア人は、市場経済を、バザール的な騙し合いの行為、あるいは投機活動と理解した。ソ連邦が崩壊したとき、すでに西側世界の経済は、金融工学を中心とするマネー・ゲーム的、ギャンブル的な性格を強く帯びるようになっていた。この時代に社会主義体制を放棄して市場経済を受け入れたロシア人は、ギャンブル的なマネー・ゲームを資本主義経済だと錯覚した。これは一種の「刷り込み」となり、その後今日に至るまで、ロシアにおける健全な市場生産活動の発展を阻害することになった。

市場経済がまともに機能するためには、単に資金やインフラ、政治的、法的な枠組みがあるだけでは不十分である。契約を絶対に守るとか信頼を重視するとかいった文化、エトスが欠けている所では、市場経済は育たない。改革派、市場派の知識人たちも、社会主義体制という重石さえ取り除けば、人材、科学技術、資源など諸条件に恵まれたロシアでは、市場経済は雑草のように自然にどんどん伸びてゆくというのは、あまりにもナイーブな幻想だったということに気づかされた。指令経済のソ連時代には、国家が恐怖と強制力によって国民を搾取する代わりに、個人は国家や社会から奪えるものは盗んででも奪い返した。このような社会では、個人が責任を持って社会行動をおこなうとか、信頼や約束を重んじるという文化やエトスは育たない。ソ連が崩壊したあと、社会的なモラルも危機状態におちいっているということが明らかになった。一部のロシア知識人が、資本主義の発達のためには、独特のモラル、エトスが必要だというマックス・ウェーバーを再発見したのも、九〇年代である。二〇世紀初めにウェーバーはロシアでも読まれた。しかしソ連時代には、資本主義発展の要因として精神面を重視するウェーバーは観念論者として否定された。彼が再発見されたわけで、筆者はこれを「ウェーバー・ルネッサンス」と呼んでいる。エリツィンが九九年末の辞任のテレビ演説で、「われわれはあまりにナイーブであった」と述べたのも、このことと無関係ではなかった。

九〇年代の国際関係では、日本を含めた西側先進国はロシアが混乱なく民主主義と市場経済の国に移行することを何よりも重視した。核弾頭を数千発も保有する国がユーゴスラビア的な状況におちいることは世界全体にとって由々しい事態だからである。国際通貨基金（ＩＭＦ）も世界銀行も、また先進諸国もそのために対ロ支援をおこなった。新しい市場の誕生で、対ロ投資にも一定の関心が向けられた。しかし、西側諸国は時を経ずして、政争に明け暮れて民主化が進まず、経済も投機活動のみでまともに生産活動がおこなわれず、社会的には腐敗と汚職、犯罪がはびこるロシアにひどく失望する。一方ロシア人も、米国などがもはや対等の相手として扱わないこと、貧しさゆえに途上国並みの扱いを受けることに、大きな屈辱感を感じるようになった。少し前までは、超大国として米国と覇を競った国民としては、九〇年代の状況はまさに屈辱的であった。超大国ソ連の崩壊と、九〇年代の屈辱、これこそが現代ロシア人の国民的原体験である。このことを理解することが、今日のロシアを理解する鍵でもある。

第二章

プーチンはどんな人間か

サンクトペテルブルクのプーチンの生家。中庭より撮影。この共同住宅の一室で、プーチンは貧しい少年時代を過ごした。（写真／木村 汎）

プーチンの家庭環境

「プーチンは、ロシア内外政策の最高にして最終の決定者である」。厳密にいうと、このように断言してしまうことに対しては数々の但し書きをつけねばならないかもしれない。だが本書では、論旨を単純化するために、この見方を率直に受け入れ、これを前提にして論を進めることにしよう。その場合われわれにとり最重要課題となるのは、そのような人物としてのプーチンの特徴の追求ということになる。いったいプーチンとは、どのような人物なのか。

ボボ・ロウは、ロシア政治の研究者のなかで現在最も優れた業績を誇る一人。英王立国際問題研究所（チャタム・ハウス）で長年ロシアを担当したあと、現在、ロンドンのシンクタンク「欧州改革センター」に移り、ロシア研究を続行している。ロウは述べる。「個人は、その環境——歴史的、文化的、職業上の——の産物である」。プーチンの場合も、その権力や政策へのアプローチがしめしているのは、「彼が種々様々な自己の体験から影響を受けながら、みずから［の考え方］を形成してきている」ことである、と。本章筆者はこのようなロウの見方やアプローチに同意し、以下自分なりのプーチン観を述べる。

まず、プーチンの出自や経歴をごく簡単に紹介しておく必要があろう。それらは、彼の思想や外交行動の特質に重要なかかわり合いを持つ、と筆者は考えるからである。

ウラジーミル・ウラジーミロビッチ・プーチンは、一九五二年一〇月七日、レニングラード（現サンクトペテルブルク——以下同じ）に生まれた。レニングラード国立大学法学部卒。みずから希望して、秘密警察であるソ連国家保安委員会（ＫＧＢ）に就職し、一六年間勤務。サンクトペテルブルク市第一副市長を務めたあと、モスクワに移って大統領府で勤務しはじめ、出世階段をとんとん拍子で駆けのぼった。KGBの後継組織である連邦保安庁（FSB）の長官、安全保障会議書記、首相、大統領代行を経て、大統領に就任した。

右の簡単な経歴のなかでとりわけ重要と思われる二、三の点について解説を加える。

第一は、プーチンが貧しく、ほとんど下層階級とさえ呼んでよい家庭の出身者であること。祖父は、レーニンやスターリンの別荘つき料理人だった。父は、鉄道車両製造工場の機械工。模範的な共産党員で、第二次大戦中はNKVD（内務人民委員部、KGBの前身）の破壊工作部隊に所属していた。母マリヤ・イワノブナ・プーチナは、清掃業、パン屋の配達、夜警などあらゆる仕事に従事して家計を助けた。プーチンは、二人の兄が死亡したために、一家にとり唯一の子供であり、両親、とくに母親（四一歳のときの子）の溺愛の対象になった。母は、共産党員の父に内緒でプーチンに洗礼をさずけ、プーチンは母からもらった十字架をその後首から一度も外したことがないという。

「窮鼠《きゅうそ》、猫を噛む」の教訓

親子三人のプーチン一家が暮らしていたのは、レニングラードの五階建て共同住宅の一部屋（二〇平方メートル）。トイレは共同、バスルームはなく銭湯《バーニャ》に通わねばならなかった。ウラジーミル少年（愛称ボロージャまたはボフカ）の主な遊び場は、そのようなアパートの廊下や踊り場、中庭、そして街頭だった。

ボロージャは、たとえばアパート階段の踊り場の隅に空いた穴に棲むネズミを棒で突っつきいじめて遊んだ。そのために彼は、「窮鼠、猫を嚙む」の諺をみずから体験し、頭に刻み込むこととなった。プーチン自身、彼の公式自伝とみなしてよい『第一人者から』のなかで語る。「玄関口にネズミたちが棲んでいた。私は友だちと一緒に、しょっちゅうネズミたちを棒で追い回していた。あるとき巨大なネズミを見つけ、私は廊下を追いかけ隅にまで追い詰めた。ネズミはどこへも逃げようがなかった。ネズミはくるりと向きを変えると、何と私めがけてとびかかってきたのだ」

本章筆者には、このネズミいじめの体験がプーチンに与えた意味や教訓がけっして小さくないように思われる。まず、チェチェン武装勢力との闘いに関連して。プーチン首相（当時）は、一九九九年九月二四日、その後頻繁に引用される発言をおこなった。「われわれは、たとえどこに隠れようとテロリストたちを追いかける。便所に追い詰めて肥溜《こえだ》めにぶち込んでやる」。また、二〇〇六年二月七日、連邦保安庁での演説でテロリストをずばりネズミにたとえた。「われわれの主要任務は、テロリストたちが隠れているすべての穴を探しあて、そのなかの必要な地点で合目的的な打撃を加え、穴に隠れているネズミのように彼らを殲滅《せんめつ》することである」

プーチンは、チェチェン系テロリストたちに対して右の言葉を実践に移した。たとえば、二〇〇二年一〇月にモスクワの劇場、〇四年九月に北オセチア共和国東部ベスランの学校がチェチェン系過激派グループによって占拠されたときが、そうだった。いずれの場合もプーチン大統領は占拠グループとの話し合いを事実上拒否し、特殊部隊にそれぞれ劇場、学校への突入を命じ、実力行使のやり方で事件の解決を図ろうとした。その結果たしかに犯人グループは殲滅されたものの、そのために支払ったコストは大きかった。劇場占拠事件では一二九名、学校人質事件では三八六名（その約半数一八六名がいたいけな児童）の生命が失われたのである。また、二〇一〇年三月末、モスクワで地下鉄連続自爆テロ事件が発生したときも、プーチン首相は「共犯者らを下水道の底から引きずり出して殲滅する」と述べた。

プーチン式人事に影響

プーチン少年のネズミ体験は、後年のプーチン式人事スタイルにも影響を与えたように思われる。プーチン大統領は、「エリツィン・ファミリー」に属する人々や気に入らない部下を排除するときに、彼らをけっして一刀両断のもとに斬ろうとはしない。彼らの馘《くび》を斬る機会の到来を辛抱強く待つ。しかもポジションを完全に剝奪してしまうのではなく、彼らの地位を少しずつ降格させてゆく方法をとる。ほとんど例外なく、代替ポジションを与え、降格された者が大統領に恨みを抱き反旗をひるがえせないよう配慮するのである。どうやら少年時代の「窮鼠、猫を嚙む」の経験が影響しているのではないかとの印象を持つ。二、三の実例をしめす。

ウラジーミル・ヤーコブレフ（元サンクトペテルブルク市第一副市長、次いで市長）は、プーチンの天敵であった。彼は、プーチンの恩師かつ恩人のアナトリー・ソプチャクを、一九九六年六月の選挙でサンクトペテルブルク市長の地位から事実上追い落とした。『第一人者から』のなかでプーチンは、ヤーコブレフを「〔裏切り者の〕ユダ」と呼んではばからない。プーチンは大統領に就任することによって、ヤーコブレフに対する仇討ちの絶好のチャンスをつかんだ。ところがプーチンが余人と違っているのは、ヤーコブレフを一挙に失脚させずに、まるで真綿で首を絞めるかのようにヤーコブレフの力を徐々に弱めていくやり方を採用したことである。まず、ヤーコブレフに連邦副首相の職を与えた（二〇〇三年六月）。それは、当時のロシアではたとえ誰がそのポジションに座っても成功することのない住宅建設・運輸担当のポストだった。次いで、ヤーコブレフを大統領全権代表の一人に任命した（〇四年三月）。彼の担当地域、南方連邦管区はチェチェン共和国をはじめ北コーカサスという厄介な地域を含んでいるために、この任命は事実上「南方への流刑」を意味した。次いで、ヤーコブレフを地域発展相に任命した（〇四年九月）。ようやくミハイル・フラトコフ内閣の総辞職のときになって、ヤーコブレフをあらゆるポストから完全に解任した（〇六年九月）。プーチン自身の大統領就任から数えると、このときまでに何とすでに六年以上の歳月がたっていた。

エフゲニー・ナズドラチェンコ沿海地方知事のケースも、ほぼ同様だったといえる。ナズドラチェンコは汚職まみれであるばかりか、モスクワ中央に対する反抗的な姿勢を隠そうとしない政治家だった。プーチン大統領は二〇〇一年二月に電話一本で彼に対し辞職を迫ったが、まず利権のうまみのある国家漁業委員会の長、次いで安全保障会議の副書記のポストを与えた。

アナトリー・クワシニン軍参謀総長も、同様だった。プーチン大統領は盟友のセルゲイ・イワノフを、初めての「文官」国防相としてロシア軍に送り込んだ。タカ派のクワシニン参謀総長は、案の定プーチンやイワノフが望むような軍改革の実施に抵抗した。ところが〇四年六月、イングーシ共和国の首都ナズラニの治安施設をチェチェン武装勢力が襲撃したことでイングーシ側に九二名もの死者が出た。この責任をとらせる形でプーチン大統領はクワシニン参謀総長ら軍幹部を罷免した。しかしこのときもプーチンはクワシニンを一度に完全失脚させようとはしなかった。その代わりに、彼をシベリア連邦管区の大統領全権代表に任命して彼の面子《メンツ》を救い、クワシニンがプーチン大統領に対してけっして怨恨感情《ルサンチマン》を抱かないように配慮した。

プーチンはなぜ、部下を一挙に馘にしないのか。プーチンの元柔道教師、アナトリー・ラフリンの次の言葉は、一つの理由を指摘している。「ボスが自分の欠点や限界を熟知している場合、部下はボスに忠誠を誓うものさ」

転機の到来

小・中学校時代のプーチンは、けっして真面目でも優秀な生徒でもなかった。遅刻がちで、成績も五段階評価でほとんどの課目が「3」、あるいは精々「4」でしかなかった。これは当時の評価基準では中ていどの成績である。「生意気」な不良少年だった。ソビエト時代の児童はふつう、三年生（一〇歳）のときに「ピオネール」（一〇〜一五歳の少年少女を対象としたソ連の子供組織）に入る。だが彼にドイツ語を教えた教師の一人、ベーラ・グレービッチの『将来の大統領の回想』によれば、彼女のクラス（五年A組）の四六〜四七名の生徒のなかにはピオネールに入団が許されない者が二、三人いて、プーチンはその一人だった。プーチン少年がピオネールへの入団許可を得たのは六年生（一三歳）のときだった。「どうして六年生になるまでピオネールに入団できなかったのか？」。プーチン自身が『第一人者から』のなかで、率直に答えている。「私は不良だった。ピオネール団員でなかった。……私は、実際、チンピラやくざだった」。コムソモール（青年共産主義同盟）に加盟したのも、同級生に比べ約二年遅れの八年生（一五歳）のときだった。

プーチン少年は狭い自宅内でなく、共同住宅の中庭や街頭で時間を過ごすことが多かった。そこは、「ジャングルの掟」が支配する世界だった。すなわち、力を持っている者が発言力を持ち、幅を利かせ、縄張りを支配していた。ロシア人としては大変小柄（現在でも一六八センチくらい）なプーチンは、そのような世界で世渡りのうまさに頼るだけでは大きな顔をしえなかった。彼が格闘技に興味を持つようになった理由は、おそらくこのような事情と関係していよう。プーチン自身、『第一人者から』のなかで語っている。「中庭や学校で一番となるには、けんか好きだけでは十分でないことが明らかとなった途端に、私はボクシングを習うことに決めた。だが、鼻を折ってしまったので、ボクシングをやめた」。次いでプーチンはサンボ（柔道とレスリングを合わせたようなロシアの格闘技）、そして柔道へと関心を移した。柔道は、たとえ自身は非力であっても、相手側の力を逆利用して勝利することができる。おそらくこれは、短身のプーチン少年にとり柔道が魅力的に思えた一因にちがいない。それはともかく、プーチンは、一九七三年（二一歳）にサンボ、次いで七五年（二三歳）に柔道のそれぞれスポーツ・マスターとなった。七六年（二四歳）にはレニングラード市の柔道チャンピオンとなった。

プーチンにとってもう一つ人生の転機となったのは、ＫＧＢへの関心である。ソ連人のスパイが国際的に大活躍する有名な小説『盾と剣』がロシアで出版されたのは、一九六五年。プーチン少年が、一三歳（六年生）のときだった。プーチンは、この小説やそれをベースにした映画に夢中となった。プーチンは語る。「私の心はがっちりとつかまれてしまった。何よりも驚いたのは、全軍をもってしても不可能なことが、文字通り一人の人間の力によってなしとげられることだった。一人のスパイが、数千の人間の運命を決める」

プーチン少年は、ついに中学校の最終年の一九六八年、〝ボリショイ・ドーム〟とあだ名される巨大な建物のなかにあるKGBレニングラード支部を訪問し、KGBで働きたいとの希望を表明した。ちなみに、プーチンが住んでいた共同住宅と彼がサンボや柔道の練習にはげんだスポーツ・クラブとのほぼ中間地点に、ボリショイ・ドームは位置している。その屋上からは、レニングラード市内が一望できる。柔道で身体を鍛えたプーチン少年が己の持つ〝力〟の補強として次に考えたのが、KGBに就職し、この強力な組織のメンバーとなること――。これは、きわめて自然な心理または思考の流れだったといえよう。KGBで働きたいと申し出たプーチン少年に向かい、係官は「まず大学に進学し、法律か外国語を習得するように勧めた」。その後のプーチンは、まるで人間が変わったかのように猛勉強を開始し、一九七〇年（一七歳）のときに、四〇倍の難関といわれたレニングラード国立大学法学部に合格した。在学中は、国際法を専攻。卒業学士論文のタイトルは、「国際法における最恵国待遇の原則」であった。

生涯チェキスト

プーチンのKGB勤務については、謎が多い。少なくとも次の二点に関しては、よく分からない。第一に、彼は正確にいうといつKGBに入り、勤務を始めたのか。勤務開始時期の確定である。

『第一人者から』によれば、プーチンは大学卒業の一九七五年（二三歳）に初めてKGBに入ったことになっている。だが、みずからもチェキスト（KGB要員）であった三人のロシア人は、プーチンのそのような公式伝記における記述に疑問を呈する。三人とは、一九八〇年代にKGBのレニングラード支部長を務めたオレグ・カルーギン、東京でKGB要員として働いたあと米国へ亡命したコンスタンチン・プレオブラジェンスキー、そしてワシントンDCでジャーナリストの肩書きで一時期暗躍したユーリー・シベッツ元KGB要員である。現在、全員が米国在住。

彼ら三人の意見を総合すると、プーチンは、大学三年生と四年生の二年間（一九七三〜七五年）、すでに「インフォーマント（情報提供者）」としてKGBのために働いていた。「インフォーマント」とは、仲間の動向を探り、KGBに報告する人間を指す。もしそうならばこの二年間は、プーチンの適性や忠誠心をテストする見習い試験期間だったのだろう。KGBのようにまず他人を疑ってかかる機関が、見ず知らずの青年を直ちに採用するはずはないからである。「インフォーマント」としての任務を見事果たしたがゆえに、プーチン青年は卒業と同時にKGBに正式採用されたと考えるべきだろう。

プーチンのKGB勤務に関して二つ目にはっきりしないのは、彼の勤務の終了時期である。プーチンは、いったいいつKGBを辞職したのか。さらにいうと、プーチンは本当にKGBを辞めたのか。

公式説明はいう。一九八九年にベルリンの壁が崩れ落ちたとき、プーチンは東ドイツのドレスデンに勤務中だった。このような激動が起こったにもかかわらず、クレムリン当局はプーチンらに対して何の説明もおこなおうとしなかった。途方に暮れたプーチンは、一九九〇年一月末、故郷のレニングラードへ帰った。追いかけるようにして、九一年八月一九日、クーデター未遂事件が発生した。クーデターを起こした「非常事態委員会」八人のメンバーの筆頭格は、何とKGB議長のウラジーミル・クリュチコフであることが判明した。プーチンは、クーデター発生の翌日、八月二〇日にみずから申し出て、KGBを辞職した。クーデターが発生したとき、プーチンは現役のKGB中佐だったので、退役と同時に自動的に一階級昇進し、KGB予備役大佐となった。——以上が、『第一人者から』のなかでプーチン自身が説明している事柄である。

しかし、重要な疑問が起きる。KGBポストからの辞職は、それほど簡単かつすんなりと認められうるものなのか。この疑問を提起するのは、フランスのKGB研究家、エレーヌ・ブランである。同女史は、KGB勤務は宗門に入ることのように一生つづき、いったん入ると組織からの離脱はけっして許されないはずと説く。つまり、一度チェキストだった者は、常にチェキストである、と。彼女は次のエピソードも引いて、己の見方を補強する。「プーチンは、一九九九年一二月、ルビヤンカ〔モスクワの旧KGB本部所在地〕で開催された秘密警察『チェーカー』の記念式典に出席した。そのとき誰かが乾杯しながら『チェーカーに所属している者は起立！』と叫んだ。集まった人は、一人残らず立ち上がり直立不動となった。プーチンも皆と一緒に立ち上がった」

KGB勤務の影響

プーチンが仮に一九九一年八月二〇日付でKGBを辞職したことを認める場合にも、次の事実を指摘または強調する必要があるだろう。まず、プーチンはもともと誰からも強制されることなく、みずから志願してKGBに加入した人物であること。偶然の成り行きでチェキストとなったり、強制的にリクルートされたりした者とは、事情を異にする。プーチンは、いわば確信犯なのである。

次に、右とも関連して、プーチンがほぼ二〇歳から三六歳という時期にチェキストだったこと。これは大抵の人間にとり、人生において最も多感な時期であり、かつ基本的な思想が形成されるときでもある。「人間の可塑性はいったいどの程度か」という難しい問題とも関連するが、人間はこのような青春期に形成した思想を、はたしてその後どの程度まで変えることができるのか。セルゲイ・ロルドゥーギン（プーチン家の友人、その長女の名づけ親はプーチン）は、プーチンが「KGBを辞めるつもりだ」と語ったとき、次のように思ったという。「私は、原則的には彼の言葉を信じた。だが、はたして君のなかにある知識や情報からのがれることができるだろうか。君はこの組織で働かないことはできるが、ものの考え方や見解は残るものだ」

個人が独自に形成したものなのか、それともKGB参加後にKGB訓練で仕込まれたものか——そのいずれのものであれ、プーチンの思想、信条、そして考え方はまさにチェキストのそれだといってよいだろう。リリヤ・シェフツォーワ（カーネギー・モスクワセンター主任研究員）によれば、「KGBに勤務するということは、職業でなく思考方法」の問題だという。では、チェキスト流の世界観や思考法とはいったい何なのか。

チェキストは、第一に愛国主義者である。ロシアの「領土の一体性」に固執し、「強い大国ロシア」の構築を願い、その実現に一身を捧げようとする。第二に、リアリスト（現実主義者）またはプラグマティスト（実用主義者）である。その点では、かつての旧ソ連時代のエリート、共産主義者とは異なる。共産主義者は、マルクス＝レーニン主義のレンズを通して森羅万象を眺め、〝ゾルレン〟（何をなすべきか）の観点に基づいて政策を立案する。対照的にチェキストは、現実世界の「力の相関関係」――たとえそれが己にとり不利なものであれ――を直視し、〝ザイン〟（在るもの）を前提として行動する。

第三に、人脈形成との関連。KGBは外部の者に閉ざされた秘密組織である。そこで同じ飯を食い、苦労をともにした連帯の絆は、おそらくわれわれが想像する以上に強いものにちがいない。プーチンは合計して一六年間KGBに勤務し、その間にKGB中心の人脈を形成した。実際、プーチン政権の中核ポストはKGB人脈によって占められている（第五章参照）。この厳然たる事実は、プーチンがKGBを辞職したか否かの問いをたんに形式的な問題にすぎないものとする。

第四に、KGBの先達に対するプーチンの今日まで変わらぬ忠誠心または尊敬の念。プーチンは、少なくとも二人のKGBの先輩に対する己の深い崇拝心を隠そうとしない。そのうちの一人は、KGB議長からソ連共産党書記長になったユーリー・アンドロポフ。プーチンは、アンドロポフを己のモデルとみなさんばかりに崇めている。プーチンは、首相に任命される直前の一九九九年七月、わざわざ赤の広場のアンドロポフの墓を詣でて花束を捧げた。大統領代行に指名されたあとの二〇〇〇年一月にはルビヤンカの建物のなかにアンドロポフ記念銘板（一九九一年に撤去されていた）を再設置した。プーチンが己の尊敬心を隠そうとしないもう一人は、クリュチコフ元KGB議長。クリュチコフは、一九九一年八月クーデターの首謀者の一人。にもかかわらず、プーチンは、二〇〇〇年五月、みずからの大統領就任式典へクリュチコフを正式招待した。プーチンは、そもそもこのクーデター勃発を機にKGBを辞めたはずではなかったのか。腑に落ちない思いもする。だがプーチンは『第一人者から』のなかで、クリュチコフに対する畏敬の念を正直に披露している。「クリュチコフは共産主義の確信犯で、クーデター側にいた。だが立派な人間である。私は今日まで彼を大いに尊敬している」

ドレスデン生活

プーチンの青年期には、KGB勤務のほかに、彼の思想を形成したもう一つの重要な体験がある。それは、ロシア以外の外国との接触である。

プーチンは、東ドイツのドレスデンKGB支部へ派遣された。一九八五年八月から九〇年一月にかけての約四年半である。ちょうどゴルバチョフがソ連共産党書記長に就任し、ペレストロイカを実施した時期にあたる。

ドレスデンは、チェキストの派遣先としては三流ポストの地である。ワシントン、ロンドン、パリ、西独の首都ボンなど一流エリートの派遣先とは比べるまでもないうえに、東ドイツの首都東ベルリンと比べてさえ二流の駐在地であった。ドレスデンは東ベルリンのKGB支部の管轄下に置かれ、ドレスデンからの情報や報告は東ベルリンを経由して初めて、モスクワへと転送される。とはいえ貧しい家庭の出身者で、コネも引きもないプーチン青年にとり、ドレスデンはけっして文句を言える派遣先ではなかった。それにしても、ドレスデン勤務のプーチンはKGBの大海を泳ぐ一匹の「小さな魚」にすぎなかった。

ドレスデンとライプチッヒ両地区の「ソ独友好協会」副会長――これが、当時のプーチンの表向きの肩書きであった。実際はKGBとその東独版「シュタージ」（国家保安省）との間の連絡、東独内エージェント（諜報部員）のリクルート、政治情報《インテリジェンス》の蒐集《しゅうしゅう》などが、彼の主要任務であった。

プーチンのドレスデン生活は、少なくとも二つの意味で重要である。一つは、プーチンがドイツ語に磨きをかけるとともに、ドイツ贔屓《びいき》となったこと。これは、大統領となったあと、ドイツ首相（当時）のゲルハルト・シュレーダーと兄弟にも近い親密な個人的関係をつくり上げることにも貢献した。元来ウクライナ生まれで、その後ドイツきってのロシア専門家となったアレクサンドル・ラールは、プーチンの伝記をいち早く刊行した。その表題は、『ウラジーミル・プーチン――クレムリンにおける〝ドイツ人〟』（二〇〇一年）。もしもスラブ民族に比べ、ドイツ人を能率重視で実務に秀でた民族とみなすならば、プーチンを、ラールが示唆するように、ドイツ人的性格をもつロシア人とみなしてよいだろう。

ドレスデン勤務がプーチンに与えたにちがいないもう一つの影響がある。それは、若き日のプーチンがドレスデン滞在中に「限られた窓」を通してとはいえ、西側世界を垣間見る機会をもったこと。たしかにドレスデンは、先進資本主義国の都市ではなく、東ドイツの地方都市にすぎなかった。しかしそれでも、ソ連邦から一歩も出たことのないプーチンにとっては、すべてが物珍しい外部世界であった。西ベルリンからのテレビ放送は、壁を越えて東ベルリン、ドレスデンにまで届いていた。しかも壁越しにたんに西ベルリンを眺めるばかりでなく、プーチンは外交特権を利用して何度となく西ベルリンの土地を踏むことができた。これらを通じて、プーチン青年は、西側世界の豊かな文明生活を目の当たりにしたにちがいない。逆に、東側世界の経済的な後れ、物質的な貧しさを、さぞかし身に染みて痛感させられたことであろう。

サンクトペテルブルク市役所

ドレスデンから帰国したあと、プーチンはモスクワでなく、レニングラードへ戻った。このこと自体、プーチンがKGBの出世コースに乗っていなかったことの一証左とされる。故郷レニングラードへ帰ったあと、彼はまず母校のレニングラード大学で国際問題部長補佐として、次いでサンクトペテルブルク市役所で約七年間勤務した。当時、大学法学部時代の恩師アナトリー・ソプチャクが、サンクトペテルブルク市長を務めていた。同市長のお眼鏡にかなったプーチンはたちまちのうちに頭角を現し、同市長の片腕の役割を果たすようになった。具体的にいうと、プーチン副市長（次いで第一副市長）はサンクトペテルブルク市対外経済関係委員会の議長役も兼務して、西側資本主義諸国から投資を誘致する実務を担当した。プーチンはこの分野で大いに手腕を発揮し、コカコーラ、ジレット、パリ国立銀行など西側の有名企業の誘致に成功した。

西側先進諸国との接触の観点からいうと、プーチンのサンクトペテルブルク市役所勤務は、ドレスデン勤務に勝るとも劣らない重要性を持つ。それまでのプーチンは物事を己の一存で決定した経験が皆無だった。たとえばKGBのドレスデン支部ではナンバー2の地位でしかなかったために、プーチンは自由裁量権を持たなかった。加えて、KGBの指揮命令系統から逸脱することは禁じられていた。ところが、サンクトペテルブルク副市長のプーチンには、先例もマニュアル（手引書）もなかった。しかも、対外経済関係委員会議長として西側諸国からの投資先を見つけてくるという仕事に就いているプーチンは、実績を上げねばならない立場に置かれていた。彼が次のように述懐しているのも、おそらく誇張ではないだろう。「〔同委員会議長としての〕五年間は、〔のちの〕モスクワでの大統領府での仕事に比べてさえより多くのものを私に与えてくれた」。「その後大統領に就任してからだけの私を知っている人々は、私がサンクトペテルブルクで働いていた〔合計〕七年間のことを、忘れている」

対外経済関係委員会議長としての仕事は、算盤をはじき得か損かのプラグマティックな観点から物事を見ることを、プーチンに教えた。また西側諸国を「モデルとしてではなく、手段として」眺め、彼らの物質的な力をロシアの経済的発展に利用できないかと考える思考法を、プーチンに形成させた。敵の力を巧みに利用する柔道にも通じる考え方といえよう。

プーチンの性格

プーチンは、一九九九年の大晦日、エリツィン前大統領によって突如大統領代行に指名された。当時、プーチンは首相のポストこそ占めてはいたものの、エリツィン大統領にとってはつなぎの政治家の一人にすぎないと見られていた。前任者だった三人の首相、つまりセルゲイ・キリエンコ、エフゲニー・プリマコフ、セルゲイ・ステパーシン――これらすべては、同大統領によって使い捨ての憂き目にあっていたからである。これらの前例にかんがみて、プーチンも彼らと同様の運命をたどるにちがいない。人々はこのように思い込んでいた。ところが今度ばかりは、ロシア国民の予想は大きな間違いを犯すことになった。エリツィン大統領は、大晦日のロシア国民宛てテレビ演説で明言した。「自分は大統領職を辞し、プーチン首相を大統領代行に任命する」、と。

以来、「プーチンって、いったい誰？（Mr. Putin, who?）」という質問がロシア国内ばかりでなく、全世界を駆けめぐることとなった。ロシア国内で直ちに刊行された書物には、右の問いに答えるかのような題名をつけ、販売部数拡大を当て込んだものも少なくなかった。たとえば、ロイ・メドベージェフ著『プーチンの謎』（二〇〇〇年）、アレクセイ・ムーヒン著『ミスター・プーチンとは誰か、誰が彼と一緒に来たのか？』（二〇〇一年）など。だがこれらのどの書物を開いてみても、プーチンの人物像は一向に明らかとはならない。逆にプーチンは「どこから来たのか分からない人間」「顔のない人間」「ブラックボックス（内部に何が入っているか分からない箱）」などと表現される始末だった。

プーチンの人物像やその基本的性格は、今日に至るも謎のままにとどまっている。人間としてのプーチンの研究、すなわち「プーチン学（Putinology）」は、きわめて困難な研究である。このことを十分承知したうえで、ロシア内外の研究者たちによって今まで述べられている二、三の見解を紹介する。

「内向性」型人間

ロシアの心理学者、ビクトル・タラーノフは、フロイトと並ぶ心理学の巨匠、ユングの二分類法を用いて、プーチンの性格を分析しようと試みる。カール・グスタフ・ユングは周知のように、人間の性格を「内向性（introvert）」と「外向性（extrovert）」の二つの型に区別した。

前者は、内気、引っ込み思案。自分の世界に閉じこもりがちで、孤独を愛する。内なるものに興味をしめし、他人には無関心。それでいて、他人がいると仕事がうまくできない。外の世界から己を守ろうとして、自身の考えをすぐ口に出すことが少ない。自信を欠き、仕事を引きうける前に責任がとれるかどうか思案する傾向が強い。それに対して後者は、開放的、社交的、行動的。自分以外の事象に興味をしめし、己の気持ちも外部に向けて積極的に表現する。他者もまた自分のように行動することを望み、他人に見られているときに仕事がはかどる傾きがある。タラーノフは『ウラジーミル・プーチンの心理的肖像画』（二〇〇〇年）で、プーチンは右の二分類のうち明らかに前者、すなわち「内向性」の持ち主とみなす。

たしかにプーチンの身近にいる人々のなかには、プーチンが「内向性」型の人間であることを証明するのに役立つ発言をおこなっている者が多い。たとえば、オリガ・ボルコワ（旧姓ダニーロワ）。彼女は、小中学校でプーチン少年と八年間机を並べた同級生の一人である。彼女の証言によると、プーチンは「ソフトで控えめ、引っ込み思案な少年だった」。たしかに当時のプーチンは、貧しい家庭の一人っ子。身長も低く、学校の成績もすぐれず、劣等感に悩む少年だった。まさにそのような時期に彼がボルコワを含めて他人に与えた印象が、はたしてプーチンの本当の性格を正確に表しているのか、疑問だろう。プーチンの性格を右のように描写したあとにボルコワが付け加えていることも、やや気にかかる。プーチン少年は「鉄のような〔強固な〕性格」の持ち主でもあった、と。

ミハイル・フロロフの次の証言についても、似たような注意が必要かもしれない。フロロフは、プーチンが訓練を受けたアンドロポフ名称赤旗諜報研究所（現在の対外課報アカデミー）の指導教官の一人。フロロフは述べる。「私の眼には、彼〔プーチン〕は若干閉鎖的で、非社交的な人間であるように思えた」。ただしこう語ったあと、フロロフは付け加えた。「ついでにいうと、これは否定的であると同時に肯定的な資質である」。フロロフが「肯定的な資質」と述べるとき、明らかに「インテリジェンス勤務の人間として」という修飾句が省略されている。というのも、プーチンについて右のように語っている直前の文脈で、フロロフは「スパイとして働くのにふさわしくない人間のタイプ」を話題にしているからである。ちなみにフロロフによれば、次のような人間が、そのようなスパイ向きでない者である。「決定を瞬時に下す」のは良いが、「仲間と口論を始めたり、神経をいらいらさせる気まずい雰囲気をつくり出したりして、仲間がふつうに働くことを邪魔する」人間。フロロフは、プーチンをまさにスパイ向きの人間とみなしている。

寡黙な人間？

はたしてプーチンは、「内向性」型の人間なのか。関連して、そもそもプーチンは「無口な人間」なのか。これは、検討に値する問いである。ふつう、内向的な人間は無口とされる。だが、はたしてそのように決めつけてしまって差し支えないだろうか。プーチンがゴルバチョフのような「おしゃべり」でないことは、たしかである。だが無口な者のなかにおいても、厳密にいうと二種類の人間に区別される。一は、何事につけ言葉数が少ないタイプ。二は、話題の違いなどによって言葉数が変わってくるタイプ。プーチンははたして前者のタイプなのだろうか。

たしかにプーチン自身は、少なくとも青年時代には己を無口な人間とみなしていたようである。たとえばリュドミーラ夫人に向かい結婚のプロポーズをおこなったとき、プーチンは自分が「無口な人間」であることを前もって断り、「それでもよいか」とわざわざ念を押したという。しかし本人の言っていることが、客観的観点から見て当たっているとは限らない。右の発言は、若者にありがちな謙虚をよそおった一種の恋のテクニックだったのかもしれない。興味深いのは、肝心のリュドミーラ夫人が自分の夫＝《イコール》無口な人間とはけっしてみなしていないことである。「ご主人はあまり饒舌な方ではないようですね」とのインタビュアーの誘導尋問に対して、夫人は「いいえ」とはっきり否定する。「ボロージャが無口な人間だとは、私は思いません。彼は、自分が興味ある話題について興味ある相手と話すのは、とても好きなのです」

もし右のリュドミーラ夫人の発言を信じるならば、プーチンを根っからの無口な人間とみなすことは、間違いを犯す。誰彼の見境なく余計なことをペラペラしゃべらないことを、意図的に心掛けている人物と見るべきだろう。ロシアにも「雄弁は銀、沈黙は金」の諺が存在する。プーチンは、この格言を実践している人物ではなかろうか。

もしプーチンが意識的に寡黙をモットーとしているとするならば、おそらくそのような習癖は、彼の特殊な職歴によってつちかわれたにちがいない。つまり、プーチンの秘密主義は、彼のKGB勤務と大いに関係しているのだ。KGBは、彼みずからが志望したばかりか、約一六年間勤務し、諜報活動の極意や訓練を叩き込まれた組織である。相手側に口を割らせて情報を得ることこそが、諜報活動の要諦であろう。逆に自分のほうからペラペラしゃべり相手側に情報を与えるようでは、およそチェキスト（KGB要員）の任務は務まらない。ましてや、自身の欠陥や仲間うちの不和を表に出すのは愚の骨頂である。すべからくチェキストは、ロシアの格言「内輪の揉め事を明るみに出すな」を厳守せねばならない。

チェキストの訓練を受けた者は、妻（または夫）にさえ業務上の機密はもちろんのこと、仕事一般について口外してはならない。この教えを、プーチンは真面目に実行している様子である。リュドミーラ夫人自身がやや不満げに次のように語っているところから判断しても、そのように思われる。「汝の妻と物事を共有してはならない――これが、KGBの鉄則でした。過剰な率直さが不幸を導いた例は数限りなく多い。物事を知らなければ知らないほど、妻はよく眠るというわけです」。実際、夫の東独勤務が決まったときも、行く先が東ベルリンでなくドレスデンであることを、「ボロージャは語ってくれませんでした」

家庭では仕事の話は、一切しない。これが、今日までつづいているプーチン家の流儀のようである。このことについても、リュドミーラ夫人はインタビューのたびごとに不満げに語っている。たとえば二〇〇五年六月一日にロシア各紙とおこなったインタビューのなかで、夫人は述べる。「彼（プーチン）に仕事関連の計画に関して質問する。これはもちろん、無駄なことなのです。はじめから訊かないほうがマシです」。約一年後の別のインタビューのなかでも、同夫人は大統領教書演説（二〇〇六年度）の準備作業に熱中していたプーチンを例に引いて語った。「彼（プーチン）は、この演説の執筆に長い時間をかけていました。（中略）演説前夜にもう一度目を通していたときに、もしも私が机に近づいてのぞき見でもしようものなら、彼はきっと私の〔そのような〕行為を許さなかったことでしょう」。結論として、同夫人は述べる。「彼は、仕事上の問題については私と一切話そうとしないのです」

私情を抹殺

プーチンは、口数の少ない寡黙な人間であるかもしれないが、それは意識的にコントロールしてそうしているのである——。このように見る証言者は、そのほかにも少なくない。たとえば、マリーナ・エンタルツェワは、興味深いエピソードを語る。彼女は、一九九一年から九六年にかけての約五年間、サンクトペテルブルク市役所の秘書としてプーチンの身近で働いていた。あるとき、プーチン家が飼っていた愛犬のマリシェが車にはねられて死亡するという事件が起こった。すっかり動転したリュドミーラ夫人が、プーチンのオフィスに電話をかけてきた。その伝言に接したときプーチンが顔に何の感情も表さないことに、マリーナは驚かされた。思わず「すでにどなたからかお聞き済みのことだったのですか」と尋ねると、プーチンは静かに答えた。「いや、きみが最初だよ」。このエピソードを紹介したあと、マリーナは彼女自身の興味深いコメントを付け加えている。「実際の彼は、ひじょうにエモーショナルな人間です。でも必要とあらば、彼は自己の感情を隠すことができるのです」

もう一例。リュドミーラ夫人自身がサンクトペテルブルクで自動車運転中に事故に遭遇し、結局一か月以上も入院するという羽目におちいったことがあった。この事故ならびに入院の報せに接したとき、プーチンは公務優先の姿勢をつらぬき、部下に必要な指示を与えただけで、みずからは病院に見舞いに駆けつけようとしなかった。

これら二つのエピソードを引用したあと、ピーター・トラスコットは次のような感想を記す。トラスコットは、オックスフォード大で博士号を受けた欧州会議の元メンバー、現在はロシア・安保問題の専門家として著作にはげんでいる。彼は、出色のプーチン伝の一つ『プーチンの進歩』(二〇〇四年)と題する著書のなかで、重要な問いを提示する。プーチンにはどうやら、ふつうの人間が持つ喜怒哀楽の感情が欠如しているのではないか、と。

プーチンは大統領就任後、今日まで数々の事件や悲劇に遭遇してきた。たとえば、無辜《むこ》の市民を大量に巻き添えにし、その人命を奪った第二次チェチェン戦争、イスラム過激派が仕掛けるテロリズムとの闘い……等々。そのような際にしめすプーチン大統領の態度や対抗措置は、苛酷な厳罰一辺倒主義である。人命尊重や他人の不幸をおもんぱかるというヒューマニズムの精神が見事に欠落している。おそらくそのことを証明するためには無数に近い具体例を挙げることができるだろうが、ここでは紙幅の関係で三つの例を引くにとどめる。

人命を軽視してはばからぬ

一つ目の例は、北海艦隊に属する原子力潜水艦「クルスク」号がムルマンスク港沖で沈没した事件である。二〇〇〇年八月に同事件が発生したとき、プーチン大統領は黒海沿岸の別荘で夏期休暇の真最中であった。同大統領は、すでに「全乗組員が死亡した」とのロシア海軍幹部の報告を真に受けて（あるいは真に受けたふりをして）、現場に直ちに駆けつけようとはしなかった。そのようなプーチンの態度を、ボリス・ネムツォフは手厳しく批判した。ネムツォフは、かつてエリツィン大統領の副首相を務めたあと、野党「右派勢力同盟」の共同指導者の一人となった人物。「プーチンの行動は、非道徳的である。部下の水夫たちが生死の境をさまよっているときに、ロシア軍最高司令官としての彼は、安閑として休暇をとりつづける権利など持たないはずである」

第二例は、先にもふれたモスクワ劇場人質事件の折りの対応である。〇二年一〇月に同事件が発生したとき、プーチン大統領は劇場内に閉じ込められた人質に対する人道的な配慮を一切おこなわなかった。犯人側であるチェチェン系過激派グループとの交渉を拒絶し、治安特殊部隊を劇場内に強行突入させた。使用された特殊ガスによって犯人たちばかりでなく、人質一二九名の貴重な生命が失われた。

三つ目の例は、〇四年九月発生のベスラン学校人質事件。これについても前にふれたように一八六名の児童を含む三八六名の人命が失われた。

人間的な感傷や同情の排除――。プーチン大統領のこの個人的性格は、彼が最終政治決定者であるという観点からは、肯定的にも否定的にも評価されうる資質なのかもしれない。「危機における冷静沈着さ」「センチメンタリズムの克服」「厳しい自己規律」。これらは、広大な国土からなるロシアに秩序と安定をもたらすために不可欠な政治指導者の資質なのかもしれない。だがそれは、同時に「生身の人間の心を理解しない」「冷酷無情」「人命軽視」の態度でもある。政治家として最も重要な資質としての人間愛が欠如しているとの批判すら加えうるだろう。

ソ連邦の崩壊について語ったプーチン大統領の次の言葉は、あまりによく知られている。まず、「ソ連邦の解体は、二〇世紀最大の地政学的な大惨事である」。おそらくこれは、彼の本音にちがいない。しかし「覆水盆に返らず」。プーチンは愛国主義者であると同時に、現実主義者でもある。別の機会にプーチンは述べた。「ソ連崩壊を惜しまない者には心《ハート》がない。だが、その復活を欲する者には頭《ブレイン》がない」、と。われわれとしては、彼に向かい次のように問いたい誘惑に駆られるだろう。プーチン自身には「頭《ブレイン》はあっても、はたして心《ハート》はあるのか」、と。「しっかりしていなかったら、生きていられない。やさしくなれなかったら、生きている資格がない」。レイモンド・チャンドラーの推理小説の主人公、フィリップ・マーロウが述べたあまりにも有名な台詞《せりふ》である。プーチンはこの言葉の前半部分を実践するあまり、後半部分を軽視する政治家になったのかもしれない。

第三章

プーチン体制――狙いと実践――

2009年10月統一地方選挙の際の与党「統一ロシア」選挙広告。
「人々の声を聞き、人々のために働く!」(写真/山内聡彦)

「負の遺産」の清算

プーチンは、エリツィンのアンチテーゼである。プーチンは、エリツィンの「改革」、さらに遡るならばゴルバチョフのペレストロイカ路線からの修正または克服を、己の主要課題とみなした。プーチン個人は、このことをかならずしも明確に意図しなかったかもしれない。しかしプーチン政権が現実におこなったことは、そのような性格を持つものだった。

プーチンは、エリツィンの眼鏡にかなったからこそ後継者に任命された。このことは、紛れもない事実である。だがそのとき両者間に存在した暗黙の了解は、プーチンがエリツィン大統領の辞職後に同大統領および「エリツィン・ファミリー」の身柄や財産の安全を保障するということだった。エリツィンの政策を続行することを、プーチンはかならずしも約束しなかった。

国民大衆が政治指導者に求めるものは、おそらく種々様々だろう。とはいえ、彼らの生命、財産、領土が内外の脅威から守られることは、最小限度《ミニマム》の要求であるにちがいない。それらが保障されることといわば交換の形で国民は、国家に対して納税、徴兵、その他の義務に応じるのだ。このような社会契約が履行されなかったり、あまりにもバランスを欠く場合に、被治者は統治者に対して抗議する権利を持つ。バランスを欠くとは、たとえば国民の安全保障という本来の目的を外れたり、それを損なったりする形での手段乱用の場合である。ごく大雑把にいえば、これが、ルソー、ホッブス、ロックといった英仏の思想家たちが説いた社会契約論の内容であった。

このような異議申し立ては、欧米先進国や日本などでは当たり前のこととされているが、ロシアでは一般国民がそこまでの権利を行使しようとするまでには至っていない。内外の脅威から己の生命、財産さえ保護してもらえれば、とりあえず充分。それを超える民主主義の実践、すなわち三権分立、地方自治、人権の保障、報道や言論の自由などは、高望みであろう。このように考えて、諦めている節が感じられる。つまりロシアでは、欧州での社会契約論がそのまま適用されることはなく、ロシア流に変形されて実施されてきているのだ。ロシアの統治者は、広大無辺の国土を内外の敵から守り、秩序と安定をもたらすために、巨大な権力集中を必要とする。そのためには、被治者に民主主義的な諸権利を充分保障することは難しい。こう説いて、「強い国家権力」の存在と維持を正当化する。この点に、ロシア版社会契約論の特徴が存在する。

プーチンは、ゴルバチョフのペレストロイカやエリツィン政権下の「改革」によってもたらされた混乱《カオス》と無秩序《アナーキー》を収拾して、ロシア社会に再び規律、秩序、安定をもたらすことを期待された。ロシアの一般大衆は、一九八五年のゴルバチョフの登場以来、疾風怒濤のような一連の事件に出くわしたからである。ゴルバチョフによるペレストロイカ（立て直し）やグラスノスチ（公開性）。東欧「衛星」圏の喪失。一九九一年八月のクーデター未遂。ソ連邦の崩壊。物価の自由化、ハイパー・インフレーション、国有財産・企業の民営化。指導者エリツィンの高齢化と病気。ロシアの国際的地位の低下……等々。このような激動が発生したために、大多数のロシア国民は、経済的困窮、貧富の格差拡大、汚職・犯罪の跋扈《ばっこ》、治安の悪化などによって苦しめられることとなった。ロシア社会は、弱肉強食のジャングルの掟が支配するホッブス的世界となった。

「強い指導者」を希求

右の諸悪の根源をただ一つだけ指摘せよと問われるならば、国家権力の脆弱化がその答えとなろう。具体的には、社会の秩序を維持し監督することを任務とする諸機関（警察、軍隊、ＫＧＢ、その他の治安機関）が弱体化し、機能不全におちいった。これが、一九九〇年代の「泥沼」または「大動乱《スムータ》」と呼ばれる状態を生み出した元凶にほかならない。結果として、ロシア国民は、己の安全を脅かすものに対して無防備かつ直《じか》に向き合わねばならなくなった。

このような混乱状態につけこんで、ロシア国民に一定の「屋根《クルイシャ》」を提供すると称して勢力を伸長させた組織がある。マフィアである。マフィアは失業中の元警官や軍人を雇い、警備コンサルタントや警備保障会社を組織し、カネのある者に対しては安全保障を請け負い、それなりの安全を提供した。このようにして、本来「屋根」を意味するロシア語の「クルイシャ」は、「保護者」という意味で用いられるようになった（袴田茂樹）。

だが、マフィアに法外な額の謝礼（「みかじめ料」）を支払う経済的余裕を、大多数のロシア人が持ち合わせているはずはない。では彼らは、どうすればよいのか。国家権力に向かい、ロシア流の社会契約にしたがい身体および生命の物理的安全だけは確保してほしいと要請する。この最小限度のことさえ保障してくれるならば、その他はかならずしも保障されなくてもやむをえない。「その他」とは、たとえばペレストロイカや「改革」の続行、民主主義的諸権利や自由、ロシアの近代化などである。これらは、かつてゴルバチョフ、エリツィン政権時代に提唱されたキャッチワードであった。そのような空疎またはロシアにとりいまだ時期尚早のスローガンによって踊らされた結果として、今日のみじめな状態が招来されたのだ。多くのロシア国民は、このようにすら考える。規律、秩序、安定——。これは裏返していえば、自由、改革、変化の否定である。エリツィン時代のモットーは、「生き残るためには、われわれは変わらねばならぬ」であった。ところがエリツィン式変革によってもたらされた利益を現実に享受しえたのは、ごく一握りの少数者だけであった。たとえば国有財産の民営化によって濡れ手で粟のごとく巨万の富を入手したオリガルヒ（新興財閥）、その他にすぎなかった。それもあって、多くのロシア人はもはや実験や変革を望まなくなった。いや、エリツィン時代の勝者（たとえば、オリガルヒの一部）ですら、その既得権益が奪われはしまいかとの懸念から、改革のさらなる推進に反対するようになった。結果として、ロシア人たちの多くは「変化はコストが高く危険」との考え方に傾き、現状維持主義者となった。彼らは、疾風怒濤の時代に疲れ果て、一服休みを欲したのである。このようなロシア国民の希求にタイミングよく応える形で登場したのが、ＫＧＢ出身の若い指導者、ウラジーミル・プーチンにほかならなかった。

「レント・シェアリング・システム」

ロシア社会に規律、秩序、安定をもたらすためには、「強い国家権力」の構築が必要不可欠である。プーチンは、まさにこのように説いた。プーチンの考えは、彼が大統領代行となる直前の一九九九年一二月二八日に発表した論文「世紀の境目にあるロシア」のなかにはっきりと現れている。同論文は、プーチンのマニフェスト（選挙公約）とみなしてよい。プーチンは述べた。「（ロシアの〕人々は、国家権力の明らかな脆弱化に不安を感じ、……〔ロシア〕社会は、国家の指導的・調整的役割の復活を待望している」。「強い国家は秩序の源であり、保障者である」。「ロシアは、強い国家権力を必要とし、それを持たねばならない」（傍点はいずれも引用者）

プーチン政権が掲げる目標は国家権力の強化であり、たしかにそれがロシアに秩序と安定をもたらすという意味で被治者の要望に沿う。しかしそれだからといって、国家権力の強化がもっぱら国民の要望に応えるためだけの目的で推進されると考えるならば、それはナイーブの謗《そし》りを免れない。プーチン政権による国家権力の強化は、何よりもまず同政権を構成するエリートたちの私益に利する狙いに基づいているからである。では、同政権の中核をなすエリート側近とはいったい誰なのか。それは、シロビキやサンクトペテルブルク閥を構成する人々である。シロビキ（siloviki）とは、ロシア語の〝力〟を意味するシーラ（sila）に由来する言葉。紛争解決の手段として〝力〟の行使を重視する人々。具体的には、旧ＫＧＢ、軍部、内務省などの「権力省庁」にかつてまたは現在勤務する人々を指す。日本語としてはこなれないが、〝武闘派〟と訳されている（シロビキについては、第五章で詳述する）。

プーチン自身が、ＫＧＢに一六年間勤めたチェキスト（ＫＧＢ要員）にほかならない。そのような人物がロシアのトップの座に就いたことを知って、シロビキは大喜びした。かつて「共産党員にあらずんば人にあらず」とばかりに共産党員がもてはやされたソビエト時代においては、シロビキは一・五流のエリートの地位に甘んじていたからである。

エリツィン大統領によって突然後継者に任命されたプーチンは、短いモスクワ勤務の間にみずからの人脈を形成できていなかった。プーチンは、KGB教育によって猜疑心の強い人物となっていた。そのようなプーチンが主として己の周辺を二つの派閥で固めることにしたのは、ごく自然の成り行きだったといえよう。シロビキ閥と、出身地のサンクトペテルブルク閥である。

プーチンは、二期八年の大統領時代（二〇〇〇年〜〇八年）に、エネルギー資源や武器輸出企業をロシアの基幹戦略産業とみなして、それらの主なものを非民営化または再国有化した（第八章参照）。その結果生まれた七つの国策会社《ゴスコルポラーツィア》や独占企業体のトップに、「プーチンのお友だち」（Friends of Putin：マーシャル・ゴールドマン、ハーバード大学ロシア・ユーラシア研究デイビス・センター終身特任教授）、すなわちシロビキまたはサンクトペテルブルク閥に連なる人々を配置した。これらの国策会社や独占企業体は、武器やエネルギーの輸出、パイプラインの設置といった部門の運営を独占しているがゆえに、労せずして膨大なレントが懐に転がり込む仕組みとなっている。「レント（ロシア語ではレンタ）」とは、土地不動産やエネルギー資源の価格が急上昇することによって、みずから額に汗したり手に豆をつくることなく左団扇で入手可能となる余剰収益を指す。国営企業であるために、その収支明細を透明にしたり税金を納めたりする義務もない。プーチン政権は、まさに「（資源）レント・シェアリング」で結びついた利益集団。こう定義して、差し支えないであろう。そしてプーチン大統領は、同システムの「レント・マネージャー」（クリフォード・ガディ、ブルッキングス研究所主任研究員）にほかならない。

プーチンは、エネルギー資源をロシア国内において自身の権力基盤を固める目的のためばかりでなく、国際的な舞台でロシアの発言力を増大させるための手段としてもフルに活用した。プーチンにとって幸運だったのは、「プーチンの十年」間が、原油価格の上昇期とぴったり符合したことである。中国、インドなど急速に経済発展をとげつつある国々は、石油、天然ガスなどの天然資源を喉から手が出るほど欲している。そのために、エネルギー資源はもっぱら売り手市場の商品となった。プーチンは、ロシアにとって有利なこのような地位をとことん利用して、ロシアの対外的発言権と存在感を増大させた。ウクライナなどロシア離れを試みるCIS諸国をけん制し、ロシアの拡張主義的傾向を批判しようとするEU諸国の声を抑制させることにも成功した。

再び中央集権化

「強いロシア」の構築は、何にもましてロシア連邦政府の権力を強化することなしには達成されえない。モスクワ中央の指令が地方に伝達され忠実に履行されてはじめて、ロシア連邦は「強い国家」となりうる。少なくともプーチン大統領はこのように考え、述べた。「地方が勝手気ままな態度で中央の法律を無視したりそれを履行しないようになったりすると、ロシア経済の再生はとうていおぼつかない」

エリツィン前政権下のロシアでは、地方分権が進行した。もっとも、かならずしもエリツィン前大統領の意図でそうなったのではなく、大統領vs議会の激しい政治抗争の結果としてそうなったのである。両者は、己の地位を補強するために利用しうる勢力として、地方の知事や有力者たちに目をつけ、彼らを自己陣営に抱き込むことの代償として、大幅な自治権を地方に競うように与えたからである。エリツィン大統領は、一九九〇年八月一二日に有名な発言をおこなった。「私は地方にできるだけたくさんの主権をとるように申しました。残ったものを連邦権力と地方で分け合いましょう」、と。エリツィンによるこの地方迎合策について、ロシアの一女性ジャーナリストは次のようにコメントした。「エリツィンは知事たちにあまりにも寛大なやり方で〔権力の移行を〕おこなったので、ある時点からエリツィンは与えるものが何もない状態にさえなった」。ともあれ、地方の行政単位はまるで「国のなかの国」となり、その首長は「ミニ大統領」のごとき強力な存在へと変貌した。

エリツィン時代に地方分権化へと過度に揺れた振り子を、再び中央集権化の方向へと戻す必要がある——。プーチン大統領は、このように考えたにちがいない。プーチン政権のイデオローグ、ウラジスラフ・スルコフ大統領府副長官は述べた。「地方の指導者たちが好きなだけ主権をとることに慣れたために、国の行政的な混乱が生まれた」。プーチンは『第一人者から』のなかで、ロシア人の国民性やDNAのなかには「中央集権制」が刻み込まれているという。「ロシアは最初から中央集権国家として生まれた。このことは、ロシアの遺伝子、その伝統、ロシア人のメンタリティーのなかに存在する」。にもかかわらず、と彼は最初の年次教書演説のなかで指摘した。「地方自治体が権力、とくに連邦の権力を己に移しはじめた。今日権力のすべてのレベルがこの病いに冒されている」。そこで、「この悪循環を打破することが、われわれ共通の聖なる義務となる」。このように考えたプーチン大統領は、次のような一連の具体的措置を命じる大統領令を発表した。

第一弾は、二〇〇〇年五月一三日付の大統領令である。八九の連邦構成主体（地方自治体）からなるロシア連邦を大きく七つの連邦管区に分けて、それぞれの管区に大統領全権代表を置くことにした。新設の連邦管区は、それまでの軍管区や内務省の管区とほぼ一致する地域だった。大統領によって任命され、大統領に直属する大統領全権代表は、地方自治体の活動を監視する「お目付け役」の機能をになうこととなった。現実に任命された七代表のうち五名までが、軍または治安機関出身者すなわち「シロビキ」であった。

第二弾は、「上院改革法」。ロシア連邦を構成する八九の地方自治体の首長と議会の議長二人が自動的に上院（連邦会議）の議員となるそれまでの制度を改め、上院メンバーを民選かつ専任の議員とした。第三弾は、「知事解任法」。知事、共和国大統領など地方自治体首長たちが連邦の憲法や法律などに違反する行為をおこなった場合、彼らを大統領は解任できることにした。

右のような内容のプーチン提案を、ロシア議会の下院（国家会議《ドゥーマ》）は支持した。だが大統領側の勝利は、多分に紙《ペーパー》のうえでのことだったといえなくはない。現実には地方の知事たちは、大統領全権代表による介入に抵抗しようとしてあらゆる手段や方策に訴えた。そのために、各地方にこれといった部下や基盤をもたぬ大統領全権代表たちの命令が事実上骨抜きにされるケースは珍しくないからである。

二〇〇四年九月はじめに北オセチア共和国ベスラン市で学校占拠人質事件が起こった。プーチン大統領は、地方の連邦構成主体に弛みがあるからこそこのような事件が発生するのだという理由（口実？）のもとに、地方に対する中央政府の監督・統制を強化する必要を説き、連邦構成主体の首長を連邦大統領による任命制へと切り替えた。

連邦構成主体の権限を縮小することは、かならずしも民主化の後退を意味しないかもしれない。

とはいえそれが、エリツィン政権下で進んだ地方分権の振り子を中央集権の方向に引き戻そうとするプーチンの明らかな意図に基づく動きであることは、間違いなかった。専門家（上野俊彦・上智大学教授）は、「連邦制の空洞化」がさらに進行したとみなす。

翼賛議会

プーチンは、ロシアの議会を大統領の言いなりとなる翼賛議会の存在に変えることに成功した。

まず政党法を制定し（二〇〇一年六月）、政党としての登録条件を厳しくし、少数政党の乱立を許さないことにした。同法によると、次の二条件を満たさなければロシアでは「政党」と認められなくなった。①ロシア連邦の構成主体である地方自治体（八九）すべてに、支部をもつこと。②そのうち、四五地域の各々では一〇〇人以上、残りの四四地域の各々では五〇人以上からなる支部が存在し、全体として最低一万人の党員数をもつこと。このような条件を満足させうるのは、全国組織をもつロシア共産党と政権与党の「統一」の二政党しかない。したがってこれは、改革志向の知識人が主要メンバーを占める大都市の諸政党や、地方の小政党を排除しようとする試みにほかならなかった。しかも、プーチン大統領を支持する「統一」と「祖国－全ロシア」は〇二年一二月合併してさらに大きな組織となり、「統一ロシア」と名乗ることになった。

二〇〇三年一二月七日の下院選挙では、政権与党を含めてロシア民族主義の立場にたつ諸政党が圧勝した。他方、ロシア共産党、「ヤブロコ」、右派勢力同盟は敗北を喫した。とくにリベラル改革派の後者二党は、比例区の議席獲得に必要とされる「五％の得票下限」をクリアできなかったために、比例区では一議席も獲得しえなかった。

四年後の二〇〇七年一二月二日の下院選挙では、プーチン大統領を比例名簿のトップに据えた与党「統一ロシア」は、議席数四五〇のうち三一五議席（七〇％）も獲得する大勝利を収めた。「統一ロシア」は、シンパ二政党の議席を合わせると三九三議席（八七％以上）の多数を占めることになった。これは、憲法改正・大統領の弾劾を可能にする三分の二以上の議席をはるかに超える数である。シンパ政党とは、極右のロシア自由民主党（党首はウラジーミル・ジリノフスキー）とプーチン大統領を支持する新党「公正ロシア」（党首はセルゲイ・ミロノフ上院議長）である。「ヤブロコ」と、右派勢力同盟は「五％の得票下限」条項をクリアしえなかったために下院の足場を完全に失い、もはや野党としての機能を果たせなくなった。

以上を要約すると、「プーチンの十年」で形成された政治システムは、一語では「過剰に管理された民主主義」（overmanaged democracy）と表現されるだろう。カーネギー・モスクワセンターのニコライ・ペトロフを含む三人の研究者たちによって提唱された概念である。彼らによれば、「プーチンの十年」は、プーチン自身が目指すと公約した「管理される民主主義」（managed democracy）の範疇をはるかに越える程度にまで政治、経済、社会の管理に成功し、権威主義（authoritarianism）に近づいた。プーチンおよび彼の側近グループは、ロシアの主要な政治制度を独占的な管理下に置き、反対派勢力を閉め出した。とはいえ、それでもプーチン主導の体制はいまだ若干の民主主義的要素を残存させており、完全な権威主義へと逆行したわけではなかった。なぜか。一つには、自由化や民主化の味をいったん知った反対派やロシア国民一般が、開いたパンドラの箱を閉めてしまうことに抵抗するからである。また、政権側も彼らの不満をある程度までガス抜きさせることを許したり、彼らを通じて体制外の情報に通暁したりすることが、結局は政権維持に貢献すると考えるからである。

マスメディアの制圧

プーチン主導の体制下において、民主主義諸原則のなかで最重要とみなされる言論や報道の自由は著しく制限されることとなった。

ゴルバチョフは、真のペレストロイカはグラスノスチなしには実現不可能と考えた。エリツィン政権下で言論、報道の自由は拡大、伸長した。民間経営のテレビ局やラジオ局が続々と生まれ、日刊紙、週刊誌、月刊誌も雨後の筍《たけのこ》のように多数発行されるようになった。かつての旧ソ連時代において『プラウダ』（ソ連共産党機関紙）、『イズベスチヤ』（ソ連政府機関紙）、『トルード』（全ソ労組機関紙）などの公式メディアが、ソ連体制の正当化や宣伝をもくろむ報道を一糸乱れぬ形でおこなっていたことからはおよそ考えられない百花繚乱ぶりであった。

ところがプーチン政権の誕生によって、このような状態に明らかに終止符が打たれることになった。プーチンは、就任後はじめての年次教書演説（二〇〇〇年七月）ですでに報道の自由を否定すると解釈される発言をおこなった。メディアは、「時として大量の虚偽情報《ディスインフォメーション》の手段、国家に対する闘争の道具となる」、と。二か月後にプーチン政権が発表したいわゆる「情報安全保障ドクトリン」には、「国家」が「社会」や「個人」に対して優先するとの考え方が示唆されていた。同ドクトリンは述べる。これまではこのようなドクトリンが制定されていなかったために、「個人、社会、国家の間で必要なバランスを維持することが困難であった」。また同様の理由のために、外国の情報機関が「ロシア国内のマスメディア市場に侵入し、ロシアの情報諸機関を押しのける状況が生まれていた」。実際プーチン政権は、国家に批判的なメディアを制限する行動や措置を開始した。

プーチンが大統領に就任したとき、ロシアのテレビ界は三大テレビがこの世の春を謳歌し、政府に批判的な報道を流していた。KGB教育を受けたプーチンは、マスメディアとりわけテレビ報道がロシアの人心操作に果たす役割に関して人一倍敏感な指導者だった。人気テレビ・キャスターの一人セルゲイ・ドレンコに向かって、プーチンは次のように極言したといわれる。「もし事件が報道されなければ、それは発生しなかったに等しいケースすら珍しくない」。ドレンコは付言する。「彼〔＝プーチン〕は、政治家としての自分がテレビ時代の産物だと信じ込んでいた。テレビだけが彼を破滅させることができる。〔他方〕彼は、新聞を恐れていない。というのも、人々は新聞を読まないからである」

プーチンは、ロシアにおいてすべてのテレビは国家の手に戻されるべきだと考えていた。プーチン政権は「独立テレビ」（NTV）、「ロシア公共テレビ」（ORT）を、それぞれの所有主ウラジーミル・グシンスキー、ボリス・ベレゾフスキーを国外追放とすることによって、ほとんど自動的に国家管理の手に移した。NTVを追われた反骨の一部ジャーナリストたちは、「テレビ6」に転出し報道の自由を守ろうとした。だが、モスクワ中心で影響力の少ない「テレビ6」に対してすらも、プーチン政権は一向に締めつけの手を弛めようとせず、事実二〇〇三年六月同局を廃局へと追い込んだ。

事実上国外追放の処分にあうまでのグシンスキーは、総合メディア・グループの「メディア・モスト」会長として、ロシアのマスメディア界を牛耳っていた。NTVのほかに、ラジオ局「モスクワのこだま」、日刊紙『セボードニャ』、週刊誌『イトーギ』らをメディア・モストの傘下に置いていたために、グシンスキーは「メディア王」とあだ名されていた。ベレゾフスキーのマスメディア界への進出も、グシンスキーと比べて遜色のないものだった。かつて国外追放前の最盛期にベレゾフスキーが事実上支配、管理していたメディアのなかには、ORT、「テレビ6」のほかに、『独立新聞』、『コメルサント』、『新イズベスチヤ』、『アガニョーク（灯）』があった。

たしかにプーチン政権は、テレビ媒体に対しては厳しいコントロールの姿勢で臨む一方、活字媒体に対してはそれほど厳しい統制をおこなっていない。とはいえ、かつて主としてグシンスキー、ベレゾフスキーら「反抗オリガルヒ」によって刊行されていた日刊紙や週刊誌は廃刊とされるか、「恭順オリガルヒ」によって買収されることによって、クレムリンから自主独立の姿勢や論調を失った。『独立新聞』、『コメルサント』、『新イズベスチヤ』、『セボードニャ』、『イトーギ』などが、そうである。今日クレムリンから独立していると言えるのは、わずかに『ノーバヤ・ガゼータ』（週二回発行）くらいだろう。プーチン政権によるこのようなメディア統制措置の結果、「ロシアのマスコミは死んだ」とさえ酷評されるまでになった。

プーチン政権下では「言論の自由」は著しく制限されている。これが、国際的なNGO（非政府組織）の見方である。たとえば「国境なき記者団」（本部パリ）の年次報告書（二〇〇九年一〇月発表）は、世界一七五か国を「言論の自由」順に並べ、ロシアを一五三位に置く。米国ＮＧＯの一つ「フリーダムハウス」の最新年次報告書（二〇一〇年四月発表）は、世界の一九六か国を「報道の自由」順に並べ、二〇〇九年のロシアを一七四位とした。同レポートによれば、プーチン政権下においてロシアの言論の自由は次のように変遷してきた。まず二〇〇一年は「部分的に自由」(partially free) と評価されていたが、二〇〇二年には「不自由」(not free) とみなされ、その評価は二〇〇九年まで変わっていない。世界各国のなかで占める順位は、次のように転落の一途をたどっている。二〇〇二年——九八〜一二六位のグループ、〇三年——一二五〜一五二位のグループ、〇四年——一四七位、〇五年——一四五位、〇六年——一五八位、〇七年——一六四位、〇八年——一七〇位、〇九年——一七四位。

文民統制

軍隊は、警察と並んで、合法的な暴力装置である。まかり間違っても、それが国内の政治指導者または市民に向けて銃口を向ける可能性は全面的に排除されねばならない。そのための一つの工夫が、「シビリアン・コントロール（文民統制）」制度である。

プーチン大統領は、二〇〇一年三月、セルゲイ・イワノフを国防相に任命した。イワノフは、プーチンの「もう一人の自我《アルター・エゴ》」とさえあだ名されたくらい、同大統領の側近中の側近とみなされる人物だった。国防相就任の直前にＫＧＢ中将の称号を放棄していた。そのことを強調する観点からみると、たしかに彼は、ロシア連邦初のシビリアン出身の国防相だったといえる。だが、プーチン大統領に近いイワノフのような人物をもってしても、はたしてロシア軍部を政治指導部が完全に掌握する状態に置きえたかと訊かれると、かならずしも「ダー（イエス）」と断定できなかった。とはいえ〇四年七月、プーチン大統領とイワノフ国防相は、アナトリー・クワシニン参謀総長らロシア軍の有力幹部を、「イングーシ事件」の不手際の責任をとらせる形で解任することに成功した。「イングーシ事件」とは、同年六月二一日の深夜、チェチェン武装勢力がイングーシ共和国の首都ナズラニの治安施設を襲撃し、イングーシ側に九二名の死者を発生させた事件を指す。

　プーチン大統領は〇七年二月、イワノフを第一副首相に昇進させたために彼の後任の人間が必要となった。後任の国防相として任命され今日に及んでいるのは、アナトリー・セルジュコフである。セルジュコフは家具会社社長を経て政界入りを果たした人物で、国防分野ではずぶの素人とみなされる。しかし彼は、有力な政治的コネを持つ。ビクトル・ズプコフの女婿だからである。ズプコフは、サンクトペテルブルク市役所時代にプーチンの先輩であり、プーチン大統領によって一時期、首相（現在は第一副首相）に任命された人物である。

　セルジュコフは、兵器の近代化を試みることによって軍部の関心を満足させる一方、将校数の削減などの大鉈《なた》を振るって軍部改革も大胆に推進しようとしている。メドベージェフ・プーチンのタンデム政権は、同政権発足から数えてまだ一か月もたっていない〇八年六月、セルジュコフ国防相をしてロシア軍参謀総長ユーリー・バルエフスキーを解任させた。バルエフスキーは、前任者クワシニンに勝るとも劣らぬタカ派の軍人であった。しかしプーチン政権、そしてタンデム政権下では、軍事改革が不徹底であり、欧米民主主義諸国で実施されているような文民統制は実施されていない。

なぜか。突きつめて一言でいうならば、その理由はプーチン自身に求められる。

まず、プーチンの信念や思想は、その大部分において大多数の軍部将校たちのそれらと重なっている。プーチンは、たとえば「強いロシアの再建」を希求する「大国主義者」である。「強いロシア」の再建は、当然豊かな物質的基盤と並んで、強い軍事力を必要不可欠の条件とみなす。その他、「領土一体性の保全」、「ロシア国益の推進」、「愛国心の高揚」などに関して、プーチンの考え方はロシア軍将校たちのそれと変わらないどころか、まったく同一とさえいってよい。

次に右のこととも関連して、軍はプーチンの強力な支持基盤である。ロシア軍内部においてプーチンの人気や支持率が最も高いことは、種々の世論調査結果によって証明されている。ロシア軍関係者の票は、防衛産業に勤務している者、その家族までも含めると、約五五〇万票にものぼるという計算すら存在する。

第三に、プーチンとロシア軍の間には特別な関係がある。プーチンはやや単純化していうならば、第二次チェチェン戦争を提唱し、大統領ポストを射止めた人物である。ところが同戦争の3K（危険、きつい、汚い）の実務を担当したのは、ロシア軍にほかならない。プーチンは己の人気と地位の上昇を助けてくれた軍部の「人質」（リリヤ・シェフツォーワ）になり、ロシア将校たちの意に反する政策をとりにくい状態にある。

チェチェン戦争の結末

エリツィン大統領（当時）が第一次チェチェン戦争を始めた理由は、多数考えられる。ここでは、そのうちの一つだけを指摘するにとどめると、ロシア国民の不満を外部に発散させる「小さな勝ちいくさ」の機能を果たさせようとの狙いが挙げられる。当時、安全保障会議書記のオレグ・ロボフがエリツィン大統領に向かいそのように進言した。また、ロボフ発言を後押しするかのように、国防相のパーベル・グラチョフは同大統領に向かって述べた。「〔私に〕一連隊の降下部隊をくだされば、チェチェン共和国など二時間で制圧してご覧にいれます」

しかしこれらの進言は、無責任かつ間違いであることが判明した。一九九六年の大統領選挙に再出馬するにあたり、エリツィン大統領はチェチェン政策を転換せざるをえなくなった。その結果結ばれた和平協定は、チェチェン共和国の法的地位を二〇〇〇年まで棚上げし、〇一年に再び話し合うことにした。これは、ロシア側の面子《メンツ》を立てつつも、チェチェン共和国の事実上の独立を認めることにも等しい妥協だったといわれる。

一九九九年八月末から九月初めにかけて、モスクワやダゲスタンでアパートなどの爆破事件が連続して発生した。これらの事件の真相は未だに解明されず、チェチェン武装勢力の仕業と説くロシア連邦政府の公式見解と、逆にロシア連邦保安庁（ＦＳＢ）こそがそれを仕組んだと説く陰謀説が対立している。当時首相だったプーチンは当然前者の見方をとり、同年九月二三日、第二次チェチェン戦争を開始した。

チェチェン武装勢力は、兵員数や装備の点では圧倒的に優位にある連邦軍とまともに戦っては勝負にならないので、このときも同共和国の南部山岳地帯にいったん退いたあと、しぶといゲリラ戦術で抵抗する姿勢をしめした。プーチン政権は、チェチェン過激派に対しては激しい「掃討作戦」

を続行する一方、「チェチェン統治のチェチェン化」戦略も併用する必要があると考えるようになった。親ロシア連邦の一部チェチェン人をしてチェチェン共和国を統治させ、チェチェン独立派や武装勢力と闘わせる手法である。

そのような「チェチェン化」戦略の一環を担うチェチェン共和国大統領としてモスクワ主導下の「大統領選挙」(二〇〇三年一〇月)で「当選」したのは、チェチェン人のアフマド・カディロフであった。〇四年五月に彼が暗殺されたあとしばらくの間、同共和国内相のアル・アルハノフが大統領を務めた。やがてアフマドの息子ラムザン・カディロフが被選挙年齢に達したのを機に大統領に就任し、今日に至っている。ラムザンは父親よりもさらに残忍な人物で、独自の親衛隊を率いてチェチェン共和国に独裁制を敷いている。

タンデム政権は〇九年四月、十年ぶりにチェチェン共和国を「対テロ作戦地域」から除外した。だが、チェチェン戦争が完全に終息したと見るのはまだ時期尚早といわねばならない。まず、チェチェン共和国は、モスクワ中央の命令が貫徹しない事実上の独立化の様相を濃厚にしているからである。モスクワは「チェチェン化」戦術の手段としてカディロフ父子を利用しようとしたはずだった。ところがラムザン・カディロフ現大統領はモスクワによって己に白紙委任状が与えられたと勝手に解釈して、チェチェン共和国内にみずからの独裁体制を樹立し、同共和国をいわば「カディロフの独立王国」に変えてしまった。次に、チェチェン共和国の貧困、汚職、失業、誘拐、殺人といった「チェチェン・シンドローム」が、イングーシ、ダゲスタン、カラチャイ・チェルケスらの近隣共和国へと伝染拡大する気配をしめしているからである。北コーカサス地域のこれらの共和国ではテロが日常茶飯事化し、週に平均して五〜六名の兵士や警官が殺害されるという極度に不安定な地域と化している。二〇一〇年四月以降も発生しているダゲスタン、その他における連続自爆テロ事件は、このことを誰の眼にも明らかにした。

もしチェチェン共和国や北コーカサス地域がはたしてロシア連邦の一部かとうたがわれるようになれば、それは、プーチンが唱える「領土一体性の保全」に相反する結果と評さざるをえない。

「プーチンの十年」の特徴

プーチンは、「強いロシア」の再建を目標に掲げた。「強いロシア」は、「強い国家権力」の構築なしにはありえない。「強い国家権力」は、「強い指導者」のガイダンスのもとに可能となる。このようにして、「強いロシア」「強い国家権力」「強い指導者」——これら三つは三位一体、またはほとんど同義語になる。「プーチンの十年」間にロシアでは「強い国家権力」と「強い指導者」が復活した。結果として、ロシア社会にある程度の秩序と安定が回復され、対外的にも「強いロシア」が蘇生したかもしれない。

が他方で、ロシアの「社会」も、ロシアの「国民」も弱いままにとどまっている。いや実は、その代償として、「国家」や「指導者」が強くなった。このようにさえ言えなくはない。その因果関係を仮に今横に置くとしても、ロシアでは市民社会が未だ成熟していないことは、たしかである。メドベージェフ現大統領自身このことを、二〇〇九年九月一〇日の論文「ロシアよ、進め!」のなかで、正直に認めている。現ロシアでは「市民社会は脆弱であり、自治の組織と管理の水準は、高くない」

もっとも、伝統的に非常に忍耐強いロシア国民は、給料の未払いや遅配、社会保障費の現金払い化などよほど焦眉の急に迫った経済問題が発生しないかぎり、国家に対して直接の抗議行動に訴えようとはしない。しかし彼らは、ソビエト時代に自己防衛のための常套的手段であった面従腹背の態度をとって、抵抗する。上からの命令や締めつけ強化を、賄賂を用いたり、その他の非合法的手段に訴えたりして回避し軽減しようと試みる。今日、汚職は「プーチンの十年」間に前例がない規模にまで拡大、横行している。メドベージェフも二〇〇八年におけるみずからの大統領選にあたり「法的虚無主義に対する闘い」をスローガンに掲げ、当選後も口を開けば汚職追放キャンペーンの強化を叫ばざるをえなくなった。

それればかりではない。国家権力や指導者の力が強大化すると、それは被治者側からの創意工夫、イニシアティブ、その他積極的なフィードバックを阻害する傾向を生み、経済活動にマイナスの作用をおよぼす。現ロシアでIT産業、ベンチャー企業の誕生、育成、振興などが上からの掛け声だけにとどまっている理由は、明らかにこの点に求められる。このようなネガティブな傾向にさらに拍車をかけたのは、プーチン政権が推進した資源エネルギー産業など基幹産業の再国有化の試みであった。たしかに、軍産複合体や武器輸出は国家の管理下に置かれ、「国策会社」によって運営される必要があるかもしれない。だが国家の庇護下に置かれた企業は、親方赤旗の意識を抱いて、市場原理に基づく苛酷な競争に伍していけないばかりか、非効率の弊害をもたらしがちである。天然ガスの国家独占企業体「ガスプロム」の経済効率が悪いことは、その好例である。メドベージェフ大統領は、〇九年八月、「国策会社」の効率性や透明性を調査する命令を下さざるをえなかった。

二〇〇八年ロシアを直撃した深刻な金融・経済危機は、次のことを明らかにした。まず、プーチンが実にラッキーな指導者だったこと。プーチンが主導した一九九九〜二〇〇九年は、たまたま国際原油価格が右肩上がりに高騰しつづけるタイミングに当たった。しかしもとより、「プーチンの十年」はそのような「状況」だけで説明を済ませてよい時期ではない。客観的状況に加えて、よくもあしくもプーチン「指導部」の意図や政策の要因が果たした役割は大きかった。

プーチンは、油価上昇から得られるレント（余剰利益）をロシア国家権力がほぼ独占できるような「レント・シェアリング・システム」をつくり上げた。そのような利益は「プーチンのお友だち」の懐《ふところ》に入った。一方、生産物分与協定（ＰＳＡ）に従いロシアのエネルギー資源の開発に従事している外国企業の手に落ちることを、防ぐことにも一役買った。また〇八年以降の経済危機が一九九八年夏の金融危機ほどのパニックを引き起こしていないのも、プーチン指導部の先見の明による。たとえば油価高騰によって得られたレントをすべて消費してしまうことなく、「安定化基金」として積み立てていたために、同基金の切り崩しが金融危機に対してショック・アブソーバーの役割を果たしたからである。

しかしだからといって、プーチン主導のタンデム政権が〇八年以降の景気低迷の責任から免責される理由にはならない。たとえば同政権は〇八年八月に対グルジア軍事侵攻を敢行し、南オセチア自治州とアブハジア自治共和国の独立を承認した。ゴルバチョフ、エリツィン前任政権がなさなかった国連加盟の独立主権国家に対する侵攻、それに関連する強引な外交行動は、ロシアの対外的な信用を一挙に失墜させた。また、〇九年夏発生の南シベリアのサヤノ・シュシェンスカヤ水力発電所事故が如実にしめしているように、プーチン主導の「レント・シェアリング・システム」は、油価上昇で得られたレントをもっぱら側近のシロビキらの間で分配し、インフラストラクチャーの整備などロシア国民一般の利益となるようには用いなかった。これは、明らかな失政である。二〇〇八年~〇九年は、そのような「プーチンの十年」のつけが一斉に噴き出し、「プーチンの十年」の再評価を迫る分岐点になった。

第四章

プーチン政権下の権力と国民意識

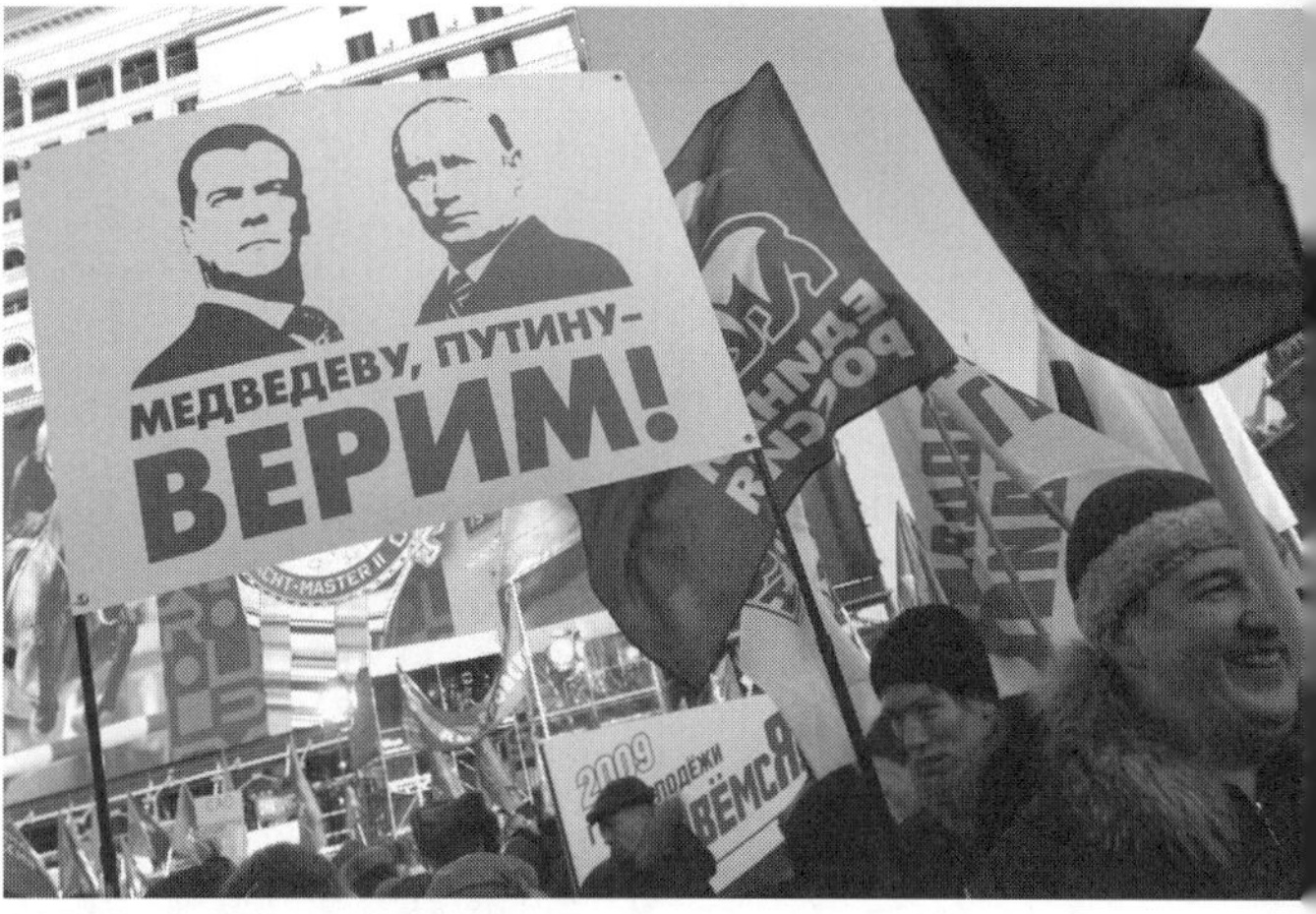

2009年、与党「統一ロシア」を支持する人たちの集会。「私たちはメドベージェフとプーチンを信じる!」(写真/ユニフォトプレス)

プーチン登場の背景と国民が求めたもの

プーチン時代には、政権と国民の間に、それ以前のエリツィン時代、ゴルバチョフ時代とは異なる関係が生まれた。それは、十年にわたって、七〇%を超すロシア国民が、プーチン大統領および現在の首相を支持したことであり、ある種の政治的な安定が生まれたことである。エリツィン、ゴルバチョフ時代の末期には政治も経済も混乱し、彼ら指導者の支持率はともに数%にまで落ちていた。「プーチン現象」ともいわれるプーチンの高い支持率をどのように理解するかが、この章の課題である。客観的な条件としては、国際的なエネルギー価格が上昇してロシア経済が大幅に向上したこと、その結果ロシアが政治的にも大国として復活したことが背景にあることはいうまでもない。ただ、このような政治的、経済的な客観的事実だけで説明するのは、あまりに単純である。その背景には、ロシア国民の意識や心理が密接に関係している。本章の課題は、世論調査などの結果やロシアの専門家の分析などを利用しながら、プーチン時代を、またその政権の特色を、国民の意識や心理の面から考察することにある。そのために、まずそれに先行したエリツィン時代に対する反応が、国民のプーチン政権への対応にどのような影響を与えたかを検討する。

次に、プーチンへの高い支持率がしめす政治の「安定」が、実際には何を意味するかについて考察する。それが、混乱や無秩序の時代を脱して、新たな市民社会的、つまり客観的に安定した社会が生まれつつあることをしめしているのか。つまり、ロシアにはまだ権威主義的な要素もあるが、全体としては先進国的な政治、社会構造が生まれつつあると見るべきなのか。それとも逆に、依然として不安定や混乱への恐怖がロシア国民の心理に深く根ざしており、それが通奏低音となって強い指導者を求める心理となり「プーチン現象」が生まれているのか。もし後者が正しいとするならば、プーチン時代の「安定」は、市民社会や民主化に向かっての進展ではなく、むしろそれに逆行する権威主義への傾向ともいえる。本章では、ロシア人の意識や心理を中心に、プーチン政権下のこれらの問題を考察する。

一九九九年大晦日のエリツィン大統領の突然の辞任声明は世界を驚かせた。任期を数か月残してのプーチンへの禅譲であり、最高権力は常に権力闘争のなかで覆されるか、権力者の死によって引継ぎがおこなわれてきたロシアでは、前代未聞のことである。エリツィンは権力に対して動物的な執着を持っていると考えられていたから、その驚きはいっそう大きかった。

「プーチンの十年」が何だったのかを考えるにあたっては、彼にバトンを渡したエリツィンの辞任の言葉が意味深長である。大晦日のテレビで彼は次のように辞任表明をした。

「私は皆さんに許しを請いたい。それは、われわれが皆さんとともに抱いた多くの夢が実現しなかったからである。また、われわれが簡単だと思ったことが、実は大変苦しく困難だったからである。灰色の停滞した全体主義の過去から、明るく豊かで文明的な未来へ一足飛びに移るという希望は実現しなかった。このことに対して、私は許しを請いたい。私自身が、それを信じていたのだ。ことは一気にすべて片づくと見えたが、一気にはできなかった。私は、何かあまりにもナイーブであった。そして、問題はあまりにも複雑であった。われわれは誤りや失敗を犯してきた」

涙ながらに語ったこの率直な言葉のなかに、エリツィン時代とは何であったのか、またロシアにおける改革はどこに問題があったのか、その本質が秘められている。

ソ連邦が崩壊したあと、エリツィン時代の初めには、これでいよいよロシアでも共産主義の独裁体制が終わり、ロシアも欧米社会と一体化するのだという幻想を多くの者が抱いた。そして、共産党の独裁体制さえ崩せば、一気に民主化と市場化を推進できるし、短期間に先進諸国と同じ豊かな社会を構築できると信じた。というのは、ロシア人は次のような自信を持っていたからだ。ロシアは後進国ではない。宇宙開発など科学技術は世界の最高水準にあるし、国民教育のレベルも高い。すでに米国と肩を並べるような大工業国であり、天然資源も豊かだ。社会や経済の自由な発展を上から抑圧している共産党独裁体制さえ取り除けば、ロシアは先進国にすぐにも追いつく、と。しかし、エリツィンがその演説でも述べているように、それはあまりにも無知でナイーブな幻想であった。しかしこのナイーブさは、エリツィンやロシア国内の改革派だけのものではない。これは、彼らを支援した西側諸国のものでもあった。

では、どこに間違いがあったのか。またプーチンはそれに対してどのように対応しようとしたのだろうか。ロシアの改革派も、彼らを支援した西側の人たちも、たしかにナイーブであった。その最大の原因は、次の点にあると私は考える。つまり、ロシアの政治・社会状況やその特質、国民の心理に対するリアルな認識が彼らにはなかったということである。ソ連邦の崩壊および一九九〇年代の混乱と無秩序および貧困は、かつて米国と覇を競ったロシア人にとってまさに屈辱的であった。この状況のなかで一般のロシア国民が何よりも求めたのは、知識人が求めた自由や民主主義ではなく、まず秩序であり安定であった。また、そのための強い指導者でもあった。

改革派が実行しようとした民主化や市場化が実現するために不可欠なことがある。それは、いわゆる「市民社会」を成り立たせる法感覚や秩序意識だ。つまり、信頼関係とか契約を重視し、法を遵守する文化である。しかし、ロシアにはこのような市民社会の文化が十分成熟していなかった。エリツィン時代のカオスと大混乱が証明したことは、まさにこのことであった。それゆえ、前述のように、社会主義体制を打倒すれば一気に豊かな民主主義と市場経済の国に移行できるというのは、あまりにナイーブな夢だということを痛感させられたのである。

実際にエリツィン時代に社会は大きな混乱におちいり、ロシアの経済生産は半分以下に低下し、「略奪資本主義」のもとでロシアの資本は大量に西側に逃避した。まともな市場経済が機能するための文化がロシア社会に十分育っていなかったからである。その問題について、二〇〇〇年に改革派政党ヤブロコの党首グリゴリー・ヤブリンスキーは次のように指摘している。少し長くなるがその要約を以下紹介したい。

ロシアの資本が、法が厳格に執行されている、つまり法の目をくぐりにくい西側諸国になぜ逃避するのか。それは、資本や有産階級が守られるという安心感があるからだ。これに対して、ロシアでは新しい有産階級は政権を信頼していない。一方、政権も実業家たちを信じておらず、国家がしっかりと見張っていないと、略奪者のようにやりたい放題をすると見ている。そして、それも間違ってはいないのだ。また、銀行は顧客を信頼していないし、顧客も銀行を信頼していない。企業は顧客やパートナーを信頼していないし、そして一般の人々は何も信じていない。一般の人々は、自分は騙されてきたし今後もかならず騙されると考えている。ロシアでは法律は、それが自分に有用である範囲において守られる。人々は法治社会ではなく、「交渉経済」の社会（裏交渉あるいはコネの社会）に住んでいるのだということに慣れている。プーチンは「法の独裁」を唱えている。これはパラドクスであるが、実業家は「法の独裁」に不安を感じている。というのは、今日のロシアの法制度は、もしそれを厳格に守ったならば、ロシアの経済活動の大部分を麻痺させてしまうからだ。ロシアでは法が厳格に執行されると、慣習的に形成されている非公式の秩序、つまりコネの信頼による秩序が破壊されるからである。この法制度は、「西側の基準」には合っているかもしれないが、ロシアはそのような基準に従って生きたことはないし、見通しえる将来も生きることはないだろう。九〇年代初めに新しい諸法律の体裁がつくられたのは、ロシアがそれに従って生きるためではなく、西側から認められ、西側の投資と資金を得るためである。習慣的にあるいは非公式に成立している不安定な秩序を守るためには、上から統制する強力な力が必要である。今日のロシアでは、国家以外には、正確にいえば連邦政権以外には、その役割を果たすことはできない。しかし問題は、その国家自体が、みずからの義務や役割を履行せず、不法行為を黙認し、腐敗や反社会的行為をはびこらせ、正直な、法律を守る生産者を不利にし、経済を闇に追いやっているということである。

（『モスコーフスキエ・ノーボスチ』、2000.10.3-9）

実は、一九七〇年代から八〇年代にかけてのブレジネフ時代も腐敗、汚職がはびこったコネ社会で、法秩序が乱れたといわれる。しかし、コネ社会にも非公式の秩序が経験則として成立しており、ある程度の予見可能性は存在したのである。ゴルバチョフの改革政策が保守的な共産党官僚だけでなく一般国民にも不評だった最大の原因は、この経験則によって成り立っている秩序を破壊されたからである。その後のエリツィン時代には、民主化とか改革のスローガンのもとに、この「秩序破壊」はさらに進んだ。つまり、エリツィンは秩序をもたらす強い指導者ではなく、秩序破壊のシンボルとなったのである。

プーチンは政権に就くと、垂直権力の確立あるいは「法の独裁」を唱えた。ヤブリンスキーはその問題点を指摘すると同時に、改革派でありながら安定のための「強力な力」の必要性を、あるいは強力な国家権力の必要性も同時に認めている。ロシアの指導者に求められる基本的要件を満たさなかったことが、八九年、九〇年ごろの熱狂的なエリツィン支持が急速に冷めた最大の原因である。「民主主義」のスローガンがロシアで不人気なのも、それが秩序破壊のイメージと結びついているからだ。

エリツィン時代は大動乱《スムータ》の時代でもあった。この政治、経済、社会のスムータに疲れ果てたロシア国民が求めたのは、自由や民主主義よりもまず安定と秩序であり、そのための強力な国家や指導者であった。ロシア国民はもはやソ連時代への復帰を望んではいないとはいえ、しかし九〇年代には多くのロシア人が「どのような独裁であれ、今の無政府状態よりはましだ」と考えたのも、また事実である。この雰囲気のなかで「強い指導者」「鉄の男」のイメージで登場したのがプーチンであった。

エリツィン時代の反動としてのプーチン人気

一九九九年八月にエリツィンがプーチンを首相に指名したとき、ロシア国内でも「Putin, who?」という状態だった。したがって当時筆者も、エリツィンはプーチンを後継者扱いしているが、大統領選挙まで半年あまりの間に、プーチンが大統領候補としての権威と力量を身につけるのは難しいと、当時のロシア国内の空気を記している(『知恵蔵』二〇〇〇年版)。しかし、その後エリツィンおよび彼を支える新興財閥傘下のマスメディアは「強いプーチン」のイメージづくりに全力を挙げた。まずプーチンはNATO(北大西洋条約機構)諸国とチェチェン共和国に強硬姿勢をしめすことで、「強い指導者」を印象づけた。九九年九月にチェチェン共和国への空爆を開始した。その直前に「タイミングよく」モスクワその他の都市で「チェチェン過激派の」テロ事件が起き、一般市民の間に数百人の犠牲が出て衝撃を与えた。それゆえに、国民は強い指導者プーチンによるチェチェンへの軍事攻撃を熱烈に支持したのである。マスコミも戦闘機に乗り込むプーチンの雄々しい姿をお茶の間に積極的に流すなど「鉄の男」のイメージを演出するのに協力した。こうしてプーチンは短期間に国民の圧倒的な支持を受け、全国民的なヒーローとなったのである。彼がコワモテする秘密警察のKGB出身であるということは、西側ではイメージ的にマイナス要因であるが、ロシア国内ではむしろプラス要因であった。

この「プーチン現象」は、NATO拡大などで傷ついたロシア国民にとっては、その心理的な代償現象でもあった。一九九九年のNATOの拡大とユーゴ空爆に、軍事的にも経済的にも対抗できないロシア国民は、欧米諸国と比べての自分たちの弱さを思い知らされ、歯ぎしりして悔しがった。

かつて米国と覇を競ったロシア国民の誇りは深く傷つけられた。たまたまユーゴへの空爆が始まった九九年三月に筆者はモスクワにいたが、市民たちは「ソ連時代だったらこんなことはけっして許さなかったのに」と歯ぎしりした。このようなとき、西側の批判に抗してチェチェンに強硬な軍事作戦を展開したことは、強い国家、強い指導者を求めていたロシア国民の心理に合致し、大統領派や改革派から共産党まで一致してプーチンを支持するという珍しい「プーチン現象」が生まれたのである。西側諸国のチェチェンへの軍事攻撃批判は、プーチン人気をいっそう高めただけであった。

皮肉なことに、ソ連邦の崩壊と無政府状態のなかで国民的なアイデンティティを失ったロシア人は、NATO拡大とチェチェン紛争、プーチンの登場のおかげでようやく新たなアイデンティティを確立したのである。プーチンが九九年末にインターネットで発表した論文「世紀の境目にあるロシア」、いわゆるミレニアム論文では、ロシアが進むべき基本的な立場について、民主主義と市場経済という普遍的な価値と、ロシアの伝統的価値の結合を唱えているが、ここで言う伝統的な価値とは「愛国主義」「偉大な国家」「強い国家権力」である（『知恵蔵』二〇〇一年版）。

全ロシア世論研究センター（ВЦИОМ）が九九年末におこなった興味深い世論調査（表1、次ページ）がある。「今年は、前年と比べてどんな年でしたか」「今年、人々の間で強まった感情は何ですか」という質問に対する回答は、金融危機とデフォルトに襲われた九八年と比べて、九九年はマイナスのイメージが減り、プラスのイメージが大幅に増えている。また、九九年の十大事件として国民がトップに挙げているのが、①モスクワその他の都市のテロ事件、②チェチェンでの軍事作戦、③NATOによるユーゴ空爆である。国民の意識や感情とこれらの事件が、また「プーチン現

表1　世相に関する世論調査結果
(全ロシア世論研究センター調査)

問い「今年は、前年と比べてどんな年でしたか」　(%)

年	1988	1989	1990	1991	1992	1993	1994	1995	1996	1997	1998	1999
困難	79	84	93	88	82	65	58	55	62	37	83	51
楽	7	4	1	3	4	11	12	14	11	17	3	16
同じ	14	11	7	9	14	24	31	32	27	46	14	33

問い「今年、人々の間で強まった感情は何ですか」　(%)

年	1992	1993	1994	1995	1996	1997	1998	1999
希望	17	15	16	21	20	17	13	28
疲労感・無関心	55	52	40	41	43	42	45	39
恐れ	26	22	22	19	17	16	24	18
当惑	24	20	18	17	16	18	24	17
憤慨	30	39	10	28	29	27	35	23

1999年の10大事件

1　モスクワその他の都市のテロ事件
2　チェチェンでの軍事作戦
3　NATOによるユーゴ空爆

(出所：『モスコーフスキエ・ノーボスチ』1999.12.28)

象」が密接に結びついていることは、説明したとおりである。

プーチン大統領は、二〇〇〇年のその出発の時点からすでに、ロシアの新たなアイデンティティのシンボルとなっていたことが分かる。プーチンに対する支持率は、このとき以後一貫して七〇％を超える高い数字をしめしている。高い支持率は、一般的には、国際的なエネルギー価格の上昇による経済の好転によって説明されることが多い。しかし、それに先立つネガティブなイメージのエリツィン時代、さらにはゴルバチョフ時代に対するリアクションとして、「プーチン現象」が生じているのだ。筆者は、二〇〇〇年以後のロシアの対外政策、国内政策、大国主義の高揚といった国民の意識や心理などの諸現象は、ソ連邦の崩壊と屈辱の九〇年代というロシア人の「国民的原体験」のリアクションとしてその大部分が説明できると考えている。

二〇〇〇年初めに公表された、二〇世紀の各時代の評価に関する世論調査の結果がある。人気の高い順に時代を並べると（数字は肯定的に評価した国民のパーセンテージ）、ブレジネフ時代（五一％）、フルシチョフ時代（三〇％）、スターリン時代（二六％）、ニコライ二世時代（一八％）、ゴルバチョフ時代（九％）、エリツィン時代（五％）となっている。エリツィン時代およびソ連邦を崩壊に導いたゴルバチョフ時代が特別に低く否定的に見られていることがよく分かる。エリツィン時代に関しては、良かったこととして民主主義や政治的自由としている者が二三％に対して、良いことは何もなかったとする者が四五％もいる。逆に悪かったこととしては、経済危機が四〇％、大量失業が三六％、生活条件の悪化が三四％である。なお、ロシアの混乱や困難の原因は、自由化を推し進めたゴルバチョフやエリツィンにあると考えている者は六〇％以上、それ以前の指導者や共産党に責任があると考えている者は七％である（『独立新聞』、2000.2.9）。二〇〇六年になっても、エリツィン時代に対する国民の評価は、「ソ連邦を崩壊させた」が四八％、「超大国の立場を失わせた」が三〇％、「社会主義経済の崩壊をもたらした」が二九％と、ネガティブなイメージが大きい（『ノーボエ・ブレーミャ』、No.2、2006）。ゴルバチョフやエリツィン、あるいはその時代への評価が低いのとは対照的に、プーチンの信頼度は、プーチン時代を通じて大変高い。世論調査によると、プーチンの支持率に関しては、プーチン時代の八年間を通じて、「完全に信頼する」「どちらかといえば信頼する」を合わせると、原潜クルスク号沈没事件（二〇〇〇年八月）の直後など一時期を除いて、常に七〇～八〇％台を維持した（表2）。

二〇〇三年の時点ですでに、何を最も信頼するかというアンケートを見ると、大統領と答えた者が教会、軍、政府などを挙げた者よりも断然多い。

興味深いのは、ロシア人の民主主義理解である。「マスコミの検閲は必要か」といった具体的な質問の回答を見ると、「是非とも必要」が三二％、「どちらかというと必要」が三九％、合わせて七一％のロシア国民がマスコミの検閲を支持している（『コメルサント』、2003.10.7）。ちなみに、民主主義に関して、「ロシア独自の道はあるか」との問いに対しては、「ロシアは独自の道を進むべき」と答えた者が二〇〇三年の時点で七九％、「西側の民主主義国と同じ道を進む」と答えた者が一一％である（『コメルサント』、2003.10.7）。

全ロシア世論研究センターが〇三年一二月におこなった「エリツィン時代と比べてプーチン時代にはどのような変化がありましたか」という質問の世論調査では、結果は表2のようになっている。

表２　プーチン大統領とその時代に関する世論調査結果

プーチン大統領への信頼度　(%)

	2002. 12	2003. 10
完全に信頼する	28%	37%
どちらかといえば信頼	54%	42%
どちらかといえば不信	11%	14%
まったく信頼できない	5%	6%

（出所：『ノーボエ・ブレーミャ』、No. 48, 2002. 12. 1, p.13、No. 42, 2002. 10. 19, p.12）

問い「何を最も信頼しますか」　(%)

大統領	51%	マスコミ	9%
教会	12%	下院	3%
軍	10%	上院	3%
政府	10%	政党	1%

（出所：『ノーボエ・ブレーミャ』、No. 40, 2003. 10. 5, p.23）

問い「エリツィン時代と比べてプーチン時代にはどのような変化がありましたか」　(%)

	良くなった	同じ	悪くなった
ロシアの国際的地位	61%	24%	5%
生活水準	56	31	11
金を稼ぐ可能性	48	33	14
チェチェン情勢	39	41	11
腐敗との闘争	30	41	20
社会状況	27	37	31
秩序と法の遵守	24	43	27
人権、自由、民主主義	23	49	15
民族間関係	22	48	24
個人の安全	16	46	32

（出所：『コメルサント・ヴラスチ』、No. 10, 2004. 3. 15, p.28）

無秩序への恐怖心と「安定の象徴」プーチン

プーチン人気の原因として、ロシアのあるマスメディアは「ペレストロイカからエリツィン時代の混乱のあと、プーチン大統領が初めて国民に安定感を与えた」からだとしている（『コメルサント・ヴラスチ』、No.9, 2004.3.8, p.21）。このことは、逆にいえば、国民に無秩序や混乱への恐怖心が根強くあるということである。換言すれば、この恐怖心を利用すれば、権威主義的な体制も強化できるということでもある。そのことを典型的にしめしたのが、ベスラン事件を利用しての強権主義的な政治改革だ。

〇四年九月、北オセチアのベスランで、学校占拠事件が生じて三六八人がテロの犠牲となった。このテロ事件を口実に、国民の無秩序への恐怖心と憤慨を利用し、プーチンは国家秩序確立のためとして権威主義的な政治改革を実施した。すなわち、下院選挙を比例代表に統一するとか、連邦内の各共和国大統領や州知事の選挙を廃止して大統領の任命制にするなど、中央集権を強化する措置をとった。事件が起きたのが九月初めで、この中央集権強化の政治改革がその数日後には発表された。つまり、この政治改革は、この事件の起きる前に準備され、ただ実施の機会を待っていただけなのである。プーチン政権は、二〇〇〇年に成立した当時から、「垂直権力の強化」という方針を出していた。しかし、地方行政府などが連邦政府の意向を無視して、自らの利害で勝手な行動をするという傾向は収まらなかった。民主派はこれを地方自治の発展とか真の連邦制として肯定的に評価したが、プーチンやシロビキといわれる治安機関出身の指導者グループは、「国家の崩壊」としてむしろ危機意識を抱いた。したがって、テロ事件と国民の恐怖心を利用して強引に中央集権への政治改革を実施したのである。

これに対しては、西側諸国だけでなくロシア国内でも識者は、権威主義とか民主主義の後退として批判した。たとえば改革派野党の論客ヤブリンスキーなどは、中央集権の強化により、政権が民衆からさらに遠くなったと批判した。また政権に近い法律家も、下院で小選挙区をなくし比例代表制に統一することは与党には有利かもしれないが、これが国際テロとの闘争になぜ有効なのか理解できない、地方自治を抹殺するだけではないか、といった批判を展開した。

しかし結局、何よりも混乱と無秩序を恐れるロシア国民は、この強引ともいえる中央集権の強化策を受け入れた。ジャーナリストで評論家のアレクセイ・プシコフは、プーチン時代はソ連時代の権威主義と比べると基本的にはよりリベラルだとして、これを「権威主義的なリベラリズム」と名づけた。彼は次のように論じている。「リベラルな改革が必要だが、それは放縦な民主主義の状況下では実現できない。エリツィン時代には本当の民主主義は存在しなかった。このことから、多くの者が次のような結論を出している。つまり、ロシアにおいては一定期間、『権威主義的なリベラリズム』が不可避だと」(『論拠と事実』、No.7, 2004)。ここでもエリツィン時代へのリアクションあるいは「原体験」のリアクションが指摘されている。ロシアの政治評論家のなかには、ロシアでは指導者が権威主義に向かうのも当然だとの論を述べる者も少なくない。というのは、国民は垂直権力によって、つまり、誰かが上から強力に統制し社会を安定させることを望むからである。この状況のもとでは、エリツィンの後継者は、垂直権力を創造するために特別の努力や能力は必要なかった。というのは、かつて「大動乱《スムータ》の時代」(一七世紀初めの混乱の時代)の疲弊のあとと同様、ロシア国民自身が平穏と秩序を渇望したからである。

二〇〇三年から〇五年にかけてのカラー革命のあと、〇六年には、ウラジスラフ・スルコフ大統領府副長官が「主権民主主義」という概念を打ち出した。この場合の「主権」の意味は、「内政干渉を許さない」という意味である（主権民主主義については、拙稿「ロシアにおける新たな『スラブ派・西欧派』論争」『ロシア・東欧研究』〇七年版、ロシア・東欧学会、参照）。〇六年ごろから政治的には欧米への不信、イデオロギー的にはネオ・スラブ主義の雰囲気が一気に強まった。カラー革命が一段落し〇八年八月のグルジア戦争が決着したあと、ロシアのある論者は次のように述べている。現在ロシアの政権は政変への恐怖心からとりあえず脱却して、社会の大部分が「秩序」志向と群衆本能によって統一されていると感じている。ロシアの指導者にとって秩序と主権は、民主主義よりはるかに価値がある。ただ、「上層部」は依然として何をしでかすか分からない「下層部」を恐れており、この状況は近い将来変わるとは思えない、と（『独立新聞』、2008.9.5）。ただ、国民はかならずしもプーチンの指導力に満足し「安定」を信じているわけではない。〇六年の全ロシア世論研究センターの調査では、「強い指導者プーチン」というイメージづくりにもかかわらず、大部分のロシア国民はロシア大統領の指導性が首尾一貫しては発揮されていないと見ており、政権がなすべきこととして「もっと断固としてロシアの国益を追求すべき」が七六％、「もっと断固として秩序を確立すべき」が六八％、これに対して「民主主義を徹底すべき」という世論は二六％にすぎなかった（『イズベスチヤ』、2006.3.29）。指導層と民衆は、民主主義とか秩序に関して、民主主義は秩序を破壊するため強い統制が必要だ、というロシア伝統の同じ心理を共有しているともいえる。

プーチンの時代に国際的なエネルギー価格は高騰し、ロシアはオイル（ガス）マネーによって、ようやく大国としての自信を取り戻した。ソ連邦の崩壊という屈辱に加え、世界に支援を仰ぐという、つまり「物乞い」国家になったというエリツィン時代の屈辱が大きかっただけに、再び大国に復帰したという感情は強烈で、プーチン時代に大国主義が一気に高まった。一五の共和国に分裂したこともロシア人の心理的なトラウマであったが、ロシアは再びＣＩＳ諸国で指導的役割を果たすという野心も甦った。この大国主義の高揚のなかで、改革派のアナトリー・チュバイス元副首相でさえも、「リベラルな帝国」の概念を打ち出した。同じく改革派の評論家ヴィタリー・トレチャコフも、ＣＩＳをロシア独自の影響圏とし、帝国的な考えを支持した。この傾向にやや批判的なドミトリー・トレーニンは、この大国主義の復活について、ロシアは最終的に「欧米の軌道」から離れた、と述べた（これについては第九章参照）。

プーチン時代の権威主義的傾向の強化や帝国主義への志向のメンタリティについて、ある興味深い見解がある。つまり、ロシアのある論者によると、そのような傾向の背景に、歴史的に根強い専制志向があり、それはアル中患者と同じで、簡単には脱却できないというのだ。ロシア人には権力を絶対化する古代的、君主制的な深層心理がどの時代にも通奏低音のように流れている。ロシア革命も当初は古い政治体制を根本的に改める近代主義のはずであったが、その心理があまりにも深く根づいているので、やがてそれが政治や社会の表に這い出して、マルクス主義という公式的な近代主義をみずからの論理に従わせてしまった。結局、ソビエト政権の理念もプーチン時代の民主主義の理念も、同じ専制体制をカムフラージュするためのイチジクの葉にすぎない。だから、ロシアの民主化はきわめて困難な業であり、一定期間禁酒したアルコール依存症の人間がまた酒びんに手を出すように、ロシア人は改革をしても、毎回、元の体制に返ってしまう、との見解である。ここから、ロシアでは民主主義体制は今後数十年は期待できない、という悲観的な結論が導き出される（『独立新聞』、2008.1.23）。

アレクセイ・マラシェンコは、メドベージェフも「ロシアの特殊権益圏」の理念でグルジア戦争を遂行したことに関連して、ソ連時代が終わってもロシア人の心理は簡単には変わらないとして、次のように述べる。この戦争で、結局ロシア人はソ連人だと宣言したようなものだ。ロシア人は何十年も外国人嫌いの教育を受け、今もまた敵に包囲されていると教え込まれている。ロシア人は昔と同じだ、と（『独立新聞』、2008.9.2）。

このような国民性論あるいは歴史や文化の特殊性を強調する論に対しては、モスクワの高等経済学院教授エミリ・パインは否定的だ。彼はドイツのように同じ民族でも、体制によってまったく異なった状況が生まれたとか、民族・歴史が異なっても同じような独裁体制が生まれるという例を引いて、伝統的な心理よりも権力体制や政治制度がより決定的な意味を持つという論を展開している（『独立新聞』、2008.2.1）。これは、ロシアの特殊性を強調するスルコフの「主権民主主義」論に対する批判でもある。ただ、この論は、政治体制が変わっても、結局どの時代にも同じ「生地」が出るというロシアの例に対しては、説得力が弱い。筆者自身、現代の日本人の行動様式や社会的人間関係は、少なくともその心理面を見るかぎり、現在のフランス人やイギリス人よりも体制の異なる江戸時代の日本人により近いと考えている。わが国の一見近代的に見える企業や組織でも、それを動かしている論理はしばしば伝統的な「ムラの論理」に近いからである。ただ、権力の論理、あるいは権力への恐怖心などの人間の本性にかかわる普遍的な要因が、民族や文化の違いを超えて、外面的に共通の体制を生むということも否定できない。

ロシア国民が信頼するもの

ソ連邦の崩壊および政治的、経済的な混乱がつづいた「屈辱の九〇年代」のあと、ひたすら安定を求めるロシア国民は、強いロシアおよびロシアのアイデンティティのシンボルとしてプーチンを歓迎した。その背景となっているのは、伝統的にロシア国民の心理に深く染みついた大国主義あるいは国家主義の思想である。この国家主義は、表面的な体制にかかわらず歴史を通底する主旋律のような、あるいは通奏低音のような「影の思想」でもある。モスクワの欧州研究所のドミトリー・フルマンはこのような国家主義を、ロシアの歴史と深く結びついた自然発生的なものとして次のように説明する。ロシアでは強大で安定した中央集権国家がつづいたあと、それが崩壊して恐るべき混乱とカオスに見舞われるという歴史の繰り返しだった。この混乱とカオスのあと、「自由からの逃走」として、また権威主義と強大な国家、すなわち安定を求めたが、この強権的な安定がまた必然的にカオスを生んだ。ソ連の共産党員の思想もその実体は伝統的な国家主義で、公式的なイデオロギーとは無関係だった、と（『独立新聞』、2008.11.18）。

プーチンの高い支持率やプーチン時代の「安定」については、これをどのように理解するか、見

表3　指導者、政府、機関への信頼度

問い「あなたは以下の政治機関を支持しますか」　(「はい」%)

	2006	2007	2008.1	2008.6	2009.2
大統領	78	80	83	73	70
首　相	43	42	55	81	74
政　府	40	42	48	49	48
下　院	27	28	34	34	32
上　院	31	31	33	33	32

(全ロシア世論研究センター〔ВЦИОМ〕、42地域、140拠点、1600人)

注：2008年3月に大統領選挙がおこなわれ、メドベージェフが大統領となり、プーチンが首相となった。

(出所：『独立新聞』、2009.4.7)

解が分かれる。ゴルバチョフ時代やエリツィン時代と異なり、上の表3がしめすように、プーチンの高い支持率がつづいた。それと結びついて、今日ではメドベージェフ大統領の支持率や政府の支持率が高まっている。一つの理解は、この十年はかつての共産党体制や九〇年代の混乱期を最終的に克服し、ロシアがついに先進国的な市民社会や民主主義体制に向かう重要なステップだという見解である。つまり、権威主義の要素や紆余曲折はまだあるが、全体として見るならば、この時代はロシアが過去の歴史の呪縛から脱却して、徐々にではあるが民主主義、市場経済、市民社会に向かう、歴史的に新しい状況と見る見解である。

これに対して、プーチンに対する高い支持率は、危機状況が克服された新たな政治・社会体制の始まりを表すというよりも、むしろ心理的には危機的な要因、あるいは混乱に対する恐怖心が今日においても強く作用している結果と見る見解がある。筆者の見解はこちらに近い。プーチンへの高い支持率は、混乱や無秩序の時代のあと、秩序と安定を求めて国家主義、権威主義、強い指導者を求める心理の表れであり、それは欧米先進国の民主主義や安定した市民社会における国民意識や心理とはかならずしも一致しない。むしろ、プーチン時代の諸要素は、民主化や市民社会化に逆行する側面が少なくないと言える。しかし、それを単純に批判することはできない。というのは、ロシアの歴史やロシア人の心理から考えると、混乱したエリツィン時代のあとの「プーチン現象」は避けられないものだからだ。

もう一つ指摘しておくべきことは、プーチンへの支持率が高いといっても、それはひとえに安定を求める心理の表れであって、かならずしも「プーチン崇拝」ではない。むしろ、無秩序への不安が払拭されていない今日においては、バランス政策に終始して優柔不断なプーチンに対しては、満足よりも不満のほうが大きいといっても間違いではない。つまり、混乱への恐怖ゆえに安定を求める心理が、あるいは彼に代わる有力な指導者がいないという状況が「プーチン現象」を生んでいるが、腐敗、汚職、犯罪がはびこるロシアの現状からすると、プーチンはあまりに弱すぎて優柔不断だ、というのがロシア国民の本音だ。もっと断固とした指導力を発揮して、しっかりした秩序を確立してほしい、というのが大部分の国民が求めていることである。この観点からは、もちろんメドベージェフに対しても国民は満足してはいない。ロシアの一般庶民と話すと、優柔不断なプーチンへの侮蔑や不満の言葉がしばしば聞かれる。しかし彼らはまた、ほかに強力な指導者がいないからという理由で、プーチンを支持している国民でもあるのだ。

世論調査機関レバダ・センター長のレフ・グドコフは、「強い手」願望は一九九八年の危機の際に急速に強まり、今日もつづいている、と述べている。同時に彼はまた、国民は指導者や政府を信じているふりをしているが、実際に国民が頼りにしているのは、自分自身であり、自分の蓄えやコネ、家族、身近な者だ、とも指摘している（『独立新聞』、2009.4.7）。つまり、ヤブリンスキーが指摘するように、ロシア国民は何も信じていないのである。

第五章

新しいエリート、シロビキの登場

シロビキのリーダーと目されるイーゴリ・セーチン（中央）。エネルギー担当の副首相として権力をふるう。右はプーチン首相。（写真／ユニフォトプレス）

シロビキとは何者か

プーチン時代の大きな特徴は、ＫＧＢ出身のプーチン大統領の就任とともにシロビキ（siloviki）と呼ばれる治安機関の出身者が政権内で台頭してきたことである。シロビキは広い意味ではＦＳＢ（連邦保安庁）や内務省、国防省などいわゆる「武力省庁」に勤務する現役や退役した人々を指す。しかし、ここでいうシロビキとはまさに「プーチンのシロビキ」、つまり、プーチン政権下で政治や経済のプロセスに大きな影響力を持つようになったロシアの一部の新しいエリートのことである。その中核をなすのは、プーチンと同じくサンクトペテルブルク出身の治安機関のグループだ。しかし、シロビキはかならずしも軍人や治安機関の関係者ばかりではなく、サンクトペテルブルクの出身者ばかりでもない。

重要なことは、シロビキはその専門性ではなく、プーチンに対する個人的な忠誠心や長年の交流によって集められたことである。プーチンとシロビキとの間には基本的なルールが存在した。それは、「必要なら何をしてもよい。しかし、自分の領域を守り、絶対に大統領に敵対してはならない」というものだった。

ロシアではシロビキに対抗するものとしてリベラル派がある。この二つのグループは基本的にどの時代にも存在したが、プーチンの登場でシロビキとリベラル派に明確に分けることが流行になった。しかし、多くの場合、分けるのは簡単ではない。いずれも戦術的な利益を得ることで団結している権力のエリートのグループである。両派の基本的な動機はみずからの影響力や資産を増やすことであり、イデオロギーは隠れ蓑《みの》にすぎない。シロビキもリベラル派もしばしば同盟したり、対立したりしている。プーチン時代、クレムリンには抑止と対抗のシステムとしてシロビキとリベラル派に区別する必要があった。シロビキには西側を脅かし、ロシアの愛国的な国民を喜ばせる役割があった。反対にリベラル派の役割は西側に前向きなシグナルを送り、国内の西欧志向を持った人々を安心させることだった。おそらくこの点においてのみ、二つのグループのイデオロギー的な役割があったのだろう。

シロビキの台頭はエリツィン時代から

シロビキはいかにして権力の座に就き、政治や経済に強い影響力をふるうようになったのだろうか。実は彼らを必要とする時代背景があったのである。一般的に世界のどの国でも、状況に応じて社会の振り子が伝統主義とリベラリズムとの間を揺れ動いている。伝統主義派は保守的な価値観や伝統を重んじ、権力の中央集権化や国家の役割の強化、保護主義、孤立主義を重視する。これとは反対に、リベラリズムは経済的な自由や自立、政治的な複数主義、中央の権力の縮小、市民社会を重視する。ソ連崩壊後のロシアではこの振り子が極端なリベラリズムの方向に動いた。エリツィン大統領は連邦を崩壊させ、共産党の支配を終わらせ、欧米流の自由や民主主義、市場経済を導入した。しかし、政治経済が大きく混乱し、一九九八年の金融危機で市場経済化は完全に挫折した。こうした状況のなかで、社会の振り子はリベラリズムを離れて今度は伝統主義の方向に向かいはじめ、シロビキ登場の前提条件をつくったのである。

シロビキの登場はプーチン政権になってからではなく、実はエリツィン時代の末期にすでに始まっていた。エリツィンの主な後継候補者はニコライ・ボルジュジャ（元安全保障会議書記）、セルゲイ・ステパーシン（元首相）、プーチンと、すべてシロビキだった。政治学者のアンドラニク・ミグラニャンは、「エリツィンはいかなる〔文民の〕政治家もロシアを支えきれないため、後継者はシロビキであるべきだと考えていた」と指摘している。重要なのは当時のロシアの社会状況のなかで彼らの考え方が国民の支持を集め、必要とされていたということである。

シロビキ台頭のきっかけは一九九八年八月の深刻な金融危機にあった。国家財政は破綻し、若い改革派のセルゲイ・キリエンコ首相の内閣は退陣を余儀なくされ、市場経済改革は完全に挫折した。銀行は倒産、工場は操業停止に追い込まれ、多くの人が失業した。国民の多くがエリツィンのリベラルな改革の惨めな結果を認識し、社会は経済の路線転換と政治全般の根本的な変革を望んでいたのである。そうしたときに老練なエフゲニー・プリマコフ外相の首相就任は非常にタイムリーなものとなった。プリマコフは対外諜報庁の長官を務め、自分の信念と世界観を持った典型的なシロビキである。当時、経済政策で保守的で慎重な措置が求められていた。プリマコフはシロビキ的な考え方を持った自分のチームを政権に連れてきた。彼らは「国家主義者」と呼ばれた。プリマコフは混乱した政治と経済を安定させるため、経済における国家の役割を拡大し、生産者を保護し、経済の戦略的な分野の国有化の必要性を強調した。これらはエリツィンの改革と真っ向から対立するものだった。しかし、プリマコフの政策によって次第に経済は安定したため、国家主義的な考え方は国民の人気を集め、プリマコフの支持率は急速に上昇した。

同時にいくつかの対外的な出来事が、プリマコフの成功とシロビキ的な考え方の影響を強めた。

たとえば一九九九年のロシアの同盟国ユーゴスラビアに対するNATOの空爆である。この空爆は多くのロシア人の反米感情をかきたて、彼らをユーゴスラビア支持に団結させた。要するに政治経済における国家主義的で保守的なプリマコフの方法が当時の状況下では通用し、時代と社会の要請に応えるものだったということである。結局、プリマコフはエリツィンとその取り巻きのファミリーと対立し、一九九九年五月に首相を解任された。この年の八月、プーチンは首相に就任したが、同じシロビキで同じような考え方を持っていたプリマコフに対して大きな尊敬の念を抱いていた。ある意味でプリマコフの政治スタイルや見解はプーチンとそのチームの前例になったといえる。

また一九九九年八月～九月、モスクワなどで地下街や高層アパートが次々に爆破される事件が起きた。プーチンはチェチェン武装勢力の犯行と決めつけ、チェチェン共和国への軍事進攻に踏み切った。テロの脅威もシロビキの影響力を強めるのに大きな役割を果たした。こうしたエリツィン時代末期のロシア国内と世界の動きがシロビキの台頭を呼び起こしたといえる。要はKGB出身のプーチンが大統領になって自動的にシロビキが台頭したのではなく、彼らの考え方や政策、イデオロギーが時代の客観的な要請であり、それがプーチン政権の登場と年代的にほぼ一致したということなのである。

プーチン政権発足

二〇〇〇年五月、プーチン大統領が就任直後に取った二つの措置は、大統領がKGB出身であることを思い起こさせる衝撃的なものだった。一つは民間最大のメディア・グループ「メディア・モスト」の本社を家宅捜索し、言論統制に乗り出したことだ。有力財閥のウラジーミル・グシンスキーが率いるメディア・モストは独立テレビ（ＮＴＶ）やラジオ局「モスクワのこだま」など多くの優れたメディアを傘下に持ち、政権に批判的な報道を繰り広げてきた。とくにＮＴＶは強硬なチェチェン政策を進めたエリツィンやプーチンに対して終始批判的な報道をおこなってきた。また一九九九年一二月の下院議会選挙をめぐって、ＮＴＶは反エリツィン派のプリマコフ元首相やモスクワ市長ユーリー・ルシコフの陣営を支持し、エリツィン陣営を支持するメディアと激しい中傷合戦を繰り広げた。

報道の自由は民主化を進めたエリツィン政権の重要な成果とみなされていた。そうしたなかで、プーチンが政権発足と同時に真っ先に言論統制に乗り出したことは政権の強権的な性格をしめすものとして内外に大きな衝撃を与えた。事件はテレビの影響力の強さを認識したプーチン大統領が政権に批判的なメディアに圧力をかけ、メディアを握って政治に介入していたグシンスキーを排除することを狙ったものと見られている。プーチンはこうしてロシア国営テレビ（ＲＴＲ）に加え、ＮＴＶとロシア公共テレビ（ＯＲＴ）の三つの全国テレビを次々に政権の支配下に収めていった。

もう一つは、プーチン大統領がシロビキを使ってロシアの中央集権体制の強化に乗り出したことである。エリツィン時代、タタルスタンやバシコルトスタンなどの地方の共和国が独自の憲法を制定するなど自立的な動きを強め、中央の権力は弱体化していた。プーチンはこうした動きがつづけば連邦が崩壊しかねないと懸念し、国家権力を強め、地方への統制を強化する措置を打ち出した。その一つとして全国を七つの連邦管区に分け、それぞれに地方のお目付け役となる大統領全権代表を置いた。この七人の全権代表のうち五人までがシロビキだった。サンクトペテルブルクなどを管轄する北西管区大統領全権代表にはビクトル・チェルケソフFSB第一副長官が、また極東管区大統領全権代表には北コーカサス軍管区副司令官を務めたコンスタンチン・プリコフスキーが任命された。メドベージェフ政権になった今も、大統領全権代表の多くがシロビキであることには変わりはない。

プーチン政権下ではサンクトペテルブルク出身のシロビキの台頭が目立っているが、これはプーチンがサンクトペテルブルクのKGB出身だという経歴と深く結びついている。ロシア・ソ連では最高指導者の側近グループはしばしばその出身地や前任地から集められた。ソ連のレオニード・ブレジネフ書記長は歴任したウクライナ共和国ドニエプロペトロフスク州やモルダヴィア共和国、カザフ共和国の関係者を重用した。コンスタンチン・チェルネンコ（書記長）、ニコライ・チーホノフ（首相）らはそのメンバーで、「ドニエプロペトロフスク・マフィア」や「モルダヴィア・マフィア」などと呼ばれた。またエリツィン大統領はウラル地方のスヴェルドロフスク州の出身だが、「スヴェルドロフスク・マフィア」と呼ばれた側近グループがあった。ユーリー・ペトロフ（大統領府長官）、ビクトル・イリューシン（官房長官）、ゲンナジー・ブルブリス（国務長官）などがメンバーとして入っていた。またエリツィンの場合、第二期政権では「ファミリー」と呼ばれる側近グループが重要な役割を果たした。すなわち、エリツィンの次女タチヤーナ、ワレンチン・ユマシェフ（大統領府長官）、新興財閥のボリス・ベレゾフスキーなどである。

これに対して、プーチンの場合、側近には彼が勤務したサンクトペテルブルクのKGBと市役所時代の関係者が多く起用されている。側近グループは大きく二つあり、一つはサンクトペテルブルク出身のシロビキのグループ、もう一つはサンクトペテルブルク出身のリベラルな法律家や経済専門家のグループである。プーチンは二〇〇〇年に出版された自伝のなかで信頼する側近として五人の名前を挙げているが、そのうちセルゲイ・イワノフ安全保障会議書記、ニコライ・パトルシェフFSB長官、イーゴリ・セーチン大統領府副長官の三人がシロビキである。社会学者のオリガ・クリシュタノフスカヤは、プーチン時代、政治エリートのなかに占める同じ地方の出身者の数はそれまでの政権に比べてはるかに多いと述べている。エリツィン時代、指導部のなかで同じ地方の出身者の占める割合は三・五%にすぎなかったが、プーチン時代には二一%に達したという。

ユーコス事件

プーチン政権の当初、シロビキの影響力はまだそれほど強いものではなかった。プーチン政権下でシロビキがらみの権力闘争が初めて表面化したのは二〇〇一年末から〇二年初めにかけてのことで、シロビキとエリツィン派の側近グループが激しく対立した。標的となったのはエリツィン派の実力者アレクサンドル・ヴォローシン大統領府長官で、シロビキのウラジーミル・ウスチノフ検事総長はヴォローシンが過去に従事した民間ビジネスに違法行為がなかったか調査すると脅した。これはシロビキによる宣戦布告と受け取られたが、結局このとき、ヴォローシンは解任されなかった。シロビキの台頭が目立ってきたのは、ユーコス事件が起きた二〇〇三年になってからのことである。この年の三月、プーチンはまず治安機関の大幅な再編・強化をおこなった。KGBはソ連末期に五つに分割されたが、プーチンはＦＳＢ、国境警備局、連邦政府通信情報局（ＦＡＰＳＩ）の三つをＦＳＢに統合した。その一方で麻薬・向精神薬取締国家委員会を創設し、大統領全権代表だったチェルケソフを議長に据えた。この国家委員会は脱税を取り締まる四万人の税金警察を吸収し、経済・組織犯罪や麻薬密輸と戦う巨大な組織、「第二のＦＳＢ」となった。プーチンはＦＳＢを強化する一方で、それをチェックするため新たに麻薬・向精神薬取締国家委員会を創設してバランスをとろうとしたのである（この国家委員会は〇四年に麻薬流通監督庁に組織変更された）。

こうしたなかでユーコス事件が起きた。ユーコスはロシア最大の民間の石油会社で、ロシア一の大富豪だった社長のミハイル・ホドルコフスキーが〇三年一〇月に脱税などの容疑で逮捕された。プーチン政権は最高検察庁などを権力の道具として利用し、法を選択的に適用することで政権を脅かす有力者を追い落とそうとしたのである。ユーコスはアメリカ式の経営方式を取り入れた優良企業で、ホドルコフスキーはアメリカとのエネルギー協力の主な推進者だっただけに、事件は世界中に大きな衝撃を与えた。またプーチンの強権政治やロシアの市場経済のもろさを印象づけ、海外からの投資やロシアのイメージを大きく損なう結果となった。その一方で、国内では一九九〇年代の市場経済化で国家資産を食い物にした財閥に罰を与えたものとして国民の大きな支持を受けた。一二月におこなわれた下院議会選挙では不人気だった与党「統一ロシア」が躍進するという結果となった。

事件の背景にはホドルコフスキーとプーチン政権との対立があった。ホドルコフスキーはクレムリンの意向に反する形でユーコスと大手石油会社シブネフチとの合併を決定した。またパイプラインの国家独占を緩和するよう求め、東シベリアから中国の大慶油田に通じる石油パイプラインを建設する方針を打ち出すなど独自性を強めていた。さらに下院選挙を前に野党のヤブロコや右派勢力同盟、共産党に資金援助するなど影響力を強め、二〇〇八年の大統領選挙にみずから立候補する可能性もうかがわせていた。これに対して、プーチン政権にはホドルコフスキーの動きに対する強い反発があった。また国民に不人気な財閥を共産党に代わる新たな敵に仕立て上げる必要があったこと、政権の座に就いたシロビキなどの新たなエリートたちが一九九〇年代の民営化の結果を見直し、分け前にあずかろうとしていることなどの事情や思惑があったと見られている。

事件は、プーチン政権内部で強硬派のシロビキが台頭してきていることを強く印象づけるものだった。事件を仕組んだのは、シロビキの中心的な存在であるセーチン大統領府副長官だったと見られている。こうした見方は、獄中のホドルコフスキー自身も内外のメディアに再三にわたって述べている（『ヴェードモスチ』、2005.8.4）。事件の発端は、国営石油企業ロスネフチのセルゲイ・ボグダンチコフ社長がユーコスの成功をうらやんでセーチンに働きかけたことにあると見られている。これを受けてセーチンがある報告書をプーチン大統領の机に置いたことから事件は本格的に動き出したと、多くの専門家やメディアが指摘している（『コメルサント・ヴラスチ』、2005.12.1）。この報告書は「国家と財閥」と題し、二〇〇三年五月に無名の政治学者だったスタニスラフ・ベルコフスキーらが発表したもので、財閥がプーチンを権力から遠ざけるためにクーデターを準備しているという内容だった。ホドルコフスキーの逮捕に抗議して、シロビキと対立していたエリツィン派の実力者ヴォローシン大統領府長官が辞任し、その後、同じくエリツィン派のミハイル・カシヤノフ首相も解任された。こうしてシロビキの優位はさらに高まっていった。

シロビキのリーダー、セーチン

シロビキは一体ではなく、いくつかのグループの連合体であり、内部対立もある。プーチン時代に最も影響力のあったシロビキはセーチン大統領府副長官、パトルシェフＦＳＢ長官、ビクトル・イワノフ大統領補佐官のグループだった。ウスチノフ検事総長もユーコス事件で切り込み隊長の役割を果たした実績を買われ、このグループに入った。グループのリーダーはセーチンで、彼は形式的にはどの武力省庁も率いていなかったが、彼らと緊密に結びついていた。

これらにつづく強力なシロビキとしてはチェルケソフ麻薬流通監督庁長官、セルゲイ・イワノフ第一副首相、ラシド・ヌルガリエフ内相、セルゲイ・レベジェフ対外諜報庁長官がいた。チェルケソフはのちにセーチンやパトルシェフのグループと対立することになるが、このチェルケソフのグループにはビクトル・ゾロトフ大統領警護局長、エフゲニー・ムロフ連邦警護庁長官、ユーリー・チャイカ検事総長が含まれている。またシロビキには武力省庁に勤務したことがなく、サンクトペテルブルクの出身でもない人物がいる。その典型的な例が国営石油会社ロスネフチのボグダンチコフ社長とロシア鉄道のウラジーミル・ヤクーニン社長である。ともにサンクトペテルブルクの出身ではなく、ＫＧＢにも勤務したことはないが、シロビキ内部では大きな影響力を持ち、尊敬を集めている。

シロビキの中心的な存在のセーチンはレニングラードの出身で、レニングラード大学でポルトガル語とフランス語を学んだ。卒業後、モザンビークでアフリカ諸国に武器を売りさばく会社の通訳として働き、アンゴラでは軍の通訳を務めた。彼のＫＧＢの活動についてはデータがないが、アフリカで諜報活動に協力していたのではないかと見られている。シロビキのリーダーの起源があまりシロビキ的でないのは意外なことだ。アフリカから帰国したあと、レニングラード大学の外国課に勤務し、そこでレニングラードの姉妹都市との連絡を担当した。リオデジャネイロやミラノ、バルセロナといった都市である。セーチンはレニングラードの代表団がブラジルを訪問した際、アナトリー・ソプチャク市長の顧問だったプーチンと個人的に知り合ったといわれている。その後、セーチンはプーチンによって市役所に招かれ、一九九一年から九六年まで一緒に市役所で働き、常に離れない間柄となった。

一九九六年、サンクトペテルブルクの市長選挙でソプチャクが敗れたあと、プーチンはモスクワに移り、権力の階段を駆け上がったが、セーチンもそのあとを追った。そして、プーチンにぴったりと寄り添う形で、大統領府や首相府で彼の秘書や顧問、官房などを務め、プーチンがエリツィン大統領の辞任を受けて大統領代行に就任すると、大統領府の副長官に就任した。

セーチンはプーチンへのアクセスを支配しようとした。官房を率い、大統領のスケジュールや届けられる書類の管理、誰との面会を認めるのかなど事務的な作業はすべて彼が調整した。セーチンはプーチンのところにやってくる人物の前に文字通り立ちはだかり、大統領の応接室にこもりっきりで、ほとんど座ることがなかったという。その一方で官僚の間では評判が良く、尊敬を集め、ユーモアのセンスもあった。彼はインタビューには一切応じず、テレビにも登場しなかったため、謎めいた恐しい人物と見られていた。しかし、メドベージェフ政権下でエネルギー担当の副首相に就任してからは中国やキューバを訪問するなど頻繁に公の場に登場し、メディアの質問にも答えている。

ユーコス事件の黒幕として悪名高いが、セーチンと石油とのかかわりは深い。すでに一九九八年にサンクトペテルブルク鉱山大学で、石油と石油製品の輸出の問題に関する博士論文を書いている。二〇〇四年には国営石油会社ロスネフチの会長に就任した。ではセーチンの力の秘密はどこにあるのだろうか。それはプーチンとの長期にわたる緊密な信頼関係と個人的な忠誠心にあると見られている。またプーチンに関してメディアに知られていない多くの情報を握っていることも、その力の秘密だという見方もある。

セーチンはアメリカの経済誌『フォーブス』(二〇〇九年一一月号)で、世界で最も有力な人物として四二位にランクされた。ちなみに三位はプーチン首相で、セーチンは四三位のメドベージェフ大統領を上回る高い評価を受けた。

シロビキの思想信条

シロビキとはどのような考えの持ち主なのだろうか。彼らはロシアの政治体制や国家の役割、世界のなかでロシアの占めるべき地位について独自の見解を持っている。彼らは権力の中央集権化、軍や治安機関を含むすべての国家機関の強化を求めている。治安機関などの力によって政権に批判的なメディアや財閥、議会や地方を抑え込み、強い中央集権的な国家の復活を目指している。シロビキにとって優先課題は秩序と安定である。社会の民主化や人権の尊重は重要ではなく、市民社会の発展や人権団体などの非政府組織の存在も望ましいものではない。市民社会を混乱や無秩序の原因と見ているのである。シロビキにとって理想のロシアとは強大な帝国の復活、旧ソ連と帝政ロシアを合わせたようなものだ。

また経済においては国家が最も重要な役割を果たすべきだと考えている。この考えに基づいてプーチン時代には「国家コーポレーション」と呼ばれる巨大な国策会社が相次いで創設された。二〇〇七年一一月には、兵器生産やハイテク技術の育成をおこなう「ロステフノローギー」が設立された。これは兵器の輸出で巨額の外貨を稼ぎだす国営兵器輸出会社「ロスオボロンエクスポルト」を母体にしたもので、その社長のセルゲイ・チェメゾフが「ロステフノローギー」を率いることになった。チェメゾフはプーチンとともに東ドイツで活動したKGBの同僚である。

また国家が経済の重要分野を管理し、戦略的な部門、つまり、エネルギーやインフラ、原子力、軍需産業などを完全にコントロールすべきだと考えている。燃料エネルギー分野への外国の投資は制限すべきだという考えだ。その典型的な例が、日本企業など外資主導で進められていたサハリンの石油天然ガス開発事業サハリン2にロシア政府が突然、環境破壊を理由に横槍を入れ、経営権を奪い取ったことだ。また、自動車産業のようにロシアの製品がまったく国際競争力を持たない場合、ロシアの生産者をグローバル化から保護すべきだとしている。

経済ナショナリズムを主張するシロビキにとって好都合なのは、「国家の富は国民のものであり、国家は国民の利益のために経済の戦略部門をコントロールすべきだ」という考え方が社会に広がっていることである。またシロビキの考え方がよく表れているのが、民間の大企業や財閥の役割に関するものだ。シロビキの観点からは、大企業や財閥は政治に干渉したり、政党に資金援助をおこなったり、当局の行動を批判してはならない。シロビキは財閥を国家や権力に従属すべきものとみなしているのである。また財閥は企業の利益を税金の支払いによって国家に還元するとともに、必要なときには国家的な計画に善意で財政支援をおこなうべきだと考えている。この原則を守った財閥は静かにビジネスをおこない、権力側からときどき支援を受けることができた。

シロビキの影響力

シロビキはどのようなネットワークを持ち、どのくらいの影響力があるのだろうか。社会学者のクリシュタノフスカヤは、ロシアの政治エリートの四分の一がシロビキだと指摘している。シロビキの割合はゴルバチョフ時代の一九八八年が三・七%、エリツィン時代前半の一九九三年が一一・二%、エリツィン時代末期の一九九九年が一七・四%だったが、プーチン時代の二〇〇三年になると二五・一%に増加したという。またシロビキは武力省庁のほかに、閣僚・長官レベルで一〇以上の省庁を、また副長官レベルでもいくつかの省庁を支配している。たとえば、連邦関税庁、財務監督庁、連邦資産局などである。会計検査院にもシロビキがいる。また経済発展省の傘下の連邦国家備蓄局などリベラル派が支配する省庁もシロビキに侵食されている。このようにシロビキはみずからのエージェントの広いネットワークを持ち、これらの省庁を支配することで経済の最も重要な分野で自分たちに有利なように問題を解決しようとしているのである。

またシロビキは多くの大企業にも触手を伸ばしている。その最初で最も重大な攻撃が石油会社のユーコスに対するもので、この事件がその後のシロビキの民間企業への進出に大きな影響を与えたのである。現在石油や天然ガスなどのエネルギー産業はシロビキのリーダーのセーチン副首相が統括している。国営石油会社ロスネフチはセーチンが会長を務め、政治的なシロビキのボグダンチコフが社長を務めている。パイプラインの独占企業トランスネフチは一九八〇年代、東ドイツのKGBでプーチンとともに勤務したニコライ・トカレフが社長を務めている。軍需産業を統括しているのはプーチンの側近のセルゲイ・イワノフ副首相で、兵器開発生産企業アルマズ・アンテイは前大統領補佐官のビクトル・イワノフが二〇〇八年まで社長を務めていた。一方、ロシア鉄道会社はシロビキの哲学を持っているヤクーニンが社長を務めている。対外経済銀行では、FSB副長官のユーリー・ザオストロフツェフが、二〇〇七年まで第一副議長を務めていた。

政府系天然ガス会社ガスプロムはリベラル派の砦と見られていたが、二〇〇八年六月、シロビキが大統領の後継候補に推したとされる前首相のビクトル・ズプコフ第一副首相が会長に就任した。七人の副社長のうちの一人はシロビキである。このようにシロビキは強力な権力を握り、石油や天然ガスの収入や大企業の支配を通じて利権を確保し、かつてない権力と金を集中している。ソ連時代のKGBとは違って、彼らは市場経済の恩恵を享受し、共産主義に戻りたいとはけっして思っていない。

ではシロビキは政策決定にどのような役割を果たしているのだろうか。プーチン政権下ではクレムリンに多くの権限が集中したため、政策決定においてクレムリン内部の様々なグループや個人の争いが重要な役割を果たした。社会学者のクリシュタノフスカヤは、すべての戦略的な決定はソ連時代の共産党の政治局のような小さなグループによって決められたと述べている。このグループに入っていたのは首相や大統領府長官のほか、イーゴリ・セーチン大統領府副長官、ニコライ・パトルシェフFSB長官、セルゲイ・イワノフ第一副首相、ラシド・ヌルガリエフ内相、セルゲイ・レベジェフ対外諜報庁長官などで、ほとんどがサンクトペテルブルク出身のシロビキだった。プーチン時代、これらのメンバーは毎週土曜日の安全保障会議に集まり、問題を集団的に協議し決定した。政策決定のやり方は様々で、プーチンがイニシアティブをとって集団で決めることもあれば、その逆もあるという。会議で集団的に決定したあと、大統領が何か演説をし、その後に大統領令などの形で出されることになる。

またシロビキは軍事や政治だけではなく、経済や教育、文化など何でも決めている。シロビキ自身が変わり、自分の専門分野以外のものにも取り組むようになった。セーチンはプーチン時代にグローバルな経済問題も担当していて、大統領府の経済専門家から教えてもらっていたという。

シロビキとリベラル派の争い、シロビキ同士の争い

こうしたなか、プーチン時代の後半になって、政権内の力のバランスに影響を与える二つの争いが表面化した。一つはシロビキとリベラル派の争いである。シロビキのセーチン大統領府副長官が率いる国営石油会社ロスネフチと、リベラル派のドミトリー・メドベージェフ大統領府長官が率いる政府系天然ガス会社ガスプロムが、双方の合併やユーコスの子会社の資産をめぐって激しく対立

した。

双方の合併をめぐっては、二〇〇四年九月、ガスプロムが年末までにロスネフチを吸収合併する計画をプーチン大統領がいったん承認した。しかし、ロスネフチは合併に強く反対し、翌〇五年五月に計画は白紙に戻った。セーチンが合併を許さなかったためだが、これは非常に奇妙なことで、大統領が決めたものをなぜ部下が覆せたのだろうか。いずれにしてもこれはセーチンの実力をしめす出来事だといえる。

またロスネフチとガスプロムはユーコスの子会社ユガンスクネフチェガスの資産についても争い、〇四年一二月、ロスネフチがこの子会社の買収に成功し、有数の巨大石油企業になった。この子会社の競売の際、多額の資金を準備できるのはガスプロムだけだと見られていたが、意外なことに子会社を最終的に手に入れたのはロスネフチだった。実は九〇億ドルという多額の資金を提供し、裏で大きな役割を果たしたのはFSB副長官のユーリー・ザオストロフツェフが第一副議長を務めた対外経済銀行だったことがのちに明らかになった。このように、シロビキが率いるロスネフチとリベラル派が率いるガスプロムの争いはシロビキの勝利に終わった。

もう一つはシロビキ同士の争いで、これは二〇〇六年六月にウスチノフ検事総長が突然解任されるという形で表面化した。ウスチノフは司法相に降格となり、代わって検事総長にはユーリー・チャイカ司法相が就任した。プーチン時代に最も影響力のあったシロビキはセーチン大統領府副長官、パトルシェフFSB長官、ビクトル・イワノフ大統領補佐官、ウスチノフ検事総長のグループだったが、ウスチノフの解任は強力なシロビキの最初の解任だった。〇七年の下院選挙や〇八年の大統領選挙のかなり前に、すでに政権内部で激しい争いが始まっていたことになる。

ウスチノフ検事総長の解任は、対立するチェルケソフがまとめた報告書によるものだった。プーチンは「第二のFSB」ともいえる麻薬流通監督庁を率いるチェルケソフにFSBと検察庁の監視を依頼していた。チェルケソフが提出した報告書には、側近のアレクサンドル・ブリボフ将軍がおこなったウスチノフとセーチンの会話の盗聴記録が含まれていた。このなかで、ウスチノフは「大統領は弱い。自分ならもっと良い大統領になる」と発言していた。プーチンはこの発言に怒り、ウスチノフを呼んで、余計な雑音を立てずに即刻辞任するよう迫ったという（『ノーバヤ・ガゼータ』、2007.11.10）。ウスチノフの解任はセーチンとパトルシェフに大きな衝撃を与えた。

ところで、このウスチノフは二〇〇〇年八月に税関当局が摘発したモスクワの高級家具店「トリ・キタ（三頭のくじら）」の大がかりな密輸事件のもみ消し工作に関与したと見られている。この家具店はFSBの大物、ザオストロフツェフ副長官の父親が支配していたもので、事件は大きなスキャンダルに発展した。ところが、〇一年五月、ウスチノフの率いる最高検察庁は犯罪容疑なしとして事件の捜査を打ち切ってしまった。パトルシェフFSB長官の要請で、ウスチノフが事件のもみ消し工作に動いたものと見られている。

ウスチノフはまたプーチン大統領が打ち出した「汚職との戦い」に積極的に参加し、ユーコス事件でもホドルコフスキーの追い落としに大きな役割を果たした。みずからの野心とプーチンの利益が一致したことで、ウスチノフは影響力を著しく強めた。しかし、ウスチノフの野心は少しずつ枠を越えはじめ、プーチンにとっても、シロビキに属していない後継者のメドベージェフにとっても、危険なものになりはじめていた。

二〇〇七年に入ると、政権内部の争いは激化した。シロビキはプーチン大統領が退陣しても、自分の権力やビジネスの利権を維持したかった。こうしたなかで、かつてチャーチルがソ連の状況をさして「絨毯の下の犬の喧嘩」と呼んだ激しい権力闘争が始まった。パトルシェフFSB長官とチェルケソフ麻薬流通監督庁長官の対立が表面化したのは一〇月だった。チェルケソフの側近のアレクサンドル・ブリボフ将軍が違法な盗聴などの容疑でFSBに逮捕された。ブリボフはウスチノフ検事総長とセーチン大統領府副長官の電話を盗聴し、ウスチノフの解任のきっかけとなった。ブリボフの逮捕はパトルシェフの報復だった。これに対して、チェルケソフは『コメルサント』紙(二〇〇七年一〇月九日号)に前例のない公開状を発表して反撃した。チェルケソフはこのなかで、「戦士は商売をするのではなく、国を守るべきだ」と述べた。これは民間ビジネスからの金集めに熱中していたパトルシェフのFSBに対するあてこすりだった。そのうえ、チェルケソフは「戦争に勝者はありえない」として、シロビキ内部で対立が激化していることを暴露した。

これに対して、プーチンは新たに国家麻薬対策委員会を設置し、チェルケソフを議長にした。プーチンは二〇〇六年に国家反テロ委員会をつくり、パトルシェフを議長にしたが、今回チェルケソフを同格にすることでなだめにかかった。その一方でプーチンはパトルシェフのグループのメンバーであるミハイル・フラトコフ前首相を対外諜報庁の長官に任命し、選挙を前にエリート内のバランスを取った。こうしたなかで、二〇〇七年一二月、プーチン大統領はリベラル派のメドベージェフ第一副首相を後継者に指名した。大統領の後継者選びでシロビキは敗北に終わったのである。

ロシアは新たなKGB国家か

このようにプーチン時代になって多くのシロビキが台頭し、政治や経済など様々な分野で影響力を強めたことで、ロシアが新たなKGB国家になったのではないかという懸念が欧米諸国で出ている。イギリスの雑誌『エコノミスト』は二〇〇七年八月に「ネオKGB国家が生まれつつある」という特集記事を掲載した。また社会学者のオリガ・クリシュタノフスカヤは、「KGBはソ連時代、政権の一部にすぎなかったが、今シロビキは陰にいるのではなく、公然と政権を運営している」と懸念を表明している。KGBを描いた『国家の中の国家』の著者で、改革派の雑誌『ノーボエ・ブレーミャ』の編集長のエフゲニヤ・アリバッツも、「プーチンの指示で、シロビキは政治をおこなう集団ではなく、政権そのものになった。こうした体制は不安定で、いつでも社会を抑圧することが可能だ。汚職がひどく、非効率で非常に危険だ」と強権的な国家体制に強い懸念を表明している。

これに対して、シロビキの実情に詳しいジャーナリストのアンドレイ・ソルダトフは、「シロビキが権力を奪取したというのは大きな間違いだ。大企業のスキャンダルをシロビキがひそかに解決するなど、シロビキと大企業の利益が一致した結果だ。権力構造が変わったのではなく、やり方が変わっただけだ」として、ロシアがKGB国家になりつつあるという見方を明確に否定している。またカーネギー・モスクワセンター研究員のマリヤ・リップマンも、「スターリン時代は国家テロリズム、ブレジネフ時代は警察国家だった。今は政治の自由は少ないが、個人的な自由は多い。以前はやりたいことはできなかったが、今は読むことも書くことも自由で、外国にも行ける。デモの参加者にも残酷な弾圧はほとんどない」と述べ、KGB国家の復活に否定的な見解をしめしている。

これは議論の分かれる問題だが、本章の筆者はKGB国家の復活というのはかなり誇張された見方だと思っている。第一にソ連時代と違って、治安機関に弾圧され、収容所送りになるという恐怖心は国民のなかにはすでになくなった。シロビキ台頭にはそれなりの時代的な背景があり、国民はシロビキの台頭をむしろ支持している。またリップマンが指摘するように、今は制約はあるものの個人的な自由は多い。インターネットを見れば、政権と異なる欧米の見解を知ることも容易で、インターネットには政権批判の主張があふれている。第二にプーチン政権の強権政治、野党の弱体化、与党・統一ロシアの絶対的な優位という状況にもかかわらず、ソ連時代の社会主義のような唯一の支配的なイデオロギーは存在していない。第三に今のロシアではあまり発展していないが、すでに民主的な制度、私的所有、市場経済のメカニズムが存在し、それなりに機能している。第四に鉄のカーテンはすでにない。ロシアは孤立から脱し、G8などにも加盟している。経済も世界経済に深く統合されている。こうした条件のもとでロシアに全体主義体制が復活する可能性は少ないと考える。

タンデム政権下におけるシロビキ

二〇〇八年五月、メドベージェフ大統領とプーチン首相のタンデム政権が発足し、大幅な人事異動がおこなわれた。これはメドベージェフとプーチンとの協議に基づくものだったが、シロビキは大きな打撃を受けた。人事をシロビキに焦点を当てて見ると、〇七年の下院選挙の際に不適当な行動を取った者はすべて降格となったことが分かる。まずパトルシェフFSB長官は安全保障会議書記に降格となった。安全保障会議書記は名誉職で、政策決定に重要な影響を与えないポストである。パトルシェフと対立したチェルケソフ麻薬流通監督庁長官は兵器調達庁の長官に任命されたが、これは大幅な降格である（チェルケソフは一〇年六月にこのポストも解任された）。セルゲイ・イワノフ第一副首相は単なる副首相に降格となった。彼は選挙の際、プーチンの後継候補の役を演じすぎ、発言や振る舞いに余計な野心を出しすぎたと受け取られている。また検事総長を解任され司法相に格下げになっていたウスチノフは南部連邦管区大統領全権代表に左遷された。

本質的に勝ったのはセーチンである。影響力を増し、プーチンのより大きな信頼を得ている。彼はうまく振る舞い、大きな可能性のあるエネルギーと環境を担当する副首相に任命された。これは民間の石油会社に影響をおよぼし脅しをかける無限の可能性を持つ。セーチンはシロビキ・ナンバーワンの地位を維持している。一方、ビクトル・イワノフ大統領補佐官はクレムリンの人事政策に影響を与える可能性を失ったが、チェルケソフに代わって麻薬流通監督庁の長官となった。これは格下げだが、悪くはないポストである。

こうしたなかで、メドベージェフ大統領は「汚職との戦い」を全力で進める方針を打ち出している。これはプーチン政権発足時の反チェチェン・キャンペーンに匹敵するもので、汚職との戦いはメドベージェフの選挙運動、就任演説、年次教書演説の重要な要素となった。二〇〇九年一一月の年次教書演説では汚職を国の発展の主な障害の一つと位置づけ、汚職や不祥事が相次ぐ内務省や警察組織の大幅な刷新に乗り出している。ではメドベージェフが汚職との戦いを進める狙いは何か。

第一に汚職はプーチン時代の一番の問題点であり、最優先の経済の近代化を実現するには汚職の根絶は避けて通れない課題であることだ。第二に法学部出身で、法のニヒリズムの克服を掲げるメドベージェフにとって独自の存在感をしめすチャンスである。第三に権力闘争を有利に運ぶ手段として、汚職に深くかかわっているシロビキをけん制することができる点だ。

リベラル派のメドベージェフ大統領にはシロビキに強い基盤はないが、新たに任命したアレクサンドル・ボルトニコフFSB長官は長年の知り合いで、よく協力し合っているといわれている。また大学時代の後輩で側近のアレクサンドル・コノヴァロフを司法相に起用するなど、この分野でも影響力を強める動きを見せている。さらに、メドベージェフはプーチン時代に政府管理が強化された資源などの戦略企業を大幅に削減することを決定し、シロビキが影響力を持つ国家コーポレーションも民営化を進める方針を明らかにしている。しかし、シロビキは政府主導の国内産業の保護を強く主張するなど、政権内で依然大きな影響力を維持している。こうしたなかで、メドベージェフが経済の近代化や政治の改革などリベラルな政策をどこまで進めていけるのか、力量が試されることになる。

（注）この章で引用されているロシアの専門家たちの発言で注釈のないものはすべて、筆者のインタビュー取材に基づくものである。

第六章

高度成長時代のロシア社会

モスクワにオープンした巨大なショッピング・モール。プーチン時代には経済が安定し、欧米並みの消費社会が到来した。（写真／ユニフォトプレス）

失われた自信の回復

二〇〇七年七月。中米のグアテマラで開かれた国際五輪委員会（ＩＯＣ）の総会で、一四年の冬季五輪がロシア南部の保養地ソチで開かれることが決まった。ロシアはソ連時代からスポーツ大国だが、冬季五輪が開かれるのはこれが初めてである。一九八〇年にモスクワ五輪が開かれたが、西側諸国は前年のソ連のアフガニスタン侵攻に抗議して大会をボイコットした。そうした経緯もあるだけに、ソチでの開催が決まると国民は熱狂的に歓迎した。それは連邦崩壊後、ロシアが混乱の時代を克服し、高い経済成長をとげ、失われていた自信が人々のなかに戻ってきたことをしめすものだった。まさに一九六四年、高度成長時代真っ只中の日本で東京五輪が開かれたようなものだ。

ロシアが五輪招致に成功した大きな理由は、プーチン大統領が強い影響力を発揮したことである。大統領はＩＯＣ総会にみずから乗り込み、最終招致演説では英語とフランス語でスピーチし、「一二〇億ドルを投資する」などと国を挙げて支援することを約束した。それと同時に、ロシアが大国として存在感を強めてきたことが国際社会で受け入れられたことも大きい。国民はそれを高く評価し、このときのプーチンの支持率は八五％にはね上がった。世論調査でも、このソチ五輪の招致成功はプーチンの業績のうちの第二位を占めている（『コムソモーリスカヤ・プラウダ』、2008.2.14）。

プーチン時代には、ロシアの大国復活を印象づける政治イベントが相次いだ。サンクトペテルブルクの建都三〇〇周年（〇三年）、対ドイツ戦勝六〇周年の記念式典（〇五年）、さらにＧ８の正式メンバーとなったロシアが初めて議長国を務めたサンクトペテルブルク・サミット（〇六年）などである。いずれのイベントにも世界の主要国の首脳が勢ぞろいし、国民は偉大なロシアの復活を目の当たりにした。ロシア国民にとってプーチン時代は国民が自信を取り戻し、大国ロシアが復活した良き時代として記憶されることになるだろう。

予測不能なエリツィン時代

プーチン時代の自信に満ちた国民の意識は、一九九〇年代のエリツィン時代とはまったく対照的なものだった。エリツィンは一九九一年八月、ソ連崩壊のきっかけとなった保守派のクーデターを阻止して一躍国民的な英雄となった。エリツィンは恐しいほどの破壊力を持った指導者で、カリスマ的な権力を背景に超大国ソ連を文字通り叩き壊した。同時に市場経済や自由、民主主義をロシアに導入し、国の体制やイデオロギー、経済システムや価値観を一変させた。その意味で彼は本質的に革命家だったといえる。

国民にとってこのエリツィン時代は予測不能な時代だった。大統領は重い心臓病で、いつ死んでもおかしくはない。おまけに首相が相次いで解任され、大統領と反対派との熾烈な権力闘争が絶え間なくつづいた。経済も大混乱におちいった。社会主義の経済体制は崩壊し、資本主義を受け入れる体制は何もできていなかった。そうしたなかで、価格の自由化をはじめショック療法と呼ばれる急激な市場経済化に一気に踏み切った。このため年率二六〇〇%という猛烈なインフレに見舞われ、工場は軒並み操業を停止した。賃金や年金は何年も支払われず、物々交換の取引がつづくという異常な状況となった。その一方で国営企業の民営化に便乗したほんの一握りの人々が大金持ちになり、貧富の差が急速に拡大した。

そして一九九八年八月、ロシアを襲った金融危機によって市場経済化は挫折し、国家財政は破綻した。国民が手にしていた株式は紙くずと化し、銀行預金は凍結され、国民はパニックにおちいった。国民はソ連邦崩壊当時、共産党体制が終わり、市場経済や民主主義を導入すれば、西側と同じように自由で豊かな社会に暮らせると素朴に信じていた。しかし、現実にはそうはいかず、国民の間に大きな失望感や幻滅が広がる結果となった。

このエリツィン時代は、ロシアでは一九一七年の一〇月革命や第二次世界大戦に匹敵する未曾有の困難の時代だったと非常に否定的に受けとめられている。二〇〇七年四月、エリツィンは死去したが、その直後に全ロシア世論研究センターがおこなった調査によると、「もし選択の可能性があるとすれば、どの時代に暮らしたいか」という問いに対し、エリツィン時代と答えた人はわずか一%にすぎなかった。ちなみに三九%がプーチン時代、三一%が一八年間つづき停滞の時代とされる旧ソ連のブレジネフ時代と答えた。

プーチンの登場

プーチン時代のロシアはどんな社会だったのだろうか。社会を家の建設にたとえてみよう。エリツィンは古い家を壊し、新しい家を建てるための土台を建設した。周りにはゴミやガレキが散乱し、混乱や無秩序で不満が多かった。しかし、とにかく土台はつくられた。プーチンはその土台の上に新しい家を建設した。ゴミやガレキを取り除き、不満のある人をなだめるため古い家の一部も残した。家は非常に大きく、安定していて頑丈そうに見えるが、実際はそれほどでもない。家を気に入っている人は多いが、住むにはまだ快適ではない。こんな感じだろうか。

とにかくプーチンがエリツィンから引き継いだロシアは大変な混乱状態だった。プーチンに課せられたのは、ボロボロになったロシアを立て直すというとてつもなく重い課題だった。それはとうてい実現不可能と思われ、プーチン自身、大統領に当選後初めての記者会見で「奇跡は起きない」と述べたほどだった。しかし、その後、奇跡は起きたのである。

プーチン時代の社会は、プーチン大統領の登場と社会の多くの質的な変化とが一致した結果と見ることができる。社会の変化がどれだけプーチン個人と結びついているかは議論の分かれるところだが、いくつかの変化はプーチンのイニシアティブでおこなわれた。一方で社会ではプーチンとは無関係に量から質を求めようとする変化が起きていた。プーチンが政治の表舞台に登場するまでの間に社会の変化の前提条件が熟していたともいえる。

プーチンは大統領に就任する前、ロシアについて「貧しい人々の豊かな国だ」とパラドックス的に述べている。プーチン時代の初め、社会は失われた天国を再び求めるトラウマを抱え、ソ連時代や帝政ロシア時代を懐かしむ気持ちが高まっていた。エリツィン時代に極端なリベラリズムの方向に動いていた社会の振り子は、プーチン時代になって反対の伝統主義の方向に動いた。こうしたなかで、プーチンは国家が国民の面倒を見るというソ連時代の伝統的な方向に舵を切った。それは秩序や安定、平穏、予測可能な生活を求めていた国民の要求に応じるものだった。

プーチンは若くエネルギッシュで、「大国ロシアの復活」や「秩序の強化」といったそのスローガンは多くの国民の共感を得た。プーチンは二〇〇〇年末、懸案となっていたロシア国家のシンボルについて決定を下した。ロシアの国歌として旧ソ連国歌を復活させ、双頭の鷲の国章と帝政ロシア時代の三色旗を正式に復活させた。これらは社会の空気を感じ取り、過去を懐かしむ国民に迎合するジェスチャーだった。貧しい家庭の出身だったプーチンは社会の大多数を占める貧しい人々の気持ちをよく理解し、人々の気持ちをうまく操作した。彼は常に人々が聞きたいと思っていることを話すという、政治家として驚くべき特性を持っていた。

オイル・マネーの流入

もう一つ、プーチン時代の社会の変化にとって重要で本質的な要素となったのは、世界的な石油や天然ガスの価格の高騰である。しかも、それはプーチンの登場とともに上がりはじめた。もしエネルギー価格の高騰がなければ、プーチンがこれほど長期にわたって国民の圧倒的な支持を得ることはできなかっただろう。この時代、ロシアは石油の生産ではサウジアラビアに次いで世界第二位、天然ガスの生産では世界第一位となり、国内には膨大なオイル・マネーが流入した。

プーチンはこのオイル・マネーの波にうまく乗った。国家財政は潤い、黒字予算や安定化基金がつくられ、経済は活性化した。ロシアは中国やインドと並んで、ＢＲＩＣｓと呼ばれる世界で最も著しい経済成長をとげている国の一つとなった。二〇〇八年まで一〇年連続で高い経済成長をつづけ、二〇〇七年は八・一％という著しい伸びを記録した。金外貨準備高はプーチンが就任した二〇〇〇年五月にはわずか一七〇億ドルだったが、〇八年八月には六〇〇〇億ドルにまで膨れ上がり、中国、日本に次いで世界第三位になった。おかげでプーチンは〇三年に今後一〇年間でＧＤＰ（国内総生産）を倍増するという野心的な目標を打ち出すことができた。これは日本の一九六〇年代の池田内閣の所得倍増政策を思わせるもので、国民に大きな夢を与えた。

またプーチンは、エリツィン時代の呪いの一つだった公務員の給料の未払い問題を迅速に解決した。賃金や年金をきちんと支払っただけでなく、物価の上昇に合わせて定期的に引き上げた。一方、社会の上層部ではわずか一・五％の金持ちの収入が天文学的な速さで増え、ますます多くの財閥たちがアメリカの経済誌『フォーブス』の億万長者のリストを占めていった。全ロシア世論研究センターによると、プーチン時代の二〇〇七年、全体の四〇％が自分の状況を希望と表現している。エリツィン時代のような疲労感や恐怖、絶望といった暗い気持ちは消えてはいないが、プーチン時代にはすでに支配的なものではなくなっている。

暗黙の社会契約

ロシアではプーチンと社会との間に暗黙の契約が存在するといわれている。それはプーチンが社会の二つの階層、大多数の貧しい人々と少数の金持ちと非公式な契約を結んだというものである。多数派との契約は「私はあなたが腹一杯食べて、安定した暮らしができるようにする。その代わり、あなたは私を支持し、自由を要求してはならない」というものだ。一方、少数派の金持ちとの契約は「私はあなたが金儲けするのを邪魔しない。その代わり、あなたは自分の富を私と国家が必要とすることに分け与え、政治に口を出してはならない」というものだ。「自由のない飽食と安定」に同意するよう貧しい大多数を説得するのは容易なことだった。なぜなら、これは「腹をへらした自由」よりもましだったからだ。金持ちとの契約を結ぶにはユーコス事件のような弾圧が必要だった。財閥に対する懲罰は貧しい大多数の共感を呼び起こし、プーチンの人気はますます高まっていった。

プーチン時代に社会は非政治化され、国民は政治や選挙などへの関心を失った。これはプーチン政権の対応にも原因があるが、多くは自分の物質的な飢えを満たそうとする社会の欲求そのものによって起きたものである。国民は自分の生活を変えようとしたが、民主主義や政治については考えなかった。ロシア人はプーチンとの暗黙の契約を誠実に実行し、大統領を支持し、国の政治行動には関心をしめさなかった。

当時、国民はプーチンを支持しながらも、国家や司法機関、官僚を信用せず、現状への不満を強めるというパラドックスがあった。社会には経済成長の果実はすべての人には行き渡らず、生活レベルは西側よりはるかに後れているという認識があった。一方で嵐のようなエリツィン時代を生き抜いた人々は、プーチン時代の「変化のない安定」を高く評価した。人々はついに長く暗いトンネルから抜け出したと感じた。このため不満を感じながらも、街頭で抗議デモをおこなうようなことはしなかった。その代わりに飽食やあふれる商品、安定した生活を得たのである。

大衆消費社会の到来

ロシア国民にとってプーチン時代とは豊かさを実感できた時代だった。実際、モスクワやサンクトペテルブルクの変貌ぶりはすさまじいかぎりだ。大規模なショッピング・モール、二四時間営業のスーパーマーケット、高級ブティック、レストランが相次いでオープンした。ヨーロッパの大都市とほとんど変わらない賑わいだ。ロシアには大衆消費社会が到来し、爆発的な消費ブームが起きている。

そうした空前の好景気を象徴するのが自動車ブームである。モスクワの道路は車であふれかえり、あちこちで激しい交通渋滞が起きている。人々は積極的に新しい車を買ったり、古い車を買い替えるようになった。それが可能になったのは収入が増えただけではなく、自動車ローンの制度が普及したためだ。エリツィン時代には国民の大多数は古いソ連製の車に乗っていた。外国車に乗っていたのは非常に恵まれた人々か、市場経済にうまく順応した若い世代だった。しかも、手に入ったのは主に中古の外国車で、新車を持っている人は少なかった。輸入車の販売網もまだ確立されておらず、需要も少なかった。

しかし、プーチン時代になってロシアの巨大な市場に売り込みを図ろうと、アメリカのフォードやゼネラル・モーターズ（GM）、日本のトヨタ、日産など外国の大手自動車メーカーが次々に進出した。サンクトペテルブルクは自動車産業の中心地となり、自動車の組立工場が次々につくられ、まさに「ロシアのデトロイト」になろうとしている。背景には自動車産業を誘致することで第二の都市サンクトペテルブルクを発展させ、産業基盤を整備したいというプーチン政権の思惑がある。

モスクワなどの大都市には輸入車の販売センターが次々にオープンした。モスクワやサンクトペテルブルクでは年金生活者でさえ、貯金や経済成長の果実を得た子供たちの支援で外国車を運転できるようになった。爆発的な需要があったため、多くのディーラーはタイミングよく供給することができず、客は時には半年以上も欲しいモデルを待たねばならなかった。ちなみにロシア人が好きなモデルはレニングラード州で生産されるようになった「フォード・フォーカス」で、富裕層の間では「ベントレー」や「マイバッハ」といった超高級車もよく売れた。

変わる余暇の過ごし方

プーチン時代には海外旅行も大きなブームになった。エリツィン時代に外国の保養地に出かける人は非常に少なく、主にモスクワやサンクトペテルブルクの住民だけだった。また、外国で休暇を取ったのは経済のショック療法に適応できた若くて野心的な人々だった。しかし、プーチン時代には外国で休暇を楽しむロシア人が大幅に増えた。とくにトルコなどへの格安ツアーが大きな人気を呼んだ。さらに高齢者や公務員も外国に行くようになった。かつてできなかったことをしたいというロシア人の欲求は非常に強かった。この意味でプーチン時代の人々の消費行動は欧米諸国とは異なっている。それはかならずしも合理的ではなく、賢いとも言えない。月に一万五〇〇〇〜二万ルーブル（当時のレートでおよそ六万〜八万円）の給料しかないロシア人が、高いツアーに出かけ、豪華なホテルで一週間を過ごすために、一年間かけて給料の半分を取っておくという傾向があった。

またこの時代に休日の過ごし方として人気があったのは、家族でショッピング・モールに出かけることだ。ロシアではモスクワやサンクトペテルブルクだけでなく、地方にも巨大なショッピング・モールが相次いでつくられた。人々はたとえ買い物をしなくても、単にショー・ウィンドウを眺め、アイスクリームを食べるだけでも楽しい気分にひたることができた。また人々は、急速に増えた様々なカフェやレストランで外食をするという新たな習慣を覚えた。

注目されるのはロシアで日本食やスシ・バーがブームになったことだ。プーチン時代には日本食レストランの入り口に行列が見られた。日本のスシとはかけ離れたものもあったが、スシを食べるため人々は我慢強く何時間も待った。興味深いのはロシア人にとってスシは単なる食べ物ではなく、崇拝の対象だったことである。エリツィン時代、日本食レストランはわずかで、モスクワとサンクトペテルブルクにある程度だった。しかも、そこを訪れることができたのは政府の要人や大企業の幹部だけだった。プーチン時代、こうした日本食を食べ、緑茶を飲むという金持ちの特権を社会のより広い層も利用できるようになった。「タヌキ」や「カミカゼ」といったおかしな名前のスシ・バーが地方の小さな町にまで見られるようになった。スシ・コーナーはコーヒーのチェーン店やイタリア料理のレストランにも登場した。こうした社会のステータス・シンボルをできるだけ楽しもうというロシア人の欲求は非常に大きかった。

新しい消費スタイル

消費ブームを支えたものとして重要なのが、銀行の消費者金融やクレジット・カード、住宅や自動車のローンなど新たな制度が急速に発達したことである。これらはロシアにはなじみのなかったものだが、大都市から地方に急速に広がっていった。人々は初めてこうした新しい消費スタイルを知り、少しずつ消費を増やしていった。とくに貧しい人々の間に広がったのが消費者金融で、彼らはこうした制度を利用して、トースターや携帯電話などを買った。これは低い生活水準への不満を解消してくれるもので、彼らは一年から三年までの短期のクレジットを好んだ。

モスクワやサンクトペテルブルク、エカテリンブルクなどの大都市ではシャネルやアルマーニ、エルメスといった高級ブティックが次々にオープンした。それほど裕福でない人も高級な衣服や靴、アクセサリーなどを買い求めるようになった。貧しい人も有名ブランドの香水などを買った。こうした消費スタイルを提案したのがモード雑誌だった。非常に多くの雑誌が発売され、高い買い物ができない人もこうした雑誌を買って良い生活を夢見た。この時代、社会では「グラマー」とか「モデルのように」といった言葉や女性の美しいスタイルが流行になった。このおかげでフィットネス・クラブや美容院が爆発的に増えた。プーチン時代の典型的な都会の女性といえば背が高く、やせて日焼けをして長い髪をしていた。世界的に有名なデザイナーの靴をはき、数千ドルもする有名ブランドのバッグや、外国車やスポーツカーのキーを持ち、子犬を連れていた。

女性に劣らず、男性もまた非常に高価な衣服や靴、ルイ・ヴィトンのアクセサリーを身につけていた。興味深いのは男性が自分の外見や爪の手入れにも注意を向けるようになったことだ。健康でエネルギッシュで、スポーツマンのような体で、「パテック・フィリップ」の高級腕時計をつけたプーチン大統領が、オイル・マネーの恩恵にあずかったこうした人々のモデルになった。

価値観の転換の背景

オイル・マネーの時代、ロシア人の消費行動はしばしば合理的な枠を越えるようになった。数年前には明日がどうなるか分からない時代だったため、国民は稼ぐ以上に消費するようになった。すべての給料をたった一つのブランド物のバッグを買うためにつぎ込んでしまうこともあった。そして多くの場合、モスクワやサンクトペテルブルクの高級品の店は財閥の女性のおかげではなく、社会の比較的豊かではない層のおかげで売り上げを伸ばしたのである。

ロシアでは昔から物質主義よりも精神主義が重要とされてきた。「人はパンのみにて生きるにあらず」というわけで、金儲けは恥ずかしいことだとされてきた。ところが、プーチン時代の社会では欧米のように「金儲けは悪いことではない」という風潮が強まり、価値観の転換が見られるようになってきた。市場経済化やグローバル化が進むなかで、ロシアでも今後「金がすべて」という傾向が強まるのは避けられないと見られている。

こうしたプーチン時代の消費ブームはブームの第二の波である。エリツィン時代の一九九〇年代半ばにも商店の棚が輸入品で埋め尽くされた。基本的にあまり質が良くない中国製やトルコ製のものだった。連邦崩壊後のロシア社会はある種の消費ヒステリーを起こしていた。長年の物不足のあと、人々は不必要なものまで手に入れるようになった。なぜなら豊富にある商品が突然消えてしまうのではないかという潜在的な不安があったからだ。

プーチン時代になると消費は選択の時代となった。興味深いのは、この時代、人々は貯金をするのではなく、金を使おうとしたことだ。社会が目指したのは西側のような消費スタイルだった。しかし、法の遵守や人権の尊重、政治的な自由などには関心がなかった。ただこれはロシア人が民主主義の価値観をまったく共有していないのではなく、たんに今のところ民主主義が何であり、なぜ彼らに必要なのかを自覚していないだけだ。大部分の人の目にはまさに豊かな消費こそが民主主義であると映っているのだ。こうした消費増大への欲求はロシア人が長年、とくにブレジネフ時代末期やゴルバチョフ時代に物不足に苦しめられたことに復讐したいためだと見られている。

様変わりした大衆文化

プーチン時代には大衆文化も政治色が薄くなり、政治よりも楽しめる娯楽のほうがよいという風潮が強くなった。実際、この時代のテレビの特徴は、シリーズ物やコマーシャル、料理番組、娯楽番組が増え、西側の番組に非常に似てきたことだ。政権を厳しく批判する政治的な番組は姿を消した。これはプーチン政権がそうした政治的な番組や記事を出さないようにテレビや新聞に圧力をかけたこともある。しかし、服装や食事、娯楽などに関する新たなテレビ番組や雑誌はこの時代の雰囲気に合致したものだった。人々は流行のもので着飾り、楽しく時を過ごし、自分の家を快適にしたかったのである。

映画をめぐる状況も様変わりした。『戦争と平和』などの数々の名作を生み出したソ連映画だが、連邦崩壊後、経済混乱で映画産業はさびれる一方だった。しかし、プーチン時代になって復活の兆しが見えはじめた。それを象徴するのがハリウッド顔負けの派手なアクションや特撮を売り物にした映画である。『ナイト・ウォッチ』はファンタジー小説を題材にしたシリーズ三部作の第一作で、超能力者たちの戦いを描いている。ロシア初の本格的なSF映画といわれ、ロシア国内では『ハリー・ポッター』をしのぐ大ヒットとなった。『大統領のカウントダウン』は二〇〇二年に起きたモスクワの劇場占拠事件を題材にしたもので、サーカスを占拠した武装勢力に立ち向かう情報機関員の活躍を描いている。ロシアで初めての大型アクション映画だ。

『第九中隊』はタブー視されてきたアフガニスタンでのソ連軍とムジャヒディンとの実際にあった戦闘を描いたものである。戦争に駆り立てられ犠牲となった若者たちを真っ向からとらえ、その意味を問うものとなっている。この戦闘で第九中隊はほぼ全滅してしまうが、これはカンボジア内戦を描いた映画『キリング・フィールド』を思わせるすさまじさだ。監督のフョードル・ボンダルチュクは、『戦争と平和』で知られるセルゲイ・ボンダルチュク監督の息子である。また著名なニキータ・ミハルコフ監督の新作『12』は、オリジナルのアメリカ映画を現代のロシアに置き換えてリメイクした作品だ。一二人の陪審員の一人である主人公が罪に問われた少年の無罪を主張していくというオリジナルと同様の内容だが、少年をチェチェン紛争の孤児にするなど現代ロシアが抱える社会問題を大きく取り上げている。この時代の作品は全体的に商業主義を重視し、観客動員数や興行収入を増やすことに重点を置いた映画づくりがなされている。また情報機関員の英雄的な活躍を描いた作品や強いロシアの復活を主張する作品などは、プーチン政権の意向を反映したものといえる。

一方、文学の世界にも新しい波が押し寄せた。ソ連末期のゴルバチョフ時代には情報公開政策によってアレクサンドル・ソルジェニーツィンの『収容所群島』などソ連の亡命作家の作品や外国人作家の大衆小説が多数翻訳されて出版されるようになった。そして、連邦崩壊後のエリツィン時代には、ロシア人の作家による国産の推理小説が流行するようになった。モスクワの書店に入って目につくのは派手な表紙の推理小説で、その代表的な作家がアレクサンドラ・マリーニナだ。彼女は内務省の捜査官だった経験を生かしてミステリーを書きはじめ、モスクワ市警殺人課の女性分析官を主人公にしたシリーズものは大人気を博した。プーチン時代にはそれが一段と広がった。この時代に人気を集めたのがボリス・アクーニンだ。アクーニンはもともと日本の歴史や文学の専門家で、ペンネームのアクーニンも日本語の「悪人」からきている。歴史探偵小説ファンドーリン・シリーズは空前の大ブームを引き起こした。また映画『ナイト・ウォッチ』の原作者のセルゲイ・ルキヤネンコ、新しい資料に基づいて『真説ラスプーチン』や『アレクサンドルII世暗殺』といった歴史小説を書いたエドワルド・ラジンスキーなどが活躍した。

一方でこの時代、ロシアではスシ・ブームと並んで、文学でも日本ブームが起きた。とくに村上春樹の作品がロシアでも数多く翻訳され、若者たちの支持を得ている。なぜ今ロシアで村上春樹の作品が受けているのか。「作品には普遍的な現代性があり、孤独な主人公が頼りないながらもしぶとく生きているところが、連邦崩壊後、生き方を見失ったロシア人の共感を呼んでいるのではないか」と、現代ロシア文学の研究家の沼野恭子は指摘している。

新しいアイデンティティを求めて

連邦崩壊のあと社会は大きく変貌をとげたが、はたしてロシアは自らのアイデンティティを見つけることができたのだろうか。プーチンは大統領になる前、「世紀の境目にあるロシア」と「ロシアの有権者への公開書簡」という二つの文書を発表した。このなかでプーチンは、強い国家の復活や国民にとって望ましく魅力的な価値観を見出す必要があることなどいくつかのテーゼを発表した。当時これらの文書はロシアにはそれまでなかった新しい国家的なイデオロギーに発展するのではないかと期待されたが、そうしたものは何も生まれなかった。

歴史に目を向けると、愛国主義はソ連のイデオロギーの礎だった。ソ連時代、国民の生活は貧しかったが、彼らにはいつかもっと良い公正な国に暮らすという救世主的な思想があった。しかし、鉄のカーテンに穴が開き、西側の情報が入ってきたとき、彼らの愛国主義的な気持ちは大きく揺らいだ。ソ連の国民にとって大きな衝撃だったのは、第二次世界大戦で負けた西ドイツや日本などの国民が、勝ったソ連よりも豊かで良い生活をしているのを知ったことだった。これは西側に対するコンプレックスや敗北主義的な気持ちを呼び起こした。

さらに連邦が崩壊し、新生ロシアが深刻な危機や動揺を体験したとき、愛国主義的な感情は薄れ、今の社会では自分たちの希望や欲求は満たされないというコンプレックスがますます強くなっていった。プーチンは貧しい家庭の出身であったため、貧しい生活がどれだけ惨めなものなのかをよく理解していた。膨大なオイル・マネーが流れ込んできたが、貧困の問題を迅速に解決できないことは明らかだった。このため、プーチンは、国民の愛国主義的な感情を操作し、社会の大多数が「われわれは貧しいが、誇り高い」と考えるように仕向けた。しかし、愛国主義もまた新しいアイデンティティになりえていない。

今日、ロシア人には様々なコンプレックスが残り、明確なアイデンティティはない。明確な国家的な思想もなく、国家を団結させる唯一の路線もない。社会はソ連のアイデンティティから新しいロシアのアイデンティティを探し求めながら揺れ動いているように思える。

チェチェン武装勢力のテロ

ところでプーチン時代には社会の暗い側面を象徴する様々な事件も相次いだ。なかでも衝撃的だったのはチェチェン武装勢力による一連のテロ事件である。プーチンが大統領になる直前の一九九九年後半にはモスクワなど各地で高層アパートの爆破が相次ぎ、国民は相次ぐテロにおののいていた。プーチンはチェチェン武装勢力の犯行と断定し、チェチェン共和国への軍事進攻に踏み切った。国民は喝采を送り、無名の存在だったプーチンはあっという間に大統領にのぼり詰めた。しかし、テロは収まらなかった。

アメリカでの同時多発テロ事件の衝撃が冷めないなか、二〇〇二年一〇月には一二九人が死亡したモスクワの劇場占拠事件が起きた。この事件は当時のロシアの世相を様々な面で色濃く反映したものだった。モスクワでは経済成長のなか、ミュージカル・ブームが起きていた。モスクワの劇場のあちこちで「オペラ座の怪人」などのミュージカルが次々に上演されていた。当時事件のあった劇場で公演されていた「ノルドオスト」は二〇〇一年から始まったロングランのミュージカルで、主人公のロシア人が北極圏を開拓するというものだった。人々は豊かになり、再び芸術にいそしむ余裕ができ、劇場に足を運び、そして悲劇に遭遇したのだ。またこの事件でプーチン政権は報道統制を一段と強めた。とくに民間の独立テレビ（ＮＴＶ）は事件を生中継したり、チェチェン武装勢力とのインタビューを放送したりして、プーチン大統領の怒りを買った。報道規制はすでにプーチンの就任直後から始まり、政権に批判的なＮＴＶや公共テレビ（ＯＲＴ）を所有する財閥のグシンスキーとベレゾフスキーが相次いで国外追放処分となっていた。劇場占拠事件に端を発する報道規制はその第二弾にあたるもので、翌二〇〇三年、NTVは首脳陣が大幅に交代させられ、キャスターのエフゲニー・キセリョフら有能な記者たちが一斉にNTVを追われた。

プーチン大統領が再選を果たした二〇〇四年は、大規模なテロ事件が集中的に起きた異常な年だった。二月にはモスクワの地下鉄が爆破され、五月にはチェチェン共和国のアフマド・カディロフ大統領が爆弾テロで暗殺された。さらに八月には二機の国内線旅客機がほぼ同時に爆破され、モスクワの鉄道駅でも爆弾テロが起きた。そして止めを刺すように起きたのが、九月の北オセチア共和国ベスランでの学校占拠事件だった。子供や教師、保護者など一二〇〇人が人質に取られ、三八六人が死亡する悲惨な事件となった。テロリストの残酷さはもちろんだが、権力を強化しながら肝心なときに無策だった治安機関に対しても強い批判が巻き起こった。

チェチェン共和国ではその後、暗殺された大統領の長男のラムザン・カディロフが大統領に就任し、自らの親衛隊によって武装勢力を抑え込み、情勢は安定化に向かった。二〇〇九年四月、一〇年間にわたったチェチェンでの反テロ作戦態勢は解除されたが、武装勢力は周辺地域に逃れ、北コーカサス地方の各地で戦闘が激化するようになった。

分離独立からイスラム国家樹立へ

二〇一〇年三月、六年ぶりにモスクワの地下鉄を襲った連続爆弾テロ事件はテロが相次いだ〇四年の再来を思わせるもので、国民に大きな衝撃を与えた。四〇人が死亡したこの事件で、北コーカサスの過激派組織「コーカサス首長国《エミラート》」の指導者ドク・ウマロフが犯行声明を出した。ウマロフはロシアの治安機関が過激派組織の精神的指導者アレクサンドル・チホミロフを殺害したことへの報復だと述べ、今後、ロシア全国でジハード（聖戦）をおこなうと警告した。注目されるのはこうした過激派がチェチェン共和国の分離独立といった民族主義的な要求を掲げるのではなく、北コーカサスでのイスラム国家の樹立を目指す組織に変容してきていることである。

この事件で自爆テロをおこなったのはいずれも北コーカサスのダゲスタン共和国出身の二八歳の女教師と、過激派の夫を治安部隊に殺害された一七歳の少女だった。かつて戦闘で夫や家族を失い、報復のため自爆テロをおこなうこうした女性は「黒い未亡人」と呼ばれている。ウマロフらは若い男女三〇人余りを自爆テロの予備軍として訓練していたと伝えられている。また懸念されるのは、北コーカサスでは過激なイスラム原理主義に共鳴する若者が増えていることだ。背景には失業や汚職、部族対立が広がり、若者が将来に希望が持てなくなっていることがある。

事件はメドベージェフ大統領にとっても大きな打撃となった。北コーカサス連邦管区を新設し、大統領全権代表にシロビキではなく、企業経営に詳しい東シベリアの知事を任命し、この問題に本格的に取り組みはじめた矢先だったからだ。メドベージェフは軍事力ばかりではなく、失業や汚職を減らすなど経済社会的な状況を改善して問題を好転させようとしているが、成果が出るまでには時間がかかる。北コーカサスのテロを抑え込み、情勢を安定させられるかどうかが、二〇一二年の大統領選挙に向けた大きな課題となってきている。

相次ぐ暗殺事件

報道統制が強まるなか、ロシアでは政権に批判的なジャーナリストが次々に暗殺されるという悲劇がつづいた。とくに二〇〇六年一〇月、『ノーバヤ・ガゼータ』紙のアンナ・ポリトコフスカヤ記者が暗殺された事件は、内外に大きな衝撃を与えた。ロシアではプーチン大統領を批判する者は許さないという風潮が強まっていた。そうしたなかで、ポリトコフスカヤは民主主義を抑圧するプーチンが大嫌いだと公言して政権を厳しく批判し、一方でチェチェンのカディロフ大統領の親衛隊やロシア軍による人権侵害に鋭くメスを入れていた。同記者の死について、プーチン大統領は「彼女の政治的・社会的な影響は限られていた」と冷たく述べたのに対し、メドベージェフ大統領は彼女の勤務した『ノーバヤ・ガゼータ』紙とのインタビューに応じるなど異なる対応をしめした。

この事件につづいて翌一一月にロンドンで起きた元ロシアの工作員アレクサンドル・リトビネンコの暗殺事件も、世界的な関心を集めた。リトビネンコはFSBの元中佐で、イギリスに亡命し、大統領の政敵のベレゾフスキーとともにプーチン批判を繰り広げていた。工作員だったリトビネンコがロシアを裏切り、プーチン大統領を批判したことや、猛毒の放射性物質ポロニウムで殺害されたことなどから、ロシアの治安機関によって報復されたのではないかという見方もあるが、真相は解明されていない。しかし、ポリトコフスカヤとリトビネンコの暗殺事件がいずれもプーチン政権下、治安機関の影響力が高まっているなかで起きたことは留意すべきだ。

二〇〇四年七月には、新興財閥に関する詳細な記事を掲載していたロシア版『フォーブス』誌の編集長でロシア系アメリカ人のポール・クレブニコフが車から銃撃されて死亡する事件も起きている。ニューヨークに本部を置くＮＰＯ「ジャーナリスト保護委員会」によると、プーチン時代に報道が原因で殺害されたロシアのジャーナリストは少なくとも一四人にのぼっている。同委員会はロシアをジャーナリストにとって最も危険な国の第三位に挙げている。

惨敗したバンクーバー冬季五輪

経済成長の一方で、ロシアが連邦崩壊の後遺症から立ち直っていないことをしめしたのが、二〇一〇年二月にカナダのバンクーバーで開かれた冬季五輪だった。スポーツ大国のロシアはこの大会でソ連時代も含め史上最低の成績に終わった。ソ連時代、メダルの獲得数では常に一位か二位だったが、この大会は金メダルはわずかに三個で、順位は一一位だった。お家芸のフィギュア・スケートではこの半世紀余りで初めて金メダル、ゼロ。優勝候補と期待されたアイスホッケー男子も準々決勝で敗退し、初めてメダルなしに終わった。四年後にソチ五輪の開催を控えているだけに、国民の間には大きな失望感が広がり、メドベージェフ大統領は五輪関係の責任者の辞任を求めるなど異例の事態となった。

不振の原因は連邦崩壊でソ連時代のスポーツ選手の育成制度が崩壊し、そのツケが回ってきたことだ。ソ連時代、スポーツは国威発揚の道具で、優秀な選手を早くから見出し、特別な施設で訓練し、国家ぐるみで育ててきた。しかし、連邦崩壊後、優秀な選手やコーチは次々に国外に流出し、訓練施設も老朽化した。その後、プーチン時代の経済成長でスポーツにも多額の資金が投入されるようになったが、連邦崩壊の後遺症を未だに克服できていないのが実情だ。またフィギュア・スケートなど伝統的な種目の不振に加え、スノーボードやフリースタイルなど新しい種目に対応できていないことも敗北の原因の一つだと指摘されている。

五輪の惨敗はロシアがスポーツの世界でもすでに超大国ではないことをしめした。状況は深刻で、ソ連時代からの遺産は食いつぶし、新しい世代も育っていない。メドベージェフ政権は国の威信をかけて必死にスポーツの強化に取り組んでいるが、時間はあまりに少なく、立て直しは容易ではない。スポーツはある意味で国の現状を反映していると言われるが、ソチ五輪でスポーツも含めた大国ロシアの復活が改めて問われることになる。

経済危機から近代化へ

メドベージェフ政権下の社会はどのようなものになるのだろうか。先に「エリツィン時代は古い家を壊して新しい家の土台をつくり、プーチン時代にはこの土台の上に新しい家を建てた」という例にたとえた。このように考えると、メドベージェフ大統領の課題は家の居住環境を快適にすることだろう。内装や電気、暖房を整備し、壁や屋根を頑丈にし、隣人と良い関係を築かなければならない。

しかし、メドベージェフ政権が発足した二〇〇八年には原油価格の大幅な下落やグルジアとの軍事衝突、世界的な金融危機によって世界の主な国のなかで最も深刻な打撃を受けた。経済危機は実体経済にも深刻な影響を与えている。とくに製造業や建設業、商業部門において資金の調達が難しくなり、大きな打撃を受けている。国民の間には豊かな暮らしや将来への希望が失われてしまうことへの不安感が広がっている。

深刻なのが失業問題で、失業者数は二〇〇九年二月に七一〇万人と、過去一〇年間で最悪の水準に達した。とくに苦境におちいっているのが、全国に四〇〇以上もあり、一六〇〇万人以上が住んでいる企業城下町だ。世界的な経済危機で需要が減り、鉄鋼や化学工業などの地方の中核企業が軒並み操業停止におちいり、企業や関連会社の従業員が大量解雇されている。ロシア最大の自動車メーカー「アフトバス」の本社があるサマラ州トリアッチでは、アフトバスが深刻な経営危機におちいり、すでに三万人の失業者が出ている。また国民の不満も高まり、プーチン時代にはほとんど見られなかったデモや抗議集会が各地で起きるようになってきている。極東のウラジオストクでは日本の中古車の関税の引き上げに反対し、また西部の飛び地のカリーニングラード州では公共料金の引き上げに抗議する集会が開かれ、プーチン首相の辞任を要求する動きも出ている。

今後危機がどうなるのか不透明な状況のなかで、社会は不安と不確実な状況に置かれている。経済危機は構造改革を含めた変化の新たなきっかけになりうるが、社会はまだその準備ができていない。メドベージェフはそうした困難な時期にプーチンから政権を引き継いだ。メドベージェフが直面しているのは、プーチンが先送りしてきた構造改革や深刻な社会問題の解決など難しい課題ばかりだ。

そうしたなかで、メドベージェフは二〇〇九年一一月の年次教書演説で資源に依存してきた経済体制の後進性を厳しく批判し、産業構造を変え、民主主義の価値観に基づいて社会を近代化する必要性を強調した。危機後に進むべき方向として社会の近代化を打ち出した形だ。また国家が何とかしてくれるとの考え方を国民も変えるべきだとして、プーチンとは一線を画する姿勢をしめした。

独自色を強めるメドベージェフが経済危機という条件のもとでどのようにして具体的に近代化を進めていくのか。そして、プーチン時代の安定を高く評価してきた人々が近代化という時代の変化にどのように対応していくのか。ソ連邦崩壊からおよそ二〇年たって、ロシア社会は再び大きな試練に直面している。

第七章

バザール的ロシア経済の浮き沈み

2009年1月、就職斡旋所に殺到する人々。前年に起こった金融危機で、ロシアはとくに大きな打撃を受けた。(写真／ユニフォトプレス)

大統領の過激なロシア批判とその背景

プーチン政権下で最も注目されることは、国際的なエネルギー価格の上昇によるロシア経済の向上であり、ロシアのエネルギー大国あるいはBRICsとしての復活である。二〇〇八年の夏までは、ロシアは順調に経済大国としての道を歩んでいるかに見えた。しかし、〇八年秋以後は国際的な金融危機、経済危機の影響と原油価格の暴落を受けて、他国以上に大きな打撃を受けた。この状況のもとで、信頼レベルの低さ、投資環境の劣悪さといったロシア経済が内包する本質的な問題が国内でも真剣に議論されるようになった。つまり、経済危機の原因は外にある、あるいは外からの影響というよりも、ロシア自身に深刻な問題があるという認識である。

エネルギー資源に依存する経済の脆弱さはすでにプーチン政権のはじめから専門家の間では指摘されていたが、その深刻さが本当に理解されるには二〇〇八年の原油価格暴落を待たねばならなかった。改革派あるいは市場派は本格的な市場化が進まないロシア経済の後進性に強い危惧の念を抱いている。ただ、彼らもこの後進的なロシアに適合する市場モデルの処方箋を有していない。批判はできても有効な政策は出せないのだ。シロビキを中心とする保守派は市場化よりも経済に対する国家管理の強化を目指し、両者は現在に至るまで対立している。

市場経済が国家管理よりも効率的であることを理解しているプーチン大統領は、改革派の経済専門家を登用する一方で、シロビキとともに新興財閥を弾圧したり国家管理を強めたりしている。つまり、バランス政策に終始して明確な経済路線を打ち出していない。エネルギー大国ロシアの振舞いは、ウクライナなどと「ガス戦争」を引き起こし、欧州諸国にエネルギー面でのロシアへの依存の危険性をしめした。ロシアでは現在、資源依存の経済を脱却して経済構造を改革し、イノベーション（技術革新）による先進的な産業国家へと生まれかわることが国家戦略として掲げられている。

しかし、スローガンとして資源依存脱却が唱えられても、最近再びエネルギー価格が上昇するなかで危機意識は弱まり、構造改革に対する真剣な取り組みは見られない。本章では、まずメドベージェフのロシア経済批判を取り上げ、そのあとプーチン時代から今日に至るロシア経済を概観し、その問題点をロシア国内の専門家の議論も踏まえて考察する。

二〇〇九年一一月一二日、メドベージェフ大統領は年次教書でロシア経済の現状を大変厳しく批判した。その率直な批判の口調は、九月一〇日に大統領がインターネットに発表し内外の専門家を驚かせた論文「ロシアよ、進め！」に近いものだ。この論文の口調は、反体制知識人のものと間違えるほどで、ロシア国内でも国際的にも大きな話題となった。論文や年次教書では、プーチンの時代も容赦なく批判しているため、プーチンとメドベージェフの関係が悪化しているのではないかと話題になったほどである。

大統領はロシア経済の問題点として次のことを指摘した。ロシアの経済は今日でも石油や天然ガスに依存している。しかも、資源産業、原子力、その他の現在の産業インフラはほとんどソ連時代の専門家によって築かれたものであり、今のロシア人が築いたものではない。ロシア経済の後進性はもはや慢性的であり、腐敗・汚職は克服されていない。ロシア製品の品質は恐しく悪い。金融危機は各国に打撃を与えたが、ロシアの経済の落ち込みは大部分のほかの国よりもさらに深刻である。

ロシア経済の悪化の責任は、（米国など他国にあるのではなく）ロシア自身にある。このような発言のあと、メドベージェフは次のように率直に述べた。

「われわれは次のことを認めざるをえない。つまり今日に至るまでの何年間も、過去の負の遺産を克服するための努力を十分してこなかったということだ。またわれわれはプリミティブな経済、屈辱的な資源依存経済から脱却しておらず、消費者のニーズを無視した生産も相変わらずだ。資源輸出への依存は、これまでと同様、技術革新を妨げている。ロシアのビジネス界は今日でも、他国製品の売買を好んでいる。それは、わが国の製品は恥ずかしいまでに競争力が低いからだ。経済の国有部門は四〇％以上であり、経済危機の時代には国有部門はさらに増加した。この傾向は危機の時代の世界的現象であるが、しかし長期的に見ると、国有部門の増大には何も好ましいことはない。（次々と創設された）国家コーポレーションにも将来性はないと私は思う」

メドベージェフは論文「ロシアよ、進め！」では、ロシア経済を年次教書以上に厳しいトーンで批判して、次のように述べている。

「二〇年にわたる嵐のような改革の時代を経たにもかかわらず、ロシアは屈辱的な資源依存のプリミティブな経済を脱却できなかった。今日のロシア経済は、ソ連時代の最も悪い遺産、つまり消費者無視の悪習をそのまま引き継いでいる。取引しているのは、みずから製造したものではなく、天然資源かあるいは外国製品で、国産品の品質は国際競争力がまったくない。ロシア経済の落ち込みは他国よりもひどい。これらがしめしているのは次のことだ。つまりこれまでの年月、かならずしも必要なことがなされたわけではなく、またなされたこともかならずしも正しかったわけではない」

〇九年の秋の時点におけるメドベージェフのこの厳しい批判的発言の意味と背景を考えてみたい。「ロシアよ、進め！」が発表されたとき、内容的にプーチン時代をもかなりストレートに批判しているメドベージェフの言葉をどのように解釈するかが問題となった。リベラルなメドベージェフが、プーチンの操り人形を脱却して独自色を出そうとしているとの解釈もある。つまり、プーチン時代を含めた現在のロシアの政治、経済、社会状態により批判的で強い危機意識を有している大統領府と、現状をより肯定的に見ている首相府の対立という見解である。

たしかに、大統領府の経済政策のスポークスマンとなっているアルカジー・ドヴォルコビッチ大統領補佐官のロシア経済に関する発言は、首相府（政府）のスポークスマンであるイーゴリ・シュバロフ第一副首相やプーチン人脈の筆頭であるアレクセイ・クドリン副首相兼財務相の発言よりも、現状や今後の見通しに関してはるかに厳しい。大統領がロシア経済について、ロシアの現状に危機意識を抱く改革派あるいはリベラル派と見解を共有していることは、大統領の経済諮問機関である現代発展研究所のメンバーを見れば明らかだ。メドベージェフ自身がこの研究所の理事長である。研究所所長のイーゴリ・ユルゲンス（ロシア産業家企業家連盟副会長）は、プーチン時代に筆者と懇談したときも、改革派の立場からロシアの現状やユーコス事件（第八章で詳述）を驚くほど率直に批判していた。

メドベージェフが、プーチン人脈に頼らない、あるいはシロビキに偏らない新たな指導的人材グループの育成や側近グループの再編に努めてきたのも事実だ。二〇〇八年秋に、一〇〇〇人の人材発掘計画を発表したが、これもその一環である。しかし、このような大統領と首相の見解の相違に注目して、大統領府と首相府の抗争や軋轢を強調する見解に対しては、しばしば分業説が対置される。プーチンとメドベージェフの考えや気質の違いは認めながらも、両者の個人的関係が基本的に良好なことに注目し、また、基本的な考えは一致しているとして、むしろ両者は役割を分業しているとの見解である。たしかにメドベージェフだけでなく、プーチンも資源依存のロシア経済に危機感を抱き、それを一貫して批判しているのは事実だ。彼は、筆者も含めた国外の専門家との懇談会で、「ロシアが資源超大国と呼ばれることを私は好まない」とはっきり述べた。また、彼は国家管理の経済よりも市場経済が効率的だということも理解している。したがって、プーチンは現実には国家管理を強化してきたとしても、理論上は「国家資本主義」を否定し市場派の経済専門家を周囲に置いた。つまり、大統領と首相は、考えや気質に違いがあっても、基本的な認識は共有しているといえる。ここから、分業説が生まれるわけである。

私はこれら二つの見解にそれぞれ真実が含まれていることを認めながらも、第三の見解を述べたい。二〇〇九年秋にメドベージェフが過激ともいえる体制批判の言葉を発しているのは、〇九年春以後の国際エネルギー価格の動きと、またそれに関連したロシア国内の雰囲気の変化と密接に関係している。つまり、国際的なエネルギー価格が再び上向いたために、危機意識と改革機運が急速に後退していることに対して、大統領が強い警告を発したというのが筆者の解釈である。〇八年七月に一時バレル当たり一四七ドルにまで上昇した原油価格はその後急落し、一二月には三〇ドル台にまで落ちた。これに伴い、対ドル・レートを高めていたルーブルも下落した。しかし〇九年春以後原油価格は再上昇し、二〇一〇年には八〇ドル台を維持し、今後もこの水準を維持するかさらに上昇するとの見通しが強くなった。ルーブルの下落傾向にも歯止めがかかった。〇八年の暮れにはロシアの経済危機も深刻になり、政府の指導者や経済人の間でも構造改革の必要性が痛感されていたが、こうして、二〇〇九年春以後の再上昇で再びロシアの政界でも経済界でも楽観気分が支配的となった。今日のロシアにおいて最も必要とされている経済・社会の構造改革の機運が大幅に減退してしまったのだ。

ちなみに、メドベージェフの強い現状批判に関しては、次のような厳しい見方もある。つまり、彼が事態をしっかり理解しており、真剣に改革をしようとしていることに間違いはない。しかし、彼の改革政策のすべては、単なるスピーチかキャンペーンに終わっている。反汚職闘争がその典型だ。大統領は、最も腐敗しているのは治安組織であると述べた。しかし、治安組織の汚職はまったく減っていない、と(『独立新聞』、2009.10.12)。

大国ロシアの復活と不幸な「刷り込み」

二〇〇〇年にプーチンが大統領になって以来、ロシアは国際政治の場でも着実に大国として復活しつつあるかに見えた。その背景となっていたのが、二〇〇八年までのロシア経済の一見順調と見えた発展である。プーチン政権にとって幸運だったのは、ちょうど彼が政権に就いたときに国際的なエネルギー価格が高いレベルで安定して、ロシアの外貨収入が大幅に増加したことである。たとえば原油価格は九五年にはバレル当たり九ドル台であったが、それが二〇〇〇年末には二二ドル余り、二〇〇五年には四〇ドルを超え、その後二〇〇八年にはついに一四七ドルにまで達した。国際エネルギー価格のこの急激な上昇により、ロシアの貿易は大幅の黒字となった。

一九九八年八月の金融危機でロシア経済はデフォルト（破産）状態になったが、しかし急激なインフレとルーブルの下落は、皮肉なことに結果的に輸入を困難にして輸入代替生産としての国内生産を刺激することになった。まさにそのプラス効果が出ているときにプーチンは政権に就いた。こうして、ロシアはブラジル、インド、中国とともにＢＲＩＣｓと呼ばれる、二一世紀で最も元気な国の一つに数えられるまでになった。

といっても、プーチン時代の当初からロシア経済は大きな問題をいくつも抱えていた。最も深刻な問題は、市場経済つまり資本主義に対するロシア人の間違った理解である。資本主義の理解においては、当初から間違った「刷り込み」がなされた。ソ連時代にロシア人は、共産主義のイデオロギーによって資本主義とは略奪的な搾取のシステムだと徹底して教え込まれてきた。また、ソ連邦が崩壊したあと、九〇年代初めにロシアは市場経済システムを導入したが、このときロシア人が経験した市場経済は、投機的なあるいはギャンブル的なマネー・ゲームであった。信頼のレベルが低く、生産投資のための投資環境が劣悪なロシアでは、資金は生産投資には向かわない。つまり資金はハイリスク・ハイリターンの金融投機や高利率の短期国債、不動産投機、その他高利益の商業部門などに向かっても、生産インフラや社会インフラの構築には向かわなかった。しかもロシア人はこれを「正常な」資本主義だと思い込んだ。具合の悪いことに、西側先進国においても八〇年代末から、マネタリズムの流れのなかで金融工学やマネー・ゲームが全盛時代を迎えており、地道な生産活動を蔑視するような風潮が広がっていた。つまり、社会主義体制を否定したロシア人が初めて経験した資本主義は、金融ゲームや投機的な性格の強いものであり、これが先進的な資本主義だという「刷り込み」がおこなわれたのである。地道な生産活動で汗を流してわずかな利益を得るのはバカだという風潮も広がった。ウラジスラフ・イノゼムツェフ（脱工業社会研究センター所長）は、この状況を「経済の際限のない金融化と資本崇拝」と表現している。彼はまたマネタリズムの流れのなかで、対外債務の増加などもすべて正当化したことも大きな過ちだったと指摘している（『エクスペルト』、No.49, 2008.12.15–21, p.66–70）。

さらに、次のような諸問題も存在した。プーチン時代に経済が大幅に上向いたといっても、二〇〇〇年当時のロシア経済の規模は日本経済のわずか一二分の一にすぎなかった。しかもロシアの経済は依然として資源依存型で、二〇〇〇年以後も国庫収入の六割以上をエネルギー資源や石油製品などの輸出に頼り、投資や生産活動が正常に機能しないいわゆる「オランダ病」の脆弱性を抱えていることは、ロシア内外の識者が常に指摘してきたことである。つまり資源価格の変動によってロシア経済も大きく変動するという脆弱さを抱えているわけで、それは二〇〇八年のエネルギー価格の暴落によって現実のものとなった。そのうえ、資源輸出で増加した外貨収入が、国内の生産投資にはほとんど向けられず、もっぱら金融面での投機的なマネー・ゲームに向けられるとか、より安全な国外に逃避するという状況になった。

過剰な資金で潤った「新ロシア人」と呼ばれたニューリッチは、その資金をリスクの多い生産投資に向けるよりは、宮殿のような別荘をつくり、地中海やカリブ海の高級リゾート地で派手に札ビラを切り、ロンドンなどの高級住宅地で不動産を買い漁り、子弟や家族を国外で生活させ、高級外車さらには自家用飛行機を乗り回すといった贅沢のかぎりを尽くした。新興財閥の成金を揶揄するアネクドート（小話）もたくさん生まれ、庶民はそれで気晴らしをしたのである。二、三紹介しよう。

モスクワは、ベンツの最高級のS500、S600シリーズが世界で最も多く売れる都市だが、以下はそれに関連した小話である。

モスクワのベンツのディーラーに「新ロシア人」が部下を連れてやってきた。ディーラーが「旦那様が今お持ちのベンツは500でしたか、600でしたか？」と尋ねる。その金持ちは部下に向かって、「おい、うちのベンツは五〇〇台か、六〇〇台か？」

ほかにも、成金を嫉妬混じりに揶揄する次のようなアネクドートもある。

知り合いの「新ロシア人」同士が道で出会った。一方が「見ろ、俺のこのパリ製のネクタイ。あの店で一〇〇〇ドルで買ったんだ」と自慢すると、相手は、「おまえバカだな。こちらの店で買えば、まったく同じネクタイを二〇〇〇ドルで買えたのに」

新ロシア人の息子が、ガールフレンドとの結婚について父親に言った。「彼女の親は、三階建ての別荘を持ってないようなうちには、娘を嫁にやれないと言うんだ」。父親いわく、「困ったな、あの五階建てをどうやって三階建てにするかなあ」

資金の海外逃避やギャンブル的なマネー・ゲームと投機熱、「新ロシア人」の贅沢が物語っているのは、ロシアにおける投資環境の悪さであり、社会関係における信頼の欠如である。実業界は政権や政策を信頼しておらず、政権も実業家を略奪者と見て信頼していない。銀行は顧客を信頼していないし、顧客も銀行を信頼していない。庶民は市場経済を略奪経済と見ている。たとえば、政府に対する信頼が欠如しているために、二〇〇二年に所得税率を一律一三％に引き下げても、国民は「オトリ作戦」と見て正直な申告をしなかった。皆が申告したあと、税率はすぐに引き上げられると誰もが確信していたからである。

ロシア経済が直面している改革課題を列挙すると、主なものだけでも次のようになる。

①経済の行政的管理の縮小と市場化の拡大および経済の構造改革　②劣悪な投資環境の改善と資産の保護　③不合理で整合性のない税制の改革　④腐敗や闇経済の温床となっている関税制度の改革　⑤市場経済に合致していない土地制度の改革　⑥政策的に抑えられている公共料金の引き上げ　⑦乱立した銀行の整理と金融制度の改革　⑧市場化を促進するための経済関連の法の整備　⑨汚職と非効率の温床となっている官僚主義的な規制の緩和　⑩契約遵守など基本的な経済モラルの確立　⑪闇経済の縮小と経済活動の透明性の向上　⑫競争制度の拡大と国際競争力の向上　⑬ますます深刻化する腐敗・汚職への真剣な対策　⑭国外への資金逃避やマネー・ロンダリングの阻止　⑮著しく後れている中小企業の育成　⑯農業改革と個人農の育成

新興財閥の弾圧と市場派およびシロビキの確執

プーチン政権のもとで注目されるのは、経済政策においてエリツィン政権を支えた急進的な市場派のオリガルヒ（新興財閥）が弾圧され、市場派と国家統制を重視するシロビキが対立したことである。オリガルヒの代表格は、ボリス・ベレゾフスキー、ウラジーミル・グシンスキー、ミハイル・ホドルコフスキー等である。ベレゾフスキーは政商としてエリツィン政権を支え、また安全保障会議書記や下院議員などの公的ポストにも就いた。当初プーチンを支持したが、しかしアエロフロートの資金横領容疑などで逮捕の危険にさらされ、国外に亡命した。グシンスキーは、主要マスメディアを手中に収めて「メディア王」ともいわれた。彼もエリツィン政権を支えたが、民営化をめぐる横領・詐欺の容疑で逮捕され、その後国外に亡命した。国際的にとくに注目を集めたのは、ホドルコフスキーの「ユーコス事件」である。ユーコスのようなホドルコフスキーの企業経営は近代的で透明度も高いとして、欧米の評価も高かった。しかし彼はプーチン政権を公然と批判するようになり、将来大統領選挙に立候補すると公言したため、民営化の過程での税の未納などを理由に二〇〇三年に逮捕、〇五年に禁固八年の実刑判決が下された。また、ユーコスも解体されロスネフチなどに吸収された。

このような政権による民間企業への攻撃の結果、ロシアからの資本流出は二〇〇四年に一気に増加した。国際社会は、資本や企業、企業家の保護という自由社会における基本的権利が侵されているプーチン政権のもとの「市場経済」に大きな疑問を抱いた。このホドルコフスキー逮捕とユーコス社攻撃で采配をふるったのは、シロビキの代表格であり、サンクトペテルブルク時代にプーチンの個人秘書でもあったイーゴリ・セーチン大統領府副長官だ。彼は二〇〇四年七月にはロスネフチ会長になった。改革派は、企業や資産が国家の恣意によって自由に収奪される状況にショックを受け、厳しく批判した。「私有財産の不可侵・保護という基本的権利も、『税の未納』その他の口実でもって侵されている」（『独立新聞』、2009.4.27）

しかし、新興財閥を略奪者と見ている多くのロシア国民は、プーチン政権の彼らに対する懲罰的な姿勢をむしろ喜んで支持した。それが日頃の不満の鬱憤晴らしにもなったからである。また、新興財閥のリーダーの多くがユダヤ人だったことも無関係ではないだろう。新興財閥の一部に対するプーチン政権の強硬姿勢は、政権に批判的な新興財閥に対する一種の見せしめ的懲罰であった。

このユーコス事件のあと、二〇〇五年から大統領選挙のおこなわれた〇八年にかけては、経済のあり方をめぐって、中央集権派と市場派の間に確執が生じた。セーチン大統領府副長官、ニコライ・パトルシェフ連邦保安庁（ＦＳＢ）長官などを代表とするシロビキは、とくに資源分野など戦略的に重要な産業部門を中心として国家管理と中央の統制の強化を基本的な路線として推進しようとした。彼らはより大きな政府、あるいは政府による経済への積極的な介入を主張した。新興財閥に敵対したのも、このグループである。これに対して、第一副首相時代のメドベージェフやアレクセイ・クドリン副首相兼財務相は、国家統制の強化には批判的であり、市場原理や財政政策をより重視した。プーチンは明確な方針を出さず、両派のバランス政策に終始した。

二〇〇七年以後、中央集権派あるいは国家管理派がイニシアティブをとって、「ロステフノロギー」「ロスアトム」「ロスナノテク」「オリンプストロイ」「ロシア・ベンチャー会社」「統一航空機製造会社」「開発銀行」「公共サービス改革基金」など、多くの「国家コーポレーション」が設立された。これは資源エネルギー産業に集中しがちな経済構造の多角化やイノベーション(技術革新)などを目的として、国家が重要と判断した分野の課題を解決するための国策連合企業組織である。大統領が直接社長を任命・解任し、担当閣僚が統制するシステムで、情報開示の義務を負わず、従来の国営会社よりも独立性が高い。経済に対する国家統制の強化を強める方向であり、前述のように、〇九年の年次教書でメドベージェフはこれを批判している。

経済危機と否定された楽観論

二〇〇八年には予想されていなかった劇的な変化が生じた。大恐慌以来といわれる世界経済危機と結びついた経済の急激な悪化である。ここにはまた、単に世界の経済危機の影響という次元を超えたロシア特有の諸問題も含まれている。

二〇〇八年から〇九年にかけてのロシア経済は、欧米の金融危機、経済危機の影響を受けて急激に悪化した。ロシアの首脳や経済閣僚も〇八年秋までは、次のような楽観論を述べていた。つまり、欧米の経済危機はロシアには影響をおよぼさない。安定化基金など六〇〇〇億ドル近い外貨準備がクッションの役割を果たすからだ。外洋は荒れているが、ロシアは安定した島あるいは静かな湾である、と。ちなみに、安定化基金とは、〇四年に提案され、その財源は原油の採掘税と輸出関税からの収入である。政府はこれまで対外債務の返済と年金基金の不足分補塡に利用してきたが、その支出には慎重であった。これは、〇八年二月から準備基金と国民福祉基金に分割された。

ロシア国民も、資源輸出などによる膨大な外貨収入を、安定化基金として吸い上げた政府の「賢明な政策」を称賛し、クドリン財務相はプーチン首相、メドベージェフ大統領に次ぐ有力な指導者となった。しかし実際には、安定化基金の創設は賢明な政策というよりも、避けられない措置であった。つまり国内の投資環境が悪いために、ロシア経済は巨額のオイル・マネーを本来向けるべき生産投資という形で吸収できなかったから、あるいは、オイル・マネーの有効な再配分機構を築くことができなかったからである。換言すれば、信用供与と生産がうまく連関して機能しておらず、市場経済システムにおいて資金がスムーズに流れず「血栓」ができているのだ。過剰流動性を生産投資という形で吸収できなければ、ハイパー・インフレの危機に見舞われる。そこで政府は、それを吸収するために外貨保有、安定化基金を増やしたのである。大量に流入した資金の「不胎化」である。そして、その資金を西側の金融市場に投資した。民間からも、本来は国内の生産投資に向けられるべき資本が大量に国外に流出した。

二〇〇八年七月以後の原油価格の急激な下落はロシア経済を直撃した。原油価格は〇八年七月一一日にバレル当たり一四七・二七ドルの最高値を記録したが、その後大幅に低下し、〇八年一二月には三二ドル台にまで落ちた。最近は八〇ドル台にまで持ち直したが（一〇年六月現在）、この下落はロシアにとってはまったく予想外の事態であった。〇九年度のロシア国家予算は、当初は（〇八年秋）バレル九五ドルを基準にしていた。当時はクドリン財務相も、バレル七〇ドルを切ると財政は赤字になるが六〇ドル以下になることはありえない、と述べていた。しかし、〇九年になると政府は国家予算の算定を、バレル当たり四一ドルを基準にして修正した。

国内総生産（ＧＤＰ）の成長率は、二〇〇七年が八・一％だったのに対して、〇八年は五・六％に下落し、〇九年の予想はマイナス七・五％である。ロシア経済においては一〇年ぶりのマイナス成長である。ちなみに〇九年の中国の予想はプラス八・五％、インドも五・四％である（ＩＭＦ一〇月予想）。外貨保有高は〇八年の八月八日には五九八一億ドルに達していたが、ルーブルの買い支えや企業救済、銀行救済などの危機対策によって減少し、〇九年三月末には三八八〇億ドルになった。この経済の悪化はルーブルの下落をもたらした。ルーブルの対ドル為替レートは、近年一ドル二七〜二九ルーブルで推移していた。しかし〇八年七月には二三ルーブルにまで達した。強気になったロシア当局は、ルーブルをドルやユーロと並ぶ、あるいはそれに代わる世界の基軸通貨の一つにするという野望さえ抱くようになった。それが〇九年三月には一ドル三六ルーブルにまで下落した。こうして、「ルーブルの野望」も崩れた。

ガスプロムも財政破綻

ロシア国内で経済危機の最初の兆候が現れたのは、二〇〇八年一月、国際的な金融市場の流動性危機の影響で外国資本がロシアから引き揚げ出したときである。国際的な流動性危機の結果、国外から数千億ドル借り入れていたロシア企業、銀行が、返済期限がきても借り換えができなくなった。しかし、石油や資源価格の急上昇のおかげで、〇八年五月半ばまでは、一月の損失を埋め合わせて、増資さえすることができた。〇八年秋以後は、国際的な金融危機状況において国外で借り換えができなくなり、ロシアの銀行や企業が支払い不能におちいった。こうしてロシア株は急落し、いくつかの大手投資会社が破綻した。銀行間取引は支払い不能の連鎖ピラミッドとなり、九月には銀行市場全体が麻痺した。銀行は事実上融資を停止した。

当初、危機は金融部門だけと見られていたが、二〇〇八年一〇月には企業は融資が受けられなくなり、危機は金融（銀行）部門から実体経済（生産）部門におよんだ。この一〇月に外貨の稼ぎ頭である最大のエネルギー企業ガスプロムやロスネフチが資金的に行き詰まり、政府支援を要請したことは、ロシア国内だけでなく世界に衝撃を与えた。このような企業の行き詰まりは連鎖反応的に広がり、危機はロシア経済全体におよんだ。注文は急激に減り、支払い不能が増加した。国全体に大量失業と賃金カットが広がった。ロシア企業の投資低下は世界最高となった。〇八年五月と比べ一一月には株価は四分の一に低下した。生産の減少も著しく、〇八年一二月にロシア企業は前年同期と比べ生産が一〇・三％落ちた。分野によっては生産は数十％も落ちた。これもルーブルの下落と直接関係がある。というのは、〇八年末までのわずか数か月でルーブルの対ドル・レートは四〇％も落ちたので、銀行や企業にとって資金は生産に回すよりもドルを購入したほうが有利だったからだ。危機対策として政府から多額の資金援助を受けた銀行や企業も、その資金を生産面に回さないでドル買いに走った。つまり、またもやマネー・ゲームである。

失業者数は国際的な算定基準で算出すると、〇八年九月の四〇〇万人から、〇九年には七〇〇〜九〇〇万人に達するという予測も出た（二〇一〇年には景気回復で減少に向かった）。政府による〇八年のインフレ予想は七％以下のはずであったが実際には一三％を超えた。多くの国では、経済危機のなかで物価は低下しているが、ロシアでは経済が悪化するなかで、物価は上昇するスタグフレーションの状況におちいった。経済危機の国民生活への影響としては、このインフレの高まりが国民の不満の最大のものとなっている。

この経済危機に対して、政府は「危機対策プログラム」を発表し、イノベーションや人材育成などによる経済の近代化をはじめとして、社会福祉の公約実施、非効率な生産の不支持、内需拡大による経済成長促進、インフレ抑制、ビジネスに対する行政的な障害の排除等々を打ち出した。これらの構造改革は、誰もが認めざるをえないもっともな政策である。しかしこれらは、本来であれば、ロシア経済に体力のあった〇八年前半までに遂行すべきことであった。経済構造の改革、年金改革、教育・保健改革、住宅・生活インフラの改善、税制改革などを実施するには、相当の経済余力が必要だ。しかし改革に好都合だった時期はほぼ完全に失われてしまった。オイル・マネーで潤っていた間、技術革新による経済発展の方策は事実上何も実行されなかった。

カーネギー・モスクワセンターのアレクセイ・マラシェンコは、政府の対応を次のように批判する。「金融・経済危機については、ロシアは大丈夫とか対応策はできていると、公言されていた。しかし、今ではロシアが国際的にも最も深刻な状況にある。つまり、石油、ガスの価格変動に振り回されているのだ。価格の下落が問題なのではなく、このような変動が起きることを信じなかったことが問題なのだ。腐敗・汚職との闘争とか中産階級の創出など、改革についての議論はほとんどはたんなる言葉に終わっている。変革は人々を苛立たせる。ロシアではあらゆる変革は、不安定化、混乱を意味するからだ。一九九〇年代を人々が嫌う理由もここにある」(『独立新聞』、2009.12.16)

政府は市場経済のレトリックを使っているが、実際は行政的なアプローチに深く頼っている、という指摘もある（『独立新聞』、2009.4.27）。さらに、経済危機を深めた原因として、ロシアの無責任体制を指摘する次のような見解もロシアのマスメディアは伝えている。

「問題は、責任のシステムが存在しないことだ。政権は国民に対して責任を取らず、閣僚は首相に対して責任を取らない。知事たちは住民に責任を負わない。非公式に結びついている権力グループがやりたい放題をしている。このような無責任体制は、国全体の深刻な危機に対しては、どうしようもないのだ。効率的な制度なくして、今日の危機を場当たり的に手動でコントロールすることは不可能だ。政権は、銀行や企業救済のために乱用した莫大な資金の流れさえも追跡できていない。しかも、このような事態に対して誰に責任があるのかまったく不明なのだ」（『論拠と事実』、2009.5.6–12）

ロシア経済はバザール経済

筆者は「バザール経済」とか「バザール社会」という言葉を使うことがある。信頼のレベルの低い社会で、商取引や経済行為が「騙し合い」の関係となる経済のことである。また、投機的方面には資金は回るが、大規模な生産投資には資金が回らない経済だ。ロシアはもともと信頼レベルの低いバザール的社会である。市場経済に移行するにあたって、ロシアがまず学ばなくてはならないことは、契約や信頼を重視するという市場経済の基本的な文化でありそのルールであった。しかしロシアにとって不幸だったのは、社会主義体制崩壊後、初めてロシアが市場経済の道に入ったのは、先進資本主義経済自体がマネー・ゲーム的な投機熱に沸き立っているときだったということである。一九八〇年代後半から二〇〇八年の世界的な金融・経済危機までは、先進国においては、地道な生産活動や商取引は途上国に任せればよいという雰囲気が支配的であった。もう一つロシアにとって不幸だったのは、ロシアが世界で最大の資源保有国であることと、そしてプーチンが政権に就くころからエネルギー資源などが急速に上昇したことだ。最近ロシアが再び経済大国になれたのは、正しい経済政策の結果でもなく、日本のような全国民の汗の結果でもなかった。

あまりにも容易に経済大国になれたことが、政府のレベルでも実業家のレベルでも、また一般国民のレベルでも、痛みを伴う真剣な経済努力や改革努力を怠らせることになった。ロシアが大国として復活したのは資源のおかげだという意味で、短期的には資源保有国であるということは幸運であった。しかし、長期的な視点で考えると、資源の上に胡座《あぐら》をかくことは、ロシアにとって大きなマイナスとなる。これまで述べたロシア経済の問題点はすべて、ここに述べたバザール経済と資源輸出国という二つのことに関係している。略奪経済の横行と原油価格の暴落による経済危機でロシア国民がそのことにようやく気づきはじめたとき、エネルギー価格がまた少し上昇して、ロシアでは再び楽天主義の気分が強まっている。メドベージェフ大統領の強い警告は、何よりもまずこの蘇生しつつある楽天主義に向けられたものである。

第八章

オリガルヒの栄枯盛衰

公判に臨む元ユーコス社長のホドルコフスキー（左）。右は元メナテップ社長のレベジェフ。（写真／ユニフォトプレス）

様変わりしたオリガルヒ

オリガルヒは、「プーチンの十年」間に大きく様変わりした。オリガルヒとは、エリツィン期における市場経済化の過程で生まれた新興財閥または寡占資本家たちを指す（中澤孝之、元時事通信社モスクワ支局長、のちに長岡大学教授）。彼らは、ゴルバチョフ政権末期に「協同組合《コーペラチフ》」方式の経営によって商業的な成功を収めたり、エリツィン政権下の民営化の過程や手続きを利用したりして、短期間で驚くべき多額の財産を手に入れた。

オリガルヒは、エリツィン期にロシアの政局を左右せんばかりの発言力をふるっていたが、プーチン期となるともはやクレムリンの政治方針に嘴《くちばし》を挟むことは許されなくなった。プーチンによって政治とビジネス間の「ゲームのルール」が変更されたからである。結果として、エリツィン時代のオリガルヒのある者は力を失い、姿を消した。一方、新しいルールを忠実に遵守することによってさらに財力を増やし、米財界誌『フォーブス』の億万長者番付に登場する者も現れた。だが彼らの多くの者も、二〇〇八年夏以降の経済危機のあおりを受けて、右のリストから――少なくとも一時的に――脱落した。

本章は、エリツィン期とプーチン期のオリガルヒを対比するとともに、「プーチンの十年」におけるオリガルヒ興亡の歴史をたどる。そのためには時代を若干遡り、オリガルヒ誕生の経緯から話を始める必要がある。

市場経済への移行

共産主義実現を目指すソビエト政権下においては生産手段が国有化され、私企業の経営は許されなかった。したがって当然、オリガルヒなるものは存在しなかった。ところがソビエト経済の「停滞《ザストイ》」が誰の眼にも覆い隠せぬスケールのものになってきたので、ゴルバチョフ政権は経済活動の一部を自由化することにした。たとえば、小規模協同組合方式の経営、国営農業の賃貸《アレンダ》、外国資本との合弁企業の導入、経済特区の設置など。だが、そのような中途半端かつおよび腰の諸措置が成果を上げうるはずはなかった。

一九九一年八月のクーデター未遂後クレムリンの主《あるじ》となったエリツィンは、ゴルバチョフがちゅうちょしていた体制転換に大胆に踏み切った。政治的には共産党の一党独裁制を放棄して民主主義へ、経済的には中央集権的指令経済から市場経済への移行である。「市場経済」とは、資本主義なる用語を避けようとして用いた、資本主義の婉曲的表現にほかならない。

エリツィン政権下で経済政策を担当したのは、主としてエゴール・ガイダル、アナトリー・チュバイスといった西側の経済理論には通暁しているものの、ロシアにおける政治や経済の実務経験を欠く若手改革者たちだった。彼らは、価格の自由化と国営企業の民営化を上からの命令で一挙に敢行しようとした。だがロシアでは、そのようなラジカルな改革断行のための前提条件や心理的な準備は整っていなかった。つまり、ロシアの「ショック療法」は、政治学者のリリヤ・シェフツォーワの比喩を借りると、「実験室〔ロシア〕の社会学的、心理学的な諸状況を一切考慮することなく」試みられた。

ガイダルらの経済改革の最もまずかった点は、市場経済移行の順序を間違えたことである。まず国営企業の民営化という構造改革をおこなってから、次に価格の自由化へと進むべきだった。ところが、国営企業や集団農場の独占体制、脆弱なサービス部門などに大胆なメスを入れることなく、まず物価がいきなり自由化されたために、ハイパー・インフレーションが発生しただけで、自由化は国内生産の上昇をもたらさなかった。巨大な国営企業は己の製品を倉庫に貯蔵し、販売ルートに乗せず、ただ値上がりを待ちさえすれば、座してボロ儲けできたからである。政府は賃金や年金の額をある程度引き上げたものの、とうてい物価上昇のスピードには追いつけなかった。ロシア国民の大多数は、それまで蓄えてきた貯金やへそくりをあっという間に使い果たしてしまった。なけなしの物品を片手に買い手を求めて街頭に立つ老人や年金生活者の行列が、モスクワはじめ各地方で日常茶飯事に見られる風景となった。

ファウスト的取引

一九九二年に始められた民営化は、二段階に分けられる。第一段階は、小規模の国有資産を対象とする民営化だった。ロシアの一般国民が巨額の国家資産を買いとりうる資金力を持ちあわせているはずはない。そこで、全国民一億四八〇〇万人に対して一人当たり額面価格一万ルーブルのバウチャー（民営化小切手）を無料で配布し、それで国有財産の株を買いとらせる方法を採用した。ところが小切手は無記名で転売することが認められたために、国有企業の元企業長や官僚など共産主義時代の「ノーメンクラトゥーラ」（特権階級）、彼らとコネを持つ人々、そしてマフィアらが、現金化を急ぐ市民たちから小切手を安く買い上げ、その後高く転売して多額の利益を己の懐に収めた。

実際、一万ルーブル（当時約三二ドル）のバウチャーがわずか四ドルから二〇ドルの間の値段で売買されたという。そのために、小切手による民営化は国民総株主化の目的を達成せず、実質的には国家からノーメンクラトゥーラへの所有権の移転を導くだけに終わった。

民営化の第二段階は、大規模な国営企業を売却対象とした。そのような国営企業も、それまで「赤い支配人」とあだ名されていた共産党幹部たちによって牛耳《ぎゅうじ》られていた。当時のエリツィン政権は、彼らから国営企業を取り上げ、それらをロシア国民全員に無料で分配しうるような経済的余力をもはや持っていなかった。七〇余年におよぶソビエト時代を経験したあとのロシア市民たちが、国家に税金を納めるという発想に急になじむはずもなかった。収入の道を持たなくなったロシア政府は、喉から手が出るほど現金収入を欲した。

民営化担当のチュバイス副首相をはじめとする若手改革者たちは、苦肉の策として「株式担保ローン」方式による民営化というアイディアを思いついた。英語で“loans-for-shares auctions”と呼ばれる方式は、次のように複雑かつ分かりにくい内容のものだった。ロシア政府は、民間に誕生したばかりの有力な商業銀行（メナテップ銀行、オネクシム銀行など）から現金の融資《ローン》を受ける。その担保として、政府は国営企業（ユーコス、ノリリスク・ニッケル、シダンコ、ルークオイルなど、計一二社）の株式を銀行に提供する。もし政府が融資を期限内に返済できない場合には、銀行に対して公開オークション（競争入札）を通じて担保株式を金銭売却することを認める——という方式である。

ロシアの法律によっても、国営企業がオークションにかけられる場合「入札者は複数、そのプロセスは公開とすべし」と定められていたが、現実の「株式担保ローン」方式による競売は、そのようなルールをほとんど遵守することなくおこなわれた。オークションは、談合、インサイダー取引、ダミー企業やトンネル子会社の利用などの抜け道に訴えて、実施されたのである。大抵の場合、担保を保有していた銀行みずからが落札することとなった。

公正さや透明性を欠くやり方でおこなわれた第二段階（一九九五年）の民営化が、「あからさまな詐欺行為」であったことは、若手改革派たちも率直に認めた。しかしそれは、改革者たちがエリツィン政権の政治的サバイバルを最優先せねばならぬと判断した結果の苦渋の選択肢であった。彼らは考えた。まず何よりも「赤い支配人」と呼ばれるソビエト時代からの企業幹部を解体する必要がある。またエリツィンは、一九九六年の大統領選でゲンナジー・ジュガーノフが率いる共産党を破って再選を実現せねばならない。そうでないと、当時のロシアには共産主義体制へ復帰する可能性が存在している、と。オリガルヒ側も懸念した。もしジュガーノフが勝利するならば、彼らは財産を没収される、またはそれまでに得た甘い汁を吐き出すよう要求される。少なくともこれまで同様のうま味を吸うことは、今後許されなくなるかもしれない、と。

このようにして、奇しくも若手改革派とオリガルヒとの利害が一致した。前者が後者に「魂を売る」こととなる「ファウスト的取引」（クライスティア・フリーランド、元『フィナンシャル・タイムズ』モスクワ支局長）が成立したのである。彼らは、「ミスター民営化」の異名をとるアナトリー・チュバイス（前第一副首相）を選挙本部長に据え、エリツィン大統領の次女であり、同大統領とのコンタクト役を務めるタチヤーナ・ジヤチェンコとも密接な連絡を保ち、米国から選挙のプロも雇うことにした。彼らが用いた選挙スローガンは、「過去への逆行（＝ジュガーノフ）か、改革の続行（＝エリツィン）か」。まるでこれら二つの選択肢しか存在しないかのような形で、ロシアの有権者に訴える選挙戦術を展開した。九六年の大統領選は決戦投票にまでもつれ込んだものの、結局エリツィン陣営は、第一回投票で第三位となったアレクサンドル・レベジ（元中将、下院議員）を取り込んで、エリツィンの再選を果たした。オリガルヒはそれぞれ、経済的な身分保障のほかに政治的恩賞にもあずかった。オリガルヒはやがて、フランケンシュタインのような怪物《モンスター》へと変貌をとげてゆく。

オリガルヒの誕生

たしかに、彼ら自身の大部分はワーカホリックと呼んで差し支えないほどの働き蜂である。また、彼らはロシア国民の潜在的な欲求に敏感であるばかりか、ロシアの資本主義が歩むだろう方向性を先取りし、それに巧みに順応する才能にも秀でていた。だがロシアのオリガルヒの特徴は、けっして以上に尽きるものではなかった。彼らは、政治権力との癒着を恐れないどころか、みずから率先してそれを求めた。彼らは旧ソ連の共産党幹部やノーメンクラトゥーラとの政治的なコネを巧みに用いて、国有財産をタダ同然の低価格またはきわめて有利な条件で払い受けた。そのような意味で、彼らをたんに「新ロシア人」または「ニューリッチ」（新富裕層）と呼ぶだけでは十分ではない。彼らは政商の性格を色濃く持っているからである。

もっとも、彼らをオリガルヒと呼ぶこともまた、やや正確性を欠く。というのは、元来オリガルヒとは、「寡頭政治の執政者」というニュアンスを持つ言葉だからである。ところがロシアの新興財閥は、みずから政治権力をになうことについてはさしたる関心をしめさない。一部の者（ベレゾフスキー、グシンスキー、ホドルコフスキーら）を除くと、彼らは己の財産形成・維持のためにこそ政治支配層への接近を試みるものの、彼らに代わってまで政治をおこなおうとはしない。また、ロシアの新興財閥は対立し合い、けっして互いに協力して寡頭支配の政治体制を形成しようとしない。多くの場合、彼らは同一の経済的利益をめぐって互いに競争し合う関係にあるからである。彼らが協力し合ったのは、先にふれた九六年のエリツィン大統領再選キャンペーンのときだけだった。同大統領に代わってジュガーノフが大統領に当選すると、彼らがそれまでに蓄積した富を吐き出させられるおそれがあることを懸念したからである。だがエリツィン大統領が再選されるや否や、新興財閥間の連合戦線は直ちに解消された。

他方、ロシアのオリガルヒは、経済的側面においては紛れもなく寡占支配層を形成していた。二〇〇〇年時点のロシアで、一〇九〇億ドルの売り上げを誇った六四の民間企業の八五％までもがわずか八つの持ち株会社の支配下にあった。〇一年に米『フォーブス』誌が八人のロシア人億万長者を発表したとき、その記事を引用した『コムソモーリスカヤ・プラウダ』紙は、「彼ら八人の資産を合計すると、われわれ〔ロシア〕の予算の二分の一に等しい」（中澤孝之）という事実を紹介した。また別の研究によると、二〇〇二年時点でロシアの工業生産高の三八・七％、輸出品の三一％を、上位十社のビジネス・グループが支配していた。

プーチンによる二分類

市場経済の移行期に、いったいどの程度活動の自由をオリガルヒに対して与えればよいのか。これは、政権側に難しい問題を提起する。一方において、彼らの行き過ぎとさえ思われる果敢な利益追求イニシアティブがなければ、ロシアが市場経済へ離陸《テイクオフ》することは不可能かもしれない。だが他方、彼らを野放図に放任しつづけるならば、それは汚職や賄賂の横行、貧富の格差拡大……等々の否定的な副産物を生み出すことを意味するからである。ところがスウェーデン出身のロシア経済ウオッチャー、アンダシュ・オスルントによれば、プーチン大統領に限っては右のような経済的、社会的ジレンマにさして頭を悩ますことはなかった。というのも、プーチンはロシアにおけるオリガルヒ問題をもっぱら政治的な視点から眺めたからである。すなわち、みずからの政権運営にとりオリガルヒが役に立つか否か——もっぱらこの判断基準にしたがって、彼らに対する処遇を決した。オスルントの見方は複雑な実態を単純明快に割り切りすぎている嫌いはあるものの、プーチンのオリガルヒに対する態度の本質を衝いている。

デビッド・ホフマンも、ほぼ同様のことを述べている。ホフマンは、『ワシントン・ポスト』紙のモスクワ特派員を六年間（一九九五～二〇〇一年）務めたあと、ロシアの新興財閥研究に真正面から取り組んだ大著『オリガルヒ——新しいロシアにおける富と権力——』を発表した。同書のなかでホフマンは記す。「プーチン大統領のアプローチは、けっしてオリガルヒ資本主義のシステム（体制）を変えようとするものではなく、ただそれを己がコントロールしようと欲するものだった」と。

二〇〇〇年五月七日に正式にロシア大統領に就任したプーチン大統領は、七月二八日、主要なオリガルヒや大企業のリーダーたち二一名をクレムリンに招き入れ、クレムリンとビッグ・ビジネスとの関係に関する新しい「ゲームのルール」が、次のようなものであると宣言した。①エリツィン期におこなわれた市場経済化の結果を洗い直すようなことはしない。つまり、上からラディカルなやり方でなされた「疑似民営化」のどさくさに紛れて、一部のオリガルヒが政治エリートと結託して入手した莫大な不正利益を改めて咎めだて、吐き出させるようなことはしない。②だが他方、オリガルヒは、今後法律を守って政府に税金をキチンと納めることが義務づけられるばかりか、政治活動を厳に慎み、プーチン統治に協力せねばならない。

では具体的にはどの程度の活動をもって、オリガルヒは政治活動を抑制していると解釈されるのか。このことを判断する第三者機関が存在しない以上、それは結局のところプーチン大統領の主観的な判断にゆだねられることとなろう。オリガルヒの行動がたとえ政治的な色彩を帯びるものであっても、それがクレムリン当局に役立つと判断されれば黙認される。他方それがクレムリンの利益に反するものと解釈されれば、右の「ゲームのルール」に違反する行為とみなされ、処罰の対象になる。

このように恣意的ともいえるオリガルヒに対する「選択的な（selective）」政策適用の結果として、その後のロシアにおいてオリガルヒは二グループに分かれることとなった。一は、右のような新しい「ゲームのルール」がプーチンによってしめされたにもかかわらず、そのことを真剣に受け止めようとしなかった者たち。中澤孝之らによって「反抗オリガルヒ」（opposition oligarchs）と名づけられる人々である。彼らは、己に忠実でない者をけっして許そうとしないプーチン大統領によって、その後遠慮会釈なく処罰され、姿を消してゆかねばならなくなった。二は、同大統領との間のガイドラインを守ろうとする者たち。中澤らによって「恭順オリガルヒ」(loyal oligarchs)と名づけられる人々。彼らは経済的繁栄をつづけるばかりか、一部は政治的要職に就く名誉にすら恵まれ、〇八年夏以降の経済危機に際してはロシア政府から経済的支援を受ける特権にも浴した。この二大別の代表例を、二、三紹介することにする。

「メディア王」グシンスキー

プーチンによって「反抗オリガルヒ」とみなされ、彼によるオリガルヒいじめの第一号となったのは、グシンスキーだった。ウラジーミル・グシンスキーは、一九五二年生まれのユダヤ人。「モスト・バンク」を創設し、その後事業を拡大しつづけ巨大複合企業「モスト・グループ」を育て上げることに成功した。「モスト」とはロシア語で「橋」を意味し、グシンスキーによれば自身と外部をつなぐ橋を指す。グシンスキーは、ほかの成功したほとんどすべてのオリガルヒと同様に、人間の結びつき、より端的にいえばコネクションを最大限に採用することによって、財力ならびに勢力を拡大した。グシンスキーの最大のコネは、モスクワ市長ユーリー・ルシコフとの知遇だった。グシンスキーが率いるモスト・グループの本部はモスクワ市庁舎内に置くことが許され、モスクワ市の職員たちは市庁内のモスト・バンクおよびそのATMを利用して賃金を受け取っていた。市や市の職員が必要な支払いをするために預金を引き出すまでの間、モスト・バンクは市の預金の大半を高利回りの目的のために運用することが可能となるという仕組みであった。

グシンスキーがプーチンによる攻撃対象となった理由は、明らかである。もちろん、グシンスキーがポスト・エリツィン期の大統領候補として、ルシコフ、エフゲニー・プリマコフ元首相を中心とする「祖国－全ロシア」の支援に回ったことも、大いに関係していた。だが最大の理由は、彼の支配下にあるマスメディアがエリツィン、プーチン政権の政策、とくに民間人も巻き込んだチェチェン戦争を歯に衣着せず批判したことに求められるだろう。

プーチン政権成立の日から数えてわずか五日目の二〇〇〇年五月一一日、同政権は早くもグシンスキー攻撃を始めた。同日、迷彩服を身にまとい手に自動小銃をかかえたロシア連邦保安庁（FSB）の職員や税務査察官たちが、メディア・モスト本社を急襲し、強制家宅捜索をおこなった。六月一三日、ロシア当局は、グシンスキー自身を国家資産横領罪の容疑で逮捕し、悪名高いブティルカ刑務所に投獄した。グシンスキーは、肺結核やエイズにかかった囚人たちと同室の憂き目にあうことを恐れ、当局との「取引」に応じざるをえなかった。

取引とは、独立テレビ（NTV）一局だけでも時価一〇億ドルの価値が十分あると評価されるにもかかわらず、メディア・モスト、NTVなど「グシンスキー帝国」のすべての資産をわずか三億ドルで手放すという内容だった。グシンスキー自身は、事実上国外追放となった。グシンスキーの苗字の一部「グシ」はロシア語で鵞鳥《がちょう》を意味するので、グシンスキーいじめは、俗に「鵞鳥狩り」（当時、エリツィン大統領警護局長だったアレクサンドル・コルジャコフの命名）と呼ばれる。

政商ベレゾフスキー

プーチンによるオリガルヒつぶしの次の標的となったのは、ベレゾフスキーだった。ボリス・ベレゾフスキーは、一九四六年生まれのユダヤ人。もともと数学教育を受けた学者エンジニアだったが、研究所勤務時代につちかった自動車産業とのコネを利用して、自動車販売会社「ロゴバス」を創設した。〝ロゴ〟は、数学者がモットーとするロジック、〝バス〟は「ボルガ自動車工場」のロシア語の頭文字である。ベレゾフスキーは、イタリアのフィアット社などから安く仕入れた輸入車をロシア国内で高値で販売するなど合法、非合法すれすれの行為によって、またたく間に巨万の利益を入手した。ベレゾフスキーは、わずかな投資や出費で大型企業を乗っ取る能力にかけては右に出る者がない天才だった。彼がそのようにして入手した企業部門は、乗用車、航空機、石油、アルミニウム、マスメディアの五分野にもおよんだ。

ベレゾフスキーの人生哲学を一言で要約すると、カネ＝《イコール》権力。ほかのオリガルヒにも共通する考え方だった。彼自身、述べる。「私の考え方によると、権力と資本は不可分である」。つまり、カネの力を借りれば政治権力が入手でき、逆に政治権力を握ればそれは即経済的利益をもたらす。このような人生哲学の持ち主ベレゾフスキーは、ワレンチン・ユマシェフを通じてエリツィン大統領に近づいた。ユマシェフは、『アガニョーク』誌の副編集長で、のちに編集長にまで昇格した。ユマシェフがゴーストライター役を務めたエリツィン大統領の二冊目の回想録『大統領の手記』の刊行に、ベレゾフスキーは資金援助をおこなった。実際の印刷はフィンランドでおこなったものの、名義上は『アガニョーク』社からの出版とした。約二〇万ドルの印税をエリツィン個人のロンドン口座に払い込んだばかりか、追加の印税分が出るたびごとに（もしくはそれを口実にして）、ベレゾフスキーはクレムリンのエリツィンのもとにみずから小切手を届けた。

ベレゾフスキーは、ユマシェフの紹介で「エリツィン・ファミリー」に接近し、やがて「ファミリーの金庫番」の異名をとるまでの権勢をふるうようになった。とくにエリツィンの次女タチヤーナ（のちにユマシェフと、双方にとり三度目の結婚をした）に対するベレゾフスキーの贈りもの攻勢はすさまじいの一語に尽きるものだった。一例を挙げるにとどめても、市価一万ドルの「ニーヴァ」（ロシア版の小型ジープ）、それが故障すると約五万ドルのシボレー・ブラザーを彼女に贈った。

ベレゾフスキーは、エリツィン大統領を再選させるために結集した「七大銀行衆」やオリガルヒの中心的な存在として活躍した。そのいわば論功行賞として、ちゃっかりエリツィン政権下で政治的ポストを獲得した。まず国家安全保障会議副書記、次いで独立国家共同体（ＣＩＳ）執行書記のポストである。

「キングメーカー」気取りのベレゾフスキーの眼には、エリツィンの後継者としてプーチンが最適任と映るようになったので、ベレゾフスキーは自己の傘下にあるメディアをフルに用いてプーチンを積極的に支援し、プーチンの当選に力を貸した。ところが二〇〇〇年五月にプーチンが大統領に就任したあと数か月も経ないうちに、ベレゾフスキーとプーチンとの関係はほころびはじめた。プーチンが政権の座に就いて直ちに打ち出した三つの政策、つまり対チェチェン戦闘態勢の強化、地方の首長らからの権力奪還による再中央集権化、なかんずくオリガルヒの政権に対する恭順姿勢の要請——これらに対して、ベレゾフスキーは反発したからである。二〇〇〇年八月、原潜「クルスク」号の沈没事件が発生したとき、半官半民のテレビ局ORT（ベレゾフスキーが四一％の株式を保有する）は、事故ならびにプーチン大統領による事故対応を批判する報道を流した。アレクサンドル・ヴォローシン大統領府長官は、ベレゾフスキーをクレムリンに呼び出し、次のように脅かしたという。「ORTを二週間以内に手放さなければ、グシンスキーと同じ運命を覚悟するように」

ヴォローシンの言葉がたんなる口頭上の脅しではないことはほどなく判明した。ベレゾフスキーは、グシンスキー同様、国外に逃亡しなければ詐欺その他の容疑で逮捕される危機に直面した。たんにORTばかりでなく、ベレゾフスキーが株を所有していた企業は、次々にプーチン大統領の側近たちが社長、会長を務める国営企業、または同大統領に忠誠を誓う「恭順オリガルヒ」の手中へと移った。

ベレゾフスキーは、プーチンを大統領にしたことが誤りのもとだったことを悟らされた。彼は、ほかならぬ自分自身が熱心に支援した人物によって見事に裏切られる羽目となったのである。もっともこのようなことは、政治の世界ではけっして珍しいことではない。しかもそもそもベレゾフスキーが推挙した人物（プーチン）は、彼が権力の座にのぼる際に己を応援してくれたことに対して、一切恩義を感じるようなタイプの人間ではなかった。さらにいえば、政治的信条の同一性や人間的シンパシーによってではなく、己の目的達成のための手段として利用できるか否かの観点から、人間を眺める――この点において、プーチンとベレゾフスキーは軌を一にさえしていた。クレムリンでおこなわれた両人の最後の会談でのプーチンの台詞《せりふ》は、このような事情を物語って余りある。「もともと君は、私に大統領になるよう依頼した者たちの一人だった。〔それが実現した今、〕いったい君は何が不満なのかね」

地に堕ちた富豪、ホドルコフスキー

プーチン政権によって「反抗オリガルヒ」とみなされ、そのいじめのターゲットとなった第三の人物は、ホドルコフスキーだった。ミハイル・ホドルコフスキーもユダヤ系。青年共産主義同盟《コムソモール》の仲間とともに「メナテップ銀行」を設立、一九九五年の国有企業の民営化時に例の「株式担保ローン」方式による競売を利用して、石油会社「ユーコス」を、格安価格（市場価格の約三〇分の一）で手に入れた。その後、欧米の企業経営方式も積極的に採り入れるなどして、ユーコス社を発展・拡大させた。ホドルコフスキーは、ラッキーでもあった。九〇年代末から二〇〇〇年代へかけて国際原油価格が急上昇をとげたからである。やがてユーコス社は、ロシアの石油業界で第一位のルークオイルに肉薄するまでに急成長した。ユーコス社のCEO（最高経営責任者）となったホドルコフスキー自身は、二〇〇一年から連続して四年間、ロシア最大の億万長者（推定個人資産、一五〇億ドル）とみなされていた（『フォーブス』誌）。

しかしまさにその経済的成功が、プーチン政権の目には垂涎の的となり、「目の上のたんこぶ」の存在ともなった。巨大な「レント」（余剰利益）をもたらすエネルギー産業を非民営化または再国有化することを至上命題とみなした同政権にとって、石油業界で第二位の好成績を誇る民間企業ユーコス社は喉から手が出るほど欲しい企業であった。しかも、ユーコス社は「透明性の高い」企業経営など米国式経営スタイルを採り入れていることを自慢するばかりでなく、米国の石油メジャー（シェブロン・テキサコ、エクソン・モービル）との提携や合併を模索するなど勝手な行動をとりはじめた。後者の行為は、ロシアの最も貴重なエネルギー資源が外国企業の手に渡り、クレムリンの管理がおよばない存在になる危険を内蔵していた。ユーコス社はまた、同じくクレムリンの頭越しに北京との間で独自の契約を結ぼうとしていた。東シベリアのアンガルスクから中国の大慶に至る中国向けパイプライン・ルートを敷設し、ロシア産の原油を中国に売却しようとする契約である。二〇〇三年四月、ユーコスはもう一つの民間石油会社のシブネフチ（シベリア石油、当時ベレゾフスキーが所有）を吸収合併する意図を発表した。もしこの合併が実現していれば、ロシアで第一位、世界で第四位の石油メジャー（新社長はホドルコフスキー）が誕生していたことだろう。プーチンが「戦略基幹産業」とみなす石油産業のトップを民間企業が占める。これは、プーチン政権にとり由々しき一大事である。

これらの経済的諸事由のほかに、プーチン政権がユーコスつぶしに乗り出したもう一つの理由があった。それは、ホドルコフスキー個人の政治的野心に対する警戒の念である。ホドルコフスキーは、一九九九年一二月の下院選の折り、野党である「ヤブロコ」、「右派勢力同盟」に献金した。加えて、ロシア共産党に対してすら資金援助をおこなったと囁かれた。プーチン与党の「統一ロシア」に対する挑戦であり、かつプーチンが企図するオリガルヒは政治から距離を置くべしとの「ゲームのルール」に違反した行為だった。もしクレムリンがホドルコフスキーの行為を見逃すならば、それはプーチン政権とビッグ・ビジネスとの間の「ゲームのルール」を空洞化させる危険を秘めていた。さらに、ホドルコフスキーが〇四年または〇八年の大統領選においてみずからの立候補を考えていると公言した。一九六三年生まれのホドルコフスキーは、五二年生まれのプーチンに比べて一一歳も年少者である。万一彼のように巨万の富を持ち、若くエネルギッシュな人物が大統領選に立候補するならば、〇八年にプーチンが指名する後継者が確実に当選を果たす可能性は危うくなるかもしれない。

〇三年七月、プラトン・レベジェフが逮捕された。レベジェフは、ホドルコフスキーの盟友であり、ユーコスの持ち株会社、メナテップ・グループの社長だった。レベジェフの逮捕は、次に槍玉に挙がるのがホドルコフスキーにほかならないことを示唆していた。したがってこれは、プーチン当局が彼に対して海外逃亡を「忠告」する警告だったのかもしれない。だがホドルコフスキーは、グシンスキーやベレゾフスキーと異なり、大胆（無謀?）にもそのようなシグナルを無視し、警戒姿勢をとらなかった。ドン・キホーテのような蛮勇をしめす一方で、政権側の陥穽《かんせい》にまんまと落ちる羽目になった。同年一〇月二五日、ホドルコフスキーが自家用機で西シベリアのノボシビルスク空港に給油のために着陸したところ、彼は待ちうけていた迷彩服のＦＳＢ要員たちによって拘束された。

ユーコスいじめの経済的狙いは見事に達成された。まず、ユーコスのシブネフチとの合併計画は、ホドルコフスキーの逮捕によって立ち消えとなった。ユーコス自体は、ロシア政府が見積もった法外な税金を納入しえなかったために、破産へと追い込まれた。ユーコスの全石油生産の六割を占めていた子会社のユガンスクネフチェガスは、ロシア政府によって差し押さえられたあと、競売にかけられ、国有石油会社「ロスネフチ」の手に移った。ロスネフチは、ユーコスを買収・入手することによって生産量、埋蔵量、精製能力の点で民間企業のルークオイルを抜き、ロシアで第八位から一躍トップの石油会社となった。

反抗オリガルヒから恭順オリガルヒへ

グシンスキー、ベレゾフスキー、ホドルコフスキーに代表される「反抗オリガルヒ」は、結局プーチン政権によってものの見事につぶされた。今日、前二者は海外にて配所の月を眺め、ホドルコフスキーは獄中につながれている。プーチン体制が掲げるスローガンとしては、「管理される民主主義」が知られているが、実は「管理されるビジネス」ももう一つの重要なキャッチワードと見るべきだろう。これらのオリガルヒたちはこのことを甘く考えたために、取り返しのつかない過ちを犯したことになった。「反抗オリガルヒ」は、曲がりなりにも己の才覚や努力で地位を獲得した人々だった。まさにそれゆえに彼らは、ロシア国民の眼には羨望や嫉妬の対象として映った。彼らのなかにはユダヤ系の者が多く、スケープゴートになりやすかった。プーチン政権が彼らを国内外へ追放しても、ロシア国民は非難しないどころか、喝采を浴びせる始末だった。

プーチン政権は、「反抗オリガルヒ」から没収した財産を「恭順オリガルヒ」ばかりでなく、シロビキ、サンクトペテルブルク閥からなる「プーチンのお友だち」に分け与えた。この財産移管は、私有財産制や経営の自由の保障、進取の気性に富む起業家精神の育成など、市場経済の発展に必要な前提条件を犠牲にする一方で、「反抗オリガルヒ」をつぶし「恭順オリガルヒ」や側近たちの忠誠を確保するという効果を上げた。

て、シェフツォーワは、両時期の「資本主義」に次のような修飾語をつける。エリツィン期のそれは「オリガルヒ資本主義」、プーチン期のそれは「アパラチキ（基幹幹部）資本主義」である、と。「ロシアは」国際的経済人のジョージ・ソロスも、ほぼ同様の趣旨を述べる。「ユーコス事件をもって、〔ロシアは〕略奪資本主義の時期を終え、国家資本主義の時期を開始した」、と。

プーチン登場後のロシアではオリガルヒと政権との関係が変化した。オリガルヒ側はプーチン主導の政治に介入しないどころか、積極的に協力し、その代償として経済的な特権維持にあずかる。オリガルヒは、このようなギブ・アンド・テークの黙約を厳格に遵守した。彼らは政権のなかに取り込まれ体制内存在となり、政権と「シンビオーシス（共生）する」ことになった。このような黙約に同意した「恭順オリガルヒ」やシロビキたち（彼らを併せて、シロバルヒ〔silovarchs〕とあだ名する者もいる）は、経済的繁栄を享受することになった。本章では紙面の制限があるために、「恭順オリガルヒ」のなかから二名だけ、すなわちアブラモビッチとデリパスカを、その代表格として取り上げることにする。

プーチンに取り入るアブラモビッチ

ロマン・アブラモビッチは、一九六六年サラトフ生まれ。彼もまたユダヤ系である。モスクワのグプキン記念石油・ガス大学卒業後しばらくして、事業パートナーを探していたベレゾフスキーと知り合い、二〇歳年長の彼との間で名コンビを組むことになった。彼ら二人は、シブネフチを例の

「株式担保ローン」方式による競売を利用して入手、アブラモビッチは同社モスクワ支店長に就任した。

アブラモビッチは、エリツィン大統領および同「ファミリー」に近づき、ベレゾフスキー同様、同「ファミリーの金庫番」になった。たとえばエリツィンの次女、タチヤーナ・ジヤチェンコのドイツのガルミッシュ・パルテンキルヘンでの別荘購入に際して資金を提供したのは、アブラモビッチと噂されている。

アブラモビッチの特徴は、世渡り上手な要領のよさに求められる。なにしろ、彼がコンビを組んでいたベレゾフスキーが政治的に失脚し、ロンドン亡命を余儀なくされているにもかかわらず、アブラモビッチはプーチン政権の周辺に残るばかりか、経済的繁栄をほしいままにしているからである。『フォーブス』誌のリストにおけるロシアの億万長者の順位の変遷を見てみよう。ロシアの富豪が同誌に初めて載ったのは一九九七年のことで、当時第一位の地位を占めたのはベレゾフスキーだった。二〇〇一年にはベレゾフスキーが脱落し、アブラモビッチが初めて番付表に入った。〇四年版の同リストのなかで、ロシア第一位(世界では第一六位)はホドルコフスキー、アブラモビッチは二位(同二五位)に上昇した。〇五年版では、ホドルコフスキーが落ちて、アブラモビッチがロシアでナンバーワンとなり、〇六年、〇七年と計三年つづけてその地位を保持した。

ロシアのアルミ王、デリパスカ

もう一人の「恭順オリガルヒ」として著名な人物は、オレグ・デリパスカである。一九六八年生まれ。モスクワ大学物理学科在学中から商業ビジネス活動に興味を抱き、アルミニウム関係分野で頭角を現した。ベレゾフスキー、アブラモビッチらとともに「ロシア・アルミニウム」(略して「ルスアル」)の設立に参加し、同社をやがて世界一のアルミニウム企業に急成長させた。デリパスカに対してはしばしば「ロシアのアルミ王」とのニックネームが献上されている。

デリパスカの成功の秘密は、プーチン体制に対する徹底した忠誠ぶりに求められる。「もし国家が望むのならば、自分の会社ルスアルですら国家に差し出すことをちゅうちょしない」と述べた彼の言葉は、あまりにも有名となった。プーチン政権が二〇〇七年、ロシアで三一番目の富豪だったミハイル・グツェリエフを脅して、彼が一代でつくり上げた民間石油会社「ルスネフチ」(ロシア石油業界で第七位)を手放すよう迫ったとき、実際にルスネフチを買い取ったのは、デリパスカだった。世間の批判のほとぼりが冷めたあと、デリパスカがルスネフチを国営会社(たとえばロスネフチ)に転売するだろうことは誰の眼にも明らかであった。デリパスカは、石油企業の再国有化を図ろうとするプーチン政権の尖兵となって、そのためのダミーまたはトンネルの役割を果たそうとしたのである。

デリパスカは、ポリーナ・ユマシェワと結婚した。ポリーナは、ワレンチン・ユマシェフが初婚の際にもうけた娘である。ユマシェフは先にもふれたように、エリツィン大統領のゴーストライターで、同大統領の次女タチヤーナ・ジヤチェンコと互いにとって三度目となる結婚をした人物。デリパスカは、故エリツィン大統領の実の娘タチヤーナの結婚相手(ユマシェフ)の実の娘(ポリーナ)と結婚することによって、同大統領の義理の孫となったことになる。

二〇〇八年春は、まさにロシアのオリガルヒが頂点にのぼり詰め、この世の春を謳歌した年となった。『フォーブス』の長者番付表において、彼らは大躍進をとげたからである。たとえば、同リストに名前をつらねた数に関してロシアは米国（四六九名）に次いで第二位（八七名）を占めた。日本はわずか二四名にすぎなかった。都市別の億万長者数で、モスクワはニューヨークを抜いて世界一（七四名）となった。そのような躍進をとげたロシアの富豪たちの代表格が、デリパスカ（ロシアで第一位、世界で九位）、アブラモビッチ（同第二位、同第一五位）にほかならなかった。デリパスカ（当時四〇歳）はアブラモビッチ（同四一歳）を抜き、ロシアでナンバーワンの金持ちとなったのである。

ロシアの億万長者は、その他の諸国のそれと比べて次のような特徴を持つ。①平均年齢は四六歳で、世界の富豪の平均年齢に比べて五歳も若い。②エネルギー資源（石油、天然ガス）で財をなした者が多い。アルミニウム、ニッケル、非鉄金属などの原材料部門で財をなした者も少なくない。

二〇〇八年の経済危機

ところが、である。〇八年夏以降、ロシアのオリガルヒを震撼させる大事件が発生した。米国発金融・経済危機のロシア上陸である。ドルやユーロを必要とした欧米投資家たちは、それまでロシア市場に対しておこなっていた投資を一斉に引き揚げはじめた。次いで、国際原油価格が急落した。世界のほとんどの国々において生産が縮小したために、石油、その他のエネルギー資源に対する需要が激減したのである。同年八月のロシア軍によるグルジア侵攻もロシアへの不信感をあおり、外資流出を加速した。これらトリプル・パンチに加えて、ロシアのオリガルヒが世界の富豪たちに比べて数字上「四倍」もの被害をこうむった、もう一つの理由があった。それは、彼らがこれまでにバブル経済の破綻という資本主義経済の病いをついぞ経験したことがないことだった。右肩上がりの経済成長が半永久的に、または少なくとも今後もしばらくの間つづく。このようなナイーブな楽観論のうえにたって、彼らは外国の銀行や企業から己の返済能力をはるかに超える額のカネを借りまくり、事業の拡張に夢中となっていた。

その結果は、惨憺たる数字となって現れた。〇九年版『フォーブス』誌によると、ロシアの富豪たち一〇〇人のなかで〇八年に資産を増やした者は皆無となった。いや、彼らは合計して三八〇〇億ドルの資産を失った（七〇％減）。〇九年版の億万長者のリストからは、〇八年版に載ったロシアの八七名の富豪のうち五五名が姿を消し、わずか三分の一に当たる三二名だけが残った。モスクワ在住の億万長者の数は〇八年にニューヨークを凌駕して七四名（世界第一位）だったが、〇九年には三分の一の二七名（第三位）に減少した。

これまで、ロシアの富豪のなかで一位、二位争いをつづけていたアブラモビッチとデリパスカも、右のような後退ぶりの例外ではなく、その典型例すなわち最大の被害者となった。アブラモビッチは〇八年の二三五億ドル（世界一五位）から、〇九年には八五億ドル（同五一位）へと六四％（一五〇億ドル）も資産を激減させた。デリパスカは〇八年の二八〇億ドル（同九位）から、三五億ドル（同一六四位）へと八八％も資産を減少させた。デリパスカは、〇八年の経済危機におけるロシア「最大の敗者《ルーザー》」であり、「デリパスカ帝国の中核」を占めていた「ルスアル」社の存続すら難しいと噂されるようになった。

このような経済的打撃にもかかわらず、一部のオリガルヒたちは、いったん身についた贅沢な生活態度を改めようとする気配をしめさず、批判の対象となっている。たとえば、ロシア会計検査院長のセルゲイ・ステパーシン（エリツィン時代の元首相）はコメントした。ロシアのオリガルヒたちは、「政府資金を当てにすることなく、自分のヨット、別荘、自家用機、サッカークラブを売って自己の負債を清算すべし」と。だが、このような批判も、馬耳東風のようである。というのも、アブラモビッチはチェルシー・フットボール・クラブを手放す気配を一向にしめさないどころか、五番目のヨット（個人所有としては世界最大級、三億三〇〇〇万ドル）を購入し、それを「アブラモビッチ艦隊」に加えさえしている。一つには、体制と持ちつ持たれつの関係になっているオリガルヒを、プーチン体制がけっして破滅させるはずはない、と高をくくっているからであろう。

タンデム政権とオリガルヒとの関係

プーチン首相は、二〇〇九年六月初め、サンクトペテルブルク近くのピカリョボを訪問した。ピカリョボは、典型的な企業城下町である。デリパスカが社長を務める「ルスアル」系の下請け工場などが、折りからの経済不況を理由に操業停止中だった。賃金未払い、レイオフ、失業の危機にさらされたピカリョボの労働者たちは、高速道路封鎖という抗議行動にさえ訴えた。経済問題がメドベージェフ・プーチンのタンデム政権に対して深刻な社会的、政治的問題を突きつけることを危惧したプーチン首相は、同地でおこなった公開集会の席上でデリパスカ社長を含む経営者たちを叱責し、同社長にペンを投げつけ、操業再開を約束する誓約書に署名するよう命令さえした。

全国向けテレビに映し出されたこのプーチン首相のパフォーマンスは、案の定大喝采を博した。「プーチンはわれわれの英雄、デリパスカはわれわれの敵ナンバーワン」。これが、ピカリョボ住民たちの反応であった。しかし、プーチンが「慈悲深い帝政君主《ツァーリ》」の役割を演じようとする人気取り目当てのジェスチャーは、一時しのぎの近視眼的な戦術にすぎず、長期的には高いものにつくおそれがある。強い抗議その他の実力行動に出れば、クレムリンが仲介役を買って出てくれる——ロシア連邦の企業城下町約四〇〇の住民たちが、そのような期待を寄せる先例をつくる危険なきにしもあらず。さらにいうならば、ピカリョボの公開集会は、労働者、デリパスカ、プーチン首相の三者が共謀して打ったお芝居の可能性が濃厚である。つまりそれは、デリパスカでなく、労働者が当局に嘆願する形をとることによって、政府から「ルスアル」社に対してさらなる公的資金援助を与えやすくすることを狙った「ショー」なのであった。

実際プーチン首相は、オリガルヒにお灸を据える一方、彼らに対して経済支援を惜しみなく与えることにした。今度の経済危機に際してロシア政府は二〇〇八年だけで総額二〇〇〇億ドルの経済援助を支出し、そのうちの五〇〇億ドルをオリガルヒに与えた。では、その五〇〇億ドルはいったいどのように分配されるのか。それは、プーチン首相の胸先三寸次第だった。同首相は、支援額の配分を決めるロシア国営の対外経済銀行監査委員会の委員長を兼ねているからである。〇九年三月一日放映のNHKスペシャル「揺れる大国　プーチンのロシア」を観ると、「プーチンのリスト」と俗称される二九五社の救済リストのなかに入れてもらうか否かの問題をめぐって、ロシアの各企業が戦々恐々とした様子がうかがえる。デリパスカが社長を務める「ルスアル」社は、それが要請した緊急融資額四五億ドルに対して満額回答を獲得した。その後デリパスカが経営するもう一つの自動車会社「ガズ」（ゴーリキー自動車工場）も、五六億ドルの支援を受けた。

ところが、である。もしデリパスカ経営の会社が定められた期間の一年以内にこれらの融資額とその利子をロシア政府に返済しえなかった場合には、いったいどうなるのか？　返済期間がさらに延長されない最悪の場合、「ルスアル」社らは国家による資産没収の憂き目にあうことになるかもしれない。オリガルヒはかつて一九九〇年代にはいわゆる「株式担保ローン」方式でタダ同然の値段で国家資産を入手した。今度はちょうど「逆のこと」が起こるかもしれない。同一の方式が適用される結果として、オリガルヒの私有財産が国有化される可能性である。

つまり、タンデム政権は、今回の経済危機を利用してオリガルヒに対する国家統制を強化するばかりか、ひょっとすると彼らの資産を非民営化したり、再国有化したりするチャンス到来とみなすかもしれない。ウラジーミル・クヴィント（モスクワ大学経済戦略学部長）によれば、「政府は今、金融危機を利用し、九〇年代初めに盗まれたものを〔再〕国有化している」。ロシア科学アカデミー付属社会学研究所員のオリガ・クリシュタノフスカヤも、ほぼ同様に述べる。「今回の危機は、もう一つの財産再配分の波を隠す便利なカムフラージュの役割を果たす」

もっとも、その後目立った再国有化の動きは見られず、一〇年となるとロシアのオリガルヒは若干息を吹き返した。一〇年版の『フォーブス』誌によると、ロシアの億万長者の数は六二名へと増大し、モスクワはニューヨークに次いで再び億万長者の多い都市となった。アブラモビッチは五〇位（一一二億ドル）、デリパスカは五七位（一〇七億ドル）へと上昇した。その主な理由は、〇八年に一バレル当たり三〇ドル台にまで急落した国際原油価格が八〇ドル台にまで回復したことによる。が加えて、ロシア政府による有力企業に対する経済支援が他国に比べよりいっそう大きかったことにもよる。結果として、〇八〜〇九年の金融危機のあと、ロシアのオリガルヒは政権によりいっそう従順な存在となった。

ロシアのオリガルヒが仮に「国有化の幽霊」におびえねばならぬとしても、そのことはかならずしも皮肉とはいえないだろう。もともとロシアのオリガルヒは多分に政治的な思惑によって誕生し、政治体制と密接に癒着することによって存続するばかりか、繁栄してきた。そうであるならば、政治との密接な癒着が裏目に出る危険性も覚悟して当然といわねばならないであろう。そして、このようなリスクを負わねばならないことに関して「恭順オリガルヒ」と「反抗オリガルヒ」との間に大差はないのである。

第九章

ロシアの対外政策とロシア人の世界認識の変遷

米国大使館の前で、NATOへの抗議デモを行う市民。NATOはロシアに敵対的だと考える人が少なくない。（写真／ユニフォトプレス）

ロシア人の伝統的な対外認識

伝統的なロシア民衆の心理においては、外の世界は敵性の世界であった。上流階級や知識人はヨーロッパ文化に浸っていたが、一般民衆は心理的に別世界に住んでいた。一国社会主義を唱えたスターリン時代に、この心理がロシア政治の表面に出て、排外主義的な大ロシア・ナショナリズムも強まった。この心理が変わるのは、「人類共通の価値」や「欧州共同の家」のスローガンを掲げたゴルバチョフ時代である。しかし、民主化や改革のスローガンのもとでソ連邦は崩壊し、混乱は深まった。一九九〇年代末からプーチン時代にかけてNATOの拡大などで欧米への不信感も強まった。九・一一事件後、米ロが提携するかのように見えたが、経済の復活で大国としての自信を取り戻したロシアは、「カラー革命」や米国によるミサイル防衛（MD）システムの東欧配備などで欧米への不信を強めた。この状況のなかで、ロシア人はロシア独自のアイデンティティを強く自覚するようになり、欧米とは異なる独自の道を主張するようになった。二〇〇八年夏のグルジア戦争は、大国としてのロシアの自信をかえって強めた。経済危機は「ルーブルの野望」を挫いたが、それでもロシアは新しい世界秩序を要求するようになった。ロシア人の対外意識の変化に焦点を当てて、これらの経緯を考察したい。

プーチン時代のロシアの対外政策を、ロシア国民やロシアの指導者、識者たちの対外認識を中心に考察するのが本章の目的であるが、まずロシア人の伝統的な対外認識について、またプーチン時代に先立つゴルバチョフ、エリツィン時代の対外認識について述べたい。

伝統的にロシアの一般国民は、自分の村の狭い世界しか知らない農民が外の未知の世界を敵性の世界と見るように、また他所者《よそ》を猜疑心を持って見るように、外国を敵性の世界と見る傾向が強かった。彼らは自分たちとは別の世界の人間とみなした知識人やユダヤ人に対しても、不信感や敵意を抱いた。民衆を愛し彼らに対する啓蒙活動を目指した一九世紀のナロードニキ（人民派）の知識人たちが、民衆から受け入れられなかったのも、そのためだ。このような民衆に対して、ロシアの貴族や上流階級は血縁的にも西欧の上流階級と密接に結びついていたし、ロシア語よりもフランス語が日常語になっていた。また、帝政ロシアのギムナジウムなどで教育を受けた知識階級も、小さいときからヨーロッパ文化で育てられた。したがって、欧米世界を異質な世界として敵視する雰囲気は、文化的にも心理的にもまったくなかった。

ボリシェビキのような初期の社会主義者たちも国際的であった。ロシアの共産主義運動を指導したのは、帝政時代の知識階級出身者であり、たとえばウラジーミル・レーニンにしてもレフ・トロツキーにしても、あるいはニコライ・ブハーリンにしても、彼らにとって欧米諸国は文化的にも心理的にも自国と同じであった。また初期のボリシェビキは国外生活の経験者も少なくなかったし、いくつかの外国語を自由に使えるのがふつうであった。共産主義はインターナショナリズムを標榜し、ソビエト政権はロシア人の政権ではなく世界の労働者階級の政権と考えられていたが、事実ロシアにおける初期の共産主義指導者たちのなかにはユダヤ人が多く、文化的、心理的にも国境を越えた国際主義者であった。

ロシア指導部の対外認識が変わるのは、スターリン時代に労働者出身の党員が政権をになうようになってからである。スターリン時代に権力の梯子をのぼったソ連時代の新しい支配階級は、その大部分が労働者や農民の出身であり、帝政ロシア時代と同様、未知の外の世界に対しては猜疑心を抱いていた。ソ連時代の労働者や農民の多くが、親の世代は文字も読めず、ヨーロッパ文化とは無縁であった。グルジア出身のスターリンも国際派ではなかったし、国外での生活経験もなく、外国語も使わなかった。このような歴史的、社会的背景を考えると、スターリン時代の共産党員たちが、また一般のソ連国民が外の世界に対して、そして知識人やユダヤ人に対しても不信感を持っていたのは不思議ではない。レーニンやトロツキーの世界革命の理論に対して、スターリンの「一国社会主義」を熱烈に支持したのも、一九四〇年代から五〇年代にかけての排外主義的な大ロシア・ナショナリズムを支持したのも、彼らであった（袴田『ロシアのジレンマ』参照）。スターリン時代に国際派のボリシェビキや知識人は、トロツキストとして、あるいは外国の手先、「人民の敵」として粛清された。

この雰囲気が少し変わるのが、一九六〇年代にフルシチョフのスターリン批判と「雪解け」政策によって、知識人たちが発言するようになってからだ。六〇年代に台頭したソ連の反体制知識人あるいは民主派知識人たちは、欧米の自由、民主主義、人権といった価値に夢中になり、ロシアが欧米先進国と一体化することを夢見た。しかし、当時のソ連国民はまだ共産党や社会主義体制を信じており、欧米文化を受け入れたのは一部の知識人で、共産党員や大部分のソ連国民とは水と油の関係であった。一九六〇年代末から七〇年代のブレジネフ時代は、ネオ・スターリン主義の復活で欧米的価値を受け入れた民主派知識人にとって再び灰色の時代となった。

欧米社会に違和感を覚えない民主派知識人たちが政治の表舞台に登場するのは、ゴルバチョフ時代になってからである。ゴルバチョフ自身が、「人類共通の価値」とか「欧州共同の家」といったスローガンを掲げ新思考外交を推進した。ブレジネフ時代までの共産党指導者たちは、「外の世界」に危機意識を抱いた。つまり、資本主義世界がソ連を包囲し、ソ連体制を壊滅させようとしているという危機意識である。それに対して、ゴルバチョフはむしろ先進国から数十年後れたソ連体制、つまり「内の世界」に対して危機意識を抱いた。こうして、西側世界を敵視するのではなく、それと協力してソ連国内の改革を推進するという発想も生まれた。もちろん、ソ連共産党の保守層や軍などが、すんなりとこのような考えを共有したわけではない。むしろ、民主化運動には危機意識を抱いて、九一年八月のクーデター未遂事件となった。

ソ連邦崩壊後のエリツィン時代は一般に政治的には民主化を目指し、政権を支えたオリガルヒ（新興財閥）は親欧米派であった。アンドレイ・コズィレフ外相も欧米派として有名で、彼は「文字通り『ニューヨーク・タイムズ』の言葉で語った」とさえ言われるほどである。九六年にソ連時代の共産党の指導者でもあったエフゲニー・プリマコフが外相になって、欧米志向は修正され、中国などソ連時代に関係の深かったアジア諸国や中近東などとの関係に目を向けるようになり、コズィレフの欧米偏重から全方位外交に転換した。九六年には「上海ファイブ」、後の上海協力機構も創設された。これは、ロシアと中国が協力して米国の一極支配とミサイル政策などに対抗するものでもあった。九七年にポーランド、ハンガリー、チェコのNATO加盟が決定されるとロシアは警戒心を強め、軍や保守派は危機感を抱いたが、もはやロシアには阻止するだけの力がなく、それを認める以外になかった。

エリツィン時代のロシアの一般国民は経済混乱のなか、今日のパンの入手で頭が一杯で、国外に目を向ける余裕などまったくなかった。ただ、かつては米国と並ぶ超大国だったソ連が途上国並みの経済状況となり、世界から支援を受けなくてはならない状況におちいったことに、大きな屈辱感を抱いていた。もちろん、この屈辱感は指導部も共有していた。のちのプーチン時代の大国主義は、この屈辱感の反動でもある。さらに、ウクライナなどかつての自国の一部がロシアから独立して「外国」となり、家族や知人と自由に行き来できなくなったことに、一般国民は大きな衝撃と戸惑いを感じていた。

「九・一一事件」後のプーチンの対米譲歩と国内の反応

二〇〇〇年に成立したプーチン政権は、基本的にはコズィレフではなくプリマコフの対外政策を踏襲したと見られた。つまり、欧米一辺倒ではなくユーラシア主義とでもいうべき対外路線である。プーチン新大統領が二〇〇〇年七月の九州・沖縄サミットに参加するに際して北京、ピョンヤンを経由して来日したとき、多くの者は冷戦構造を思い出した。ロシアが中国、北朝鮮と結びつき、それに対して米国、日本、韓国が対峙するという構図だ。ソ連と韓国はゴルバチョフ時代の一九九〇年に国交を樹立し、それ以後のエリツィン時代には北朝鮮との関係は疎遠になっていた。ゴルバチョフ、エリツィンも含めて、ロシアの改革派にとって北朝鮮は忌むべき「現代のスターリン主義」と映ったからだ。したがって、プーチンのパフォーマンスは世界の注目の的となった。病弱のエリツィンと異なり、若いプーチンは大統領になると早速中国をはじめとするアジア諸国やキューバ、中近東諸国を訪問し、ロシアの対外政策が欧米中心で動いているのではないことを世界にしめした。

この状況のなかで世界に注目されたのは、二〇〇一年の九・一一事件に対するプーチンの対応である。同時多発テロが発生すると、プーチンは米国のどの同盟国の首脳たちよりも早くブッシュ大統領に電話をして、対テロ作戦で全面的に協力することを約束した。ブッシュも「同時多発テロの日、最初に電話をかけてきたのはプーチン大統領だった。私は冷戦の終わりを強く感じた」と述べた。世界を驚かせ、またロシア国内にも大きな衝撃を与えたのは、プーチンがウズベキスタンなど中央アジアに米軍が駐留することを認めたことだ。中央アジア諸国は独立したとはいえ、ロシアにとって裏庭あるいは脇腹のようなものである。事件直後はプーチン腹心のセルゲイ・イワノフ国防相やアナトリー・クワシニン参謀総長など軍首脳も、「中央アジアへの米軍の駐留などは、仮定の話としてもありえない」と言っていたほどだ。親欧米派のロシア知識人にとっても、これは驚愕の事態であった。ロシアでは、プーチンは米国にあまりにも譲歩しすぎだとの声も上がった。

では、なぜ、プーチンは米軍の中央アジア駐留を認めたのか。それに関しては醒めた見方もある。「たとえロシアがそれに反対しても、ウズベキスタンなど中央アジア諸国がそれを認める姿勢をしめしており、もはや阻止は不可能だ。したがってモスクワは避けられない流れを容認しただけにすぎない」という見解である。

一方で、実は事件への対応というのはたんなる口実で、プーチンはそれ以前から欧米との関係強化の必要性を強く自覚するようになり、事件はそのきっかけを与えたにすぎない、という見方も可能である。実際、九・一一事件は、欧米から疎外され軽視されるようになっていたロシアが、欧米と共通の立場に復帰して影響力を回復する好機となった。プーチンは就任直後に中国やキューバなど社会主義国、中近東を回ったが、それらの国の経済的、社会的な後れを目の当たりにし、プラグマティストとして、経済改革のためには先進資本主義国との協力が不可欠であることを痛感したのである。さらに、欧米はロシアのチェチェン政策を厳しく批判してきたが、米国との接近は、それを封じる絶好の機会ともなった。

ただ、プーチンの米国に対するこのような破格の譲歩にもかかわらず、米国はそれに見合うだけの見返りを与えないどころか、逆にロシアを見下しているような態度をしめしたことに、ロシア人は苛立った。二〇〇一年一一月にプーチン大統領は初めて米国を公式訪問し首脳会談をおこなったが、そのときＡＢＭ（弾道弾迎撃ミサイル）制限条約や戦略核削減条約の問題では何の成果も得られず、米国はもはやロシアを対等の相手として扱わなかった。さらに、同年一二月には米国はＡＢＭ制限条約から一方的に脱退したが、これはプーチン大統領の威信を大きく傷つけた。このような状況のなかで、ロシアの軍部、保守派官僚、共産党や民族派などはプーチンの米国への譲歩を公然あるいは非公然の形で批判した。しかし、バルト諸国へのＮＡＴＯ拡大などと相まって、米国やＮＡＴＯを敵と見る見解も再び強まった。こうして欧米への批判が強まるなかで、強力な指導者を望む気持ちも高まったため、七割近いプーチンへの支持率はその後も大きく変わっていない。表４は、当時のロシア人のＮＡＴＯや米国に対する見方、およびプーチンの信頼度に関する世論調査の結果である。

オリガルヒなど改革派は、プーチン政権初期の親欧米政策を支持した。親欧米派の間では、中央

表４　対外意識、プーチンへの信頼度に関する世論調査結果

ロシア国民の NATO、米国観

ＮＡＴＯは	
侵略的	46%
両義的	39%
平和的	5%

バルト三国のＮＡＴＯ加盟	
良くない	42%
良い	13%
無関心	41%

（出所：『ノーボエ・ブレーミャ』、No. 49, 2002.12.8, p.11）

米国は反ロ政策を展開している	
2000 年5月	25%
2002年10月	33%

（出所：『ノーボエ・ブレーミャ』、No. 44, 2002.11.3, p.26）

プーチンへの信頼度

完全に信頼	28%
どちらかといえば信頼	54%
まったく信頼できない	5%
どちらかといえば不信	11%

（出所：『ノーボエ・ブレーミャ』、No. 48, 2002.12.1, p.13）

アジアへの米国の影響力拡大よりも中国の影響力拡大に対する懸念のほうが強かった。また、ロシアや中央アジア諸国の軍隊だけでは、中央アジアの政情を不安定にしているタリバンやイスラム原理主義勢力に有効な打撃を与えることができないとの見方もあった。九・一一事件は、イスラム勢力を弱体化するというロシアの戦略目的のために米国やNATOの力を利用するチャンス、という見方も生まれた。とはいえ、軍や保守派、民族派だけでなく、ロシア国民の多くも、プーチンの米国への過剰な譲歩に苛立った。

米国もロシア国内の苛立ちやプーチン批判に多少配慮し、二〇〇二年五月ブッシュがモスクワを訪問して、戦略兵器削減条約（モスクワ条約）を締結した。また、ロシアをG8のフルメンバーにしたり、「NATOロシア理事会」を創設して、ロシアをNATOの準加盟国扱いとしたりした。しかし、これらに対するロシア側の反応は冷たかった。〇二年一一月にはバルト諸国や東欧諸国の第二次NATO加盟が実現することになり、米国への不信感はさらに強まった。ロシア国内では軍も国民も、プーチンは米国に対してもっと毅然とした態度を取るべきだと考えるようになった。〇三年三月の米国によるイラク攻撃にプーチンが強く反対したのも、ロシア国民のこの苛立ちと、米国に譲歩しすぎているというロシア国内でのプーチン批判が背後にある。

当時ロシア国民は、一人勝ちして一極主義の尊大な振る舞いをし、ロシアを見下すようになった米国に、悔しさや苛立ちの感情を抱いた。しかし、この強大な米国に対しては、内心大きな畏怖の念を抱いたのも事実だ。ロシアが国内のチェチェン武装勢力一つにさんざん手を焼いているのに、米軍ははるか離れたアフガニスタンのタリバン政権を、また世界で最強の独裁政権と見られていたイラクのフセイン政権を、あっという間につぶしてしまったからである。チェチェン戦争だけでなくアフガン戦争の泥沼も経験しているロシア人には、これらは奇跡とも言うべき驚愕の出来事であった。もちろんロシア政府は公式的には米軍の行動を批判したが、ロシア人が米国の猛烈な威力に対して内心舌を巻き、心のなかで大きなコンプレックスを抱いたのも事実である。

プーチン政権は中国との間においても実務的に良好な関係を維持しようとした。一九九六年の「上海ファイブ」につづいて、二〇〇一年七月には「中ロ善隣友好協力条約」も結んだ。中国はロシアにとって最大の武器市場であり、将来のエネルギー市場でもあるからだ。しかし中国は、九・一一事件後のロシアの米国接近に、とくに中央アジアに米軍の駐留を認めたことに対して強い不快感をしめした。中国は、米軍が自国を包囲しつつあると考えたからだ。中ロ関係はこの事件をきっかけに少しギクシャクした。また、九〇年代のロシアが経済的に大混乱におちいっているとき、かつて後進国と見下していた中国が急速な経済発展をとげ、プーチン時代には経済的にロシアを追い抜いたことにも衝撃を受けた。その後中国が軍事力も急速に強化していること、また人口の膨張に対しても、ロシア人は潜在的な脅威を感じている。

欧米の軌道から離れたロシアと帝国の復活

ソ連邦崩壊後、国として、また精神的にもアイデンティティを模索していたロシアは、大国としての自信を再び取り戻し、「大国ロシア」が新たなアイデンティティとなった。ロシア的アイデンティティの構築とも関係があるが、プーチン政権が欧米に対する不信感を強くし、民主化を後退させた事件がある。それは、二〇〇三年末から〇五年にかけて、グルジア、ウクライナ、キルギスで生じた下からの政変、いわゆる「カラー革命」である。これらの国では、選挙をきっかけに民衆が権威主義的な政権に対する批判運動を強め、政権交代が生じた。とくにグルジアとウクライナでは新欧米政権が成立したために、ロシアはNATO拡大や、CIS諸国に対する欧米の影響力拡大についての危機感を一気に強めた。これらの政変の背後には、欧米諸国の民主化支援の運動や資金があると、ロシアや権威主義的なCIS諸国の指導部は考え、NGO（非政府組織）の活動や民主化運動を抑圧する措置に出た。二〇〇六年には、ロシアではこれをきっかけにウラジスラフ・スルコフ大統領府副長官の「主権民主主義」といった概念も打ち出された。

大国主義の高揚のなかで、より過激な民族主義者はプーチン政権への批判も強めた。モスクワの高等経済学院教授エミリ・パインは次のように指摘する。「今日、ロシアの政権は、明らかに帝国主義的ナショナリズムに傾いている。しかし、最近の民族主義的、帝国主義的潮流においては、プーチン政権にさえ不満を抱いている過激派が立場を強めている。彼らは、現政権はリベラリズムの傾向——それはお飾り的なものにすぎないのだが——が強すぎると見ているのだ。彼らはツァーリの帝国、ソ連帝国につづく第三の帝国を主張している」（『独立新聞』、2007.4.17）

後述のように、二〇〇八年八月のグルジア戦争のあと、メドベージェフ大統領は「ロシアの特殊権益圏」の概念を打ち出した。これは帝国主義的野望の復活と批判されたが、その考えはすでにこれに先立って二〇〇〇年代の早い時期から、改革派指導者でさえもかなり露骨に表明していた。もちろん、シロビキなど軍や治安機関の指導部、民族主義者などが旧ソ連地域に対する影響力の復活をもくろんだのは言うまでもない。
歴史的に見て、ロシア国民には国家主義の心理が染み込んでおり、大国主義への傾斜が「帝国」に向かうのは自然だ。注目すべきことだが、改革派の指導者であった右派勢力同盟のアナトリー・チュバイスでさえも、すでにグルジアでの政変が起きた〇三年に、二一世紀のロシアの使命として「リベラルな帝国」の概念を打ち出していた。彼は次のように述べている。
「ソ連時代のロシアは、ローマ帝国、ジンギスカン、ビザンチン帝国、大英帝国、ナポレオン、ヒトラーの誰もがなしえなかったことをなしとげた。理念は間違っていたが、一国によるリーダーシップとしては人類の歴史上例を見ないものだった。それが、九一年には経済も国家も崩壊した。しかし復活した現在のロシアは、CIS諸国全体の唯一の指導者である。深い確信を持っていえることだが、ロシアのイデオロギーはリベラルな帝国主義であり、ロシアの使命はリベラルな帝国の建設である。ロシアでは米国と異なり、金儲けは国民の理想にはなりえない。ロシア人にとって、正義や真理、公平の探究は物質的な欲求よりも常に上にあった。リベラルな帝国としてのロシアは、領土保全の原則と国際法を遵守する。しかし、ロシアは必要があれば、隣国の民主主義や市民の人権、自由を擁護する。ロシアはNATOにもEUにも加盟すべきではない。ロシアと欧米は、経済的にも政治的にも地政学的にも別である」(『独立新聞』、2003.10.1)
民主派の指導者と見られた人物が、このように公然と「帝国主義者」として「ロシア独自の道」を説くのは驚きでもある。チュバイスは、民営化すなわち「略奪化」政策の責任者として国民の間に人気がなかった。したがって、国民の支持を得るためにあえてこの概念を打ち出したのであろう。

ロシア国民の心理に「偉大なロシア」という大国主義や、物質主義より正義と真理といったスラブ派的なスローガンが最も強く訴えるということを知っているからである。

改革派のオピニオン・リーダーで『独立新聞』編集長だったヴィタリー・トレチャコフも、〇六年三月、次のように述べている。

「プーチン時代になって、ロシアは今やたんにユーラシアの地域大国ではなく、米国に次ぐ世界大国の一つとなった。ロシアはどこかの連盟に加わるのではなく、中央アジアその他歴史的にロシアの領土あるいは影響圏だった地域に独自の連盟を創設しなくてはならない。今日のロシアの国境はロシアの安全を十分に保障していないので、不自然だ。それは、近隣諸国との強固な政治的・軍事的同盟によって補われなくてはならない。中央アジアという地政学的な真空地帯への影響力をめぐって大国は競っている。ロシアは中央アジアの紛争には積極的に介入し、ロシア語を保持し、将来的にはこの地域をルーブル圏にすべきだ。この地域の民意に基づいたロシアへの統合を排除すべきではない」(『モスコーフスキエ・ノーボスチ』、No.7, 2006.3.3-9)

トレチャコフの論文が発表されたのと同じとき、カーネギー・モスクワセンター副所長(当時)のドミトリー・トレーニンは、このような大国主義の傾向を次のように批判的に分析している。「ロシアの対外政策に根本的な変化が生じた。ロシアは最終的に欧米の軌道から離れ、『自由軌道』に乗った。今や『エネルギー大国』という言葉のアクセントは、その後半に移されている。ロシアは旧ソ連諸国に対して自己の利害と影響力を拡大する方向を目指している。これは、ロシア帝政時代あるいはソ連時代の帝国主義への復帰ではなく、ロシアの指導部が特殊権益圏と見ている地域に

おける『ポスト帝国』の関係である」(『独立新聞』、2006.1.30)

プーチンの高い支持率が、「エネルギー大国」としてのロシアの復活と「帝国」へのロシア人の伝統的・心理的な傾斜と密接に結びついていることに疑いはない。プーチンの人気の高さは、彼の実力によるものというよりも、歴史のエスカレーターにうまく乗ることができたからだ。ロシアの指導者としての個人的役割は、ゴルバチョフやエリツィンのほうがはるかに大きい。

ウクライナとの「ガス戦争」とロシアの言い分

エネルギー資源によって大国として復活したロシアは、またこのエネルギー輸出ゆえに、国際的なトラブルも生んでいる。ロシアは資源を国家戦略的に利用するのは当然であると公言しているが、トラブルもそれと関係している。一つは、ガス価格をめぐるウクライナとの「ガス戦争」である。第二は、BTC(バクー、トビリシ、ジェイハン)、ノルド・ストリーム、サウス・ストリーム、ナブッコ(Nabucco)などのガス、石油パイプラインをめぐる各国との鍔迫《つばぜ》り合いと、確執、紛争である。また、その結果としての欧米との関係の複雑化である。まず、ロシアとウクライナの「ガス戦争」について、ロシア人の意識とロシア側の論理にも目を向けながら考えてみたい。

最初のガス戦争は〇五年末から〇六年初めに生じた。〇五年末に、ロシアはウクライナに輸出している天然ガスの値段を一〇〇〇立方メートル当たり五〇ドルから二三〇ドルに値上げすると通知し、ウクライナはこれを拒否した。そのためロシアはウクライナへの天然ガス供給を〇六年一月一日に停止した。しかし、ウクライナ経由でロシアのガスを購入している欧州諸国にも被害が出て国

表5　欧州諸国のロシア・ガス依存度

①ロシアからの購入量（単位10億㎥）
②ロシアからの輸入が占める割合（%）

	①	②
ウクライナ	59.2	70
ドイツ	34.5	42
トルコ	23.4	67
イタリア	22.0	28
ベラルーシ	20.6	100
イギリス	15.2	16
フランス	10.1	24
ハンガリー	7.5	64
チェコ	7.2	80
ポーランド	7.0	50
◆スロバキア	6.2	100
ギリシャ	3.1	75
◆ブルガリア	2.8	100
◆モルドバ	2.7	100
◆セルビア	2.1	85

（◆＝ロシアからの輸入はウクライナ経由のみ）

（出所：『論拠と事実』№4、2009.1.21-27）

際的批判を浴び、二日後に供給を再開した。ロシアは、中央アジアの安いガスと合わせて九五ドルで供給することで、ウクライナと妥結した。しかし、ロシア・エネルギーへの国際的信頼は大幅に落ちた。

〇八年末から〇九年初めにかけてより深刻な「ガス戦争」が生じた。やはりガス価格やパイプラインの管理などでロシアとウクライナが対立し、一月にウクライナ経由で欧州に輸出されているガスが二週間止められたのだ。今回は、多くの欧州諸国が直接の被害を受けたため、ロシアへの過度の依存に対する警戒が一挙に強まった。

欧州諸国のロシア・ガス依存度

ロシアのガスにとって、ウクライナは最大の顧客である。表5に各国別の数字をしめす。

ロシアがエネルギー資源を国家戦略的な手段として利用していることはたしかで、ロシア指導部もそれを当然のことと公言している。ロシアは輸出国別にガスの価格を変えているが、これはロシアのエネルギー支配の野望と結びついている。つまり、ロシアは資源の「上流」国としてエネルギーを輸出するだけでなく、各国のエネルギー企業つまり「下流」も支配しようとしている。「下流」のエネルギー・インフラやエネルギー関連企業にロシア資本の参加を認めている国には、価格を安くしているのである。ウクライナに対しても、パイプラインをロシアに売却するなら、国際市場価格より安い価格でガスを売ると申し出ている。もちろん、CIS諸国に対しては、価格決定に際してその国の支払い能力やロシアとの長期的な政治関係も考慮している。

「ガス戦争」に関しては、ウクライナばかりでなく欧米諸国もロシアの強引なやり方を批判した。しかし、ロシアには当然ロシアの言い分がある。基本的には、ロシアはウクライナに国際価格を要求しているだけで、国際価格さえ支払えば何の問題もない、との主張である。ウクライナはロシアが最も警戒するNATO加盟を対外政策の柱に掲げながら、ロシアに特別に安い価格を要求するのはあまりにムシが良すぎるとロシア人は考える。また欧米諸国はWTO加盟問題について、ロシアに市場原理を重視せよと言いながら、ガス問題については市場原理を主張するロシアを批判するのは不合理だ、との不満もある。結局、両国のガス戦争では、EUはロシアとウクライナ双方を批判した。なお、わが国のロシア関係のエネルギー専門家のなかには、「ガス戦争」あるいはパイプライン問題一般に関して、そこにはロシアの政治的意図はなくもっぱら経済問題だとして、主としてウクライナを批判する見解もある。もちろんこれはあまりにナイーブで、一方的な見解である。

「ガス戦争」は国際関係に大きな影響をおよぼした。ヨーロッパ諸国は、ロシアの資源に過度に

図1　ノルド・ストリーム・パイプライン計画

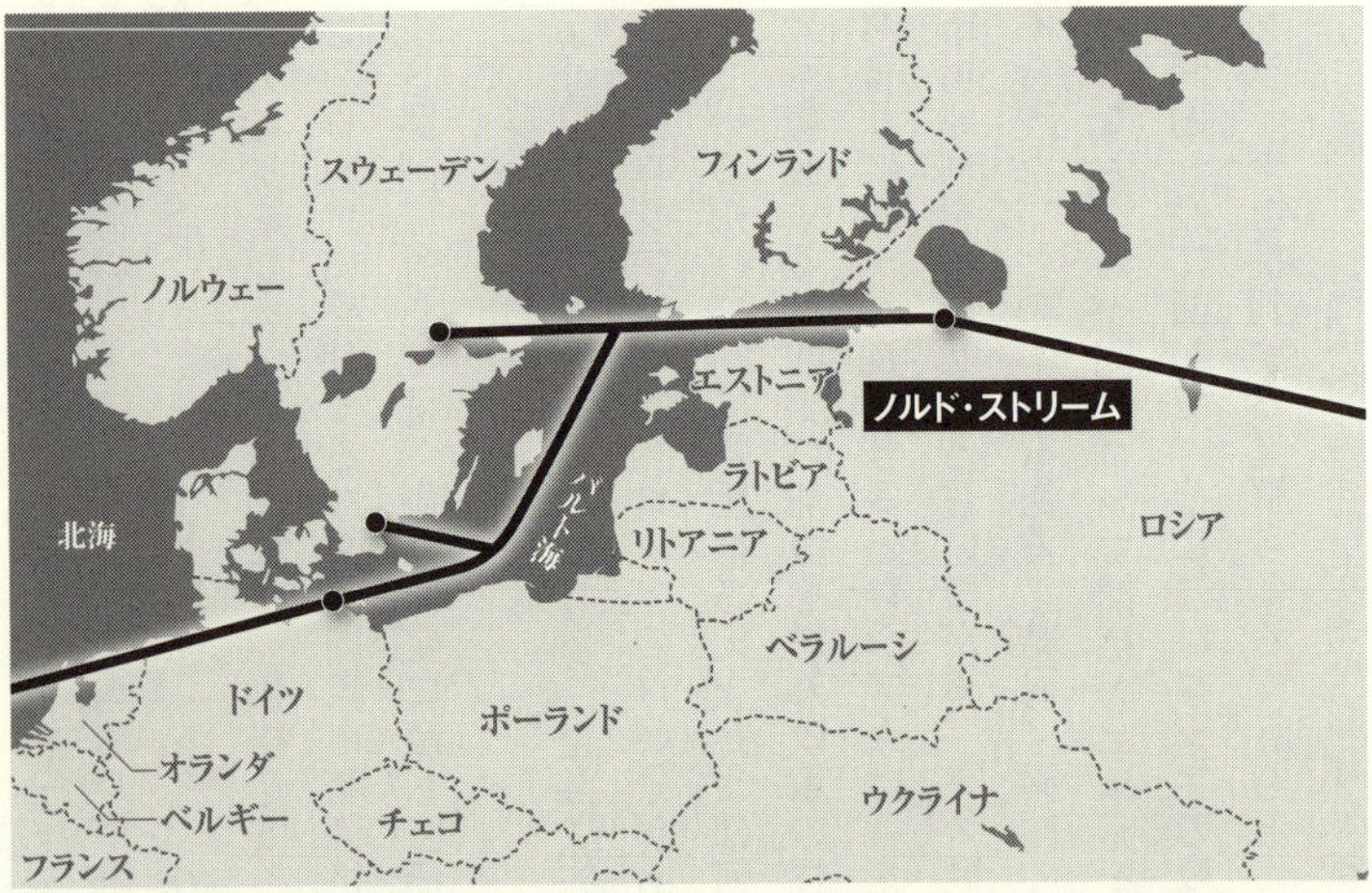

バルト海海底を通し、直接ヨーロッパに石油やガスを輸出することを狙ったルート。バルト三国やポーランドが反発している。

図2　黒海地域のパイプライン計画

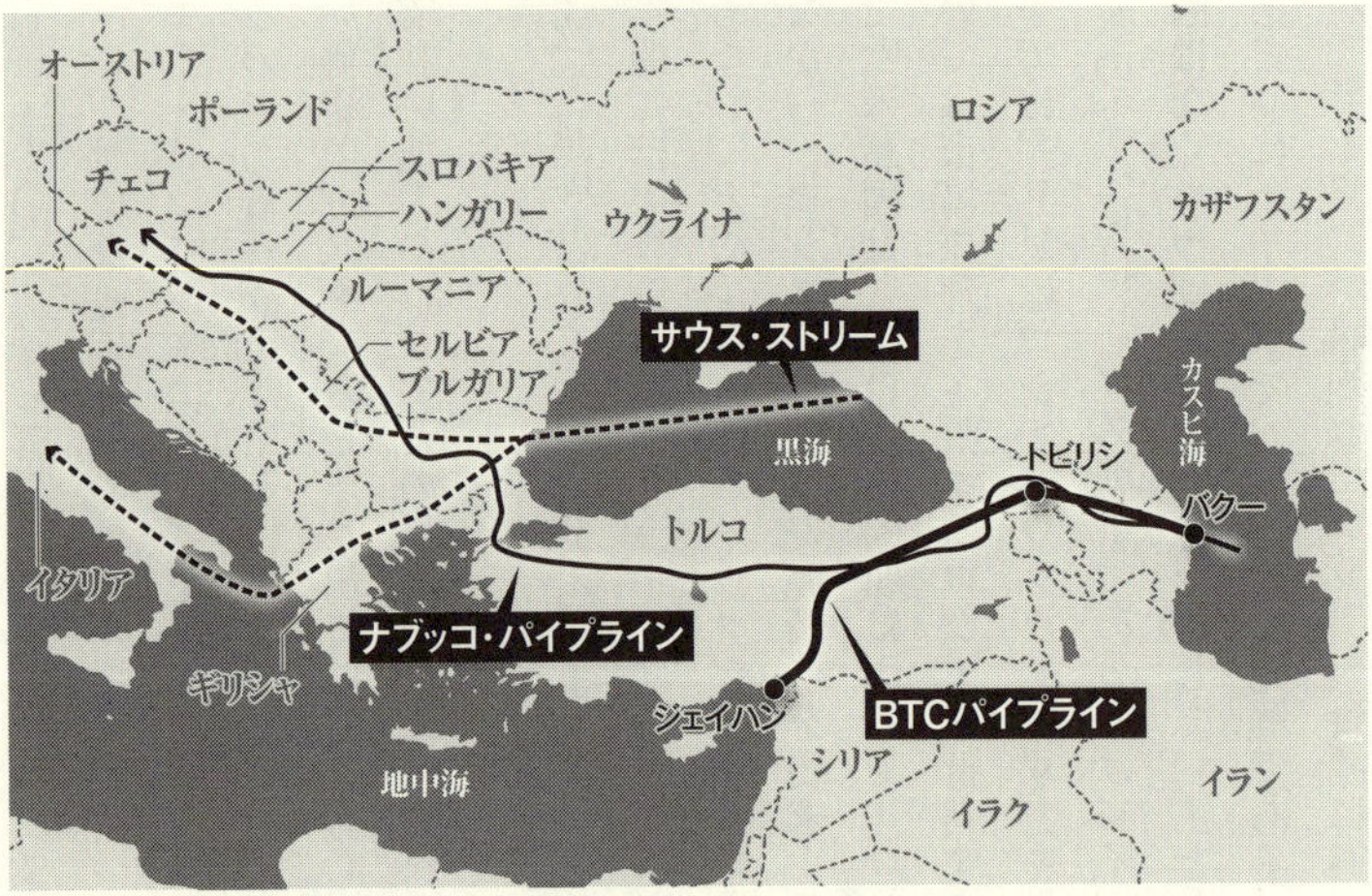

BTCパイプラインは2006年に完成。「ロシア外し」を狙ったBTCパイプライン、ナブッコ・パイプラインに対し、ロシアはサウス・ストリームを計画している。

依存することを強く警戒するようになった。またこの機運に乗って、資源の輸出国である中央アジアやコーカサス諸国も、ロシアを経由しないパイプラインの建設に強い関心を向け、欧米とロシアの駆け引きを自国の利益のために最大限利用しようとしている。欧米諸国はすでに開通したアゼルバイジャンのバクー、グルジアのトビリシ、トルコのジェイハンを結ぶBTCパイプラインのほかに、ナブッコ・パイプラインの建設を具体化すべく全力を挙げている。これに対抗して、ロシアはバルト海の海底を通すノルド・ストリームや黒海の海底を通すサウス・ストリームに力を入れている。ただし、ポーランドなどバルト海沿岸諸国はノルド・ストリームには強い反発をしめしている。二〇一〇年二月、ウクライナに親ロシアと言われるビクトル・ヤヌコービッチの政権が生まれたが、この政権もサウス・ストリームには反対している。

新たな世界秩序の要求

ロシア人の心理に対する無理解ゆえに、米国がやや軽率なアプローチをした問題がある。それは米国のブッシュによる、ポーランド、チェコへのミサイル防衛（MD）システム配備の決定である。これがイランのミサイルに対応するものだとの説明をロシアは頭から信じていなかった。ブッシュ大統領は、MD問題にロシアがどれほど神経質か、過去におけるパーシング2やレーガンの戦略防衛構想（SDI）に対するロシアの神経質な反応からの教訓を学んでいなかった。もし教訓を学んでいたなら、東欧へのMD配備はNATOの拡大を確実にしたあとに発表しただろう。東欧へのMD配備構想に神経をとがらせたプーチン大統領は、二〇〇七年二月、ドイツ・ミュンヘンで開かれた安全保障の国際会議で演説し、MD問題を厳しく批判し、米国の「一極支配」を強くけん制した。この演説はプーチンが大統領に就任して以来、欧米に対する最も厳しい批判となった。〇八年八月のグルジア戦争は、このMD問題と不可分に結びついている。ロシアが最も恐れたのは、ミサイル・システムによってロシアが包囲されることであり、核抑止のバランスが崩れることである。グルジア戦争については次章が詳しいので、ここではこれに関連するロシア人の心理についてのみ述べておこう。

二〇〇八年八月七日にはグルジア軍が南オセチアを攻撃し、ロシア軍がこれに過剰反応してグルジア全土に軍事攻撃をおこなった。また八月末にはロシアはグルジア政府の強い反対にもかかわらずアブハジアと南オセチアの独立を承認した。グルジアの領土保全を侵犯するロシアの行動は基本的な国際規範の蹂躙《じゅうりん》だとして、欧米諸国は厳しく批判した。ただ、このロシアの行動に対して、はたしてどのような制裁をおこなうべきかについては、欧米諸国間で立場が割れた。経済制裁を含む強硬な対応を主張する米国、ポーランドなど旧東欧諸国、バルト諸国、スウェーデンなどとは対照的に、ロシアとエネルギー関係など経済的な結びつきの深いドイツ、フランス、イタリアなどは、アブハジア、南オセチアの独立承認には反対しながらも、対ロ強硬姿勢には同調しなかった。米国も欧州も、口では批判しても、結局行動面で効果的な制裁措置がとれず、〇八年一一月には西欧諸国はすでにロシアとの関係修復に向かった。もともとロシアは、このような欧州内部また欧州と米国の利害対立を見越し、米国もEUもロシアに対して効果的な反撃や制裁はできないということを予想して、グルジアに対して強硬姿勢で臨んだのである。事実、米国のブッシュ政権は選挙を前にしてレイムダック状態にあり、イラク、アフガニスタン、北朝鮮などの対応に追われ、新たにグルジアで紛争を抱える余裕はまったくなかった。こうしてロシアは、グルジア戦争の結果、強国としての自信をかえって強めた。

グルジア戦争に関連して、とくに注目されることが、二つある。一つは、ロシアがグルジアへの軍事介入を正当化する理論として、周辺諸国をロシアの「特殊権益圏」として主張するようになったことである。もう一つは、ロシアが大国としての自信から、新しい世界秩序を主張するようになったことである。

第一の問題は、ロシアが「領土保全」の原則から、「自決権」重視の立場へ移行したことと関係している。チェチェン問題など分離主義の不安を抱えるロシアは、これまで長年、中国と同じく分離主義に神経を尖らせ、領土保全を強く主張してきた。民族の自決権を容認すると、多民族国家のロシアが崩壊するという危機感があったからだ。したがって、ロシアはアブハジアや南オセチアの分離主義を支援したが、独立の容認にまでは進まなかった。この態度が変わるのが、二〇〇六年である。この年の五月、旧ユーゴスラビアのモンテネグロで国民投票がおこなわれ、その結果翌月に独立を宣言した。また、西側が支援し、ロシアが反対していたコソボの独立運動も影響している。モンテネグロの国民投票のあと、ロシア外務省公式スポークスマンの次の発言が国際的に注目された。「われわれは領土保全の原則に敬意を払っている。しかし、グルジアに関しては、今のところ、この領土保全については、可能性（希望）の状態にとどまっており、政治的・法的に現存する現実ではない。南オセチアの基本的立場は、領土保全に劣らず重要な自決権に基礎を置いている」『イズベスチヤ』、2006.6.2)。経済的に自信をつけたロシアは、国内の民族共和国の分離独立への懸念を払拭し、むしろグルジアのアブハジア、南オセチア、モルドバの沿ドニエストルなど周辺国の少数派民族地域の独立、さらにはロシアへの併合により大きな関心をしめすようになった。この流れのなかで、グルジア戦争が生じ、メドベージェフはロシアの「特殊権益圏」であるとして、グルジアに介入する権利を主張した。グルジアのミヘイル・サーカシビリ大統領が、南オセチアを軍事攻撃したことは、ロシアにとって絶好の軍事介入の口実となった。グルジア領であるがアブハジアや南オセチア住民の多くは、ロシアから国籍を与えられている。ロシアがグルジアに軍事介入してまで両地域の独立を幇助したのは、何よりも合法的にロシア軍を駐留させるためであり、さらに、NATO拡大やMDシステムの配備を防ぐためであった。国際的には、「特殊権益圏」はかつて東欧を支配した制限主権論(ブレジネフ・ドクトリン)に代わる新たな帝国主義の概念として注目された。

第二に注目されたのは、ロシアが新しい世界秩序を要求するようになったことだ。大国としての自信をつけたロシアは、米国の一極主義の世界秩序とドル支配の世界経済システムを変革する野望を抱くようになった。かつて後進国のドイツや日本が、世界の再分割を要求したのを想起させる。〇八年八月までは、ルーブルを世界の基軸通貨にという野心さえ抱いた。原油価格の暴落とロシアの経済・金融危機でルーブルの野望はしぼんだが、安全保障面での新たな世界秩序の要求は、〇八年六月に提唱して以来、今日も変わっていない。グルジア戦争後は、欧米がロシアのグルジア侵攻に対して効果的な制裁措置をとれなかったことで、かえって自信を強めた。〇九年一一月末にロシアはＮＡＴＯやＣＩＳ集団安全保障条約機構、欧州安保協力機構（ＯＳＣＥ）も内包する、つまりロシアと米国、欧州、ユーラシア全体を含む新たな安全保障機構を提唱した。経済面でも、ドル基軸通貨体制に異を唱え、ＩＭＦ、世界銀行その他の国際経済・金融システムの改変を唱えている。ロシアの提案が実現する可能性は少ない。しかしこのこと自体が、大国として復活したロシア人の対外意識とその心理を象徴的にしめしている。

変わらぬ意識構造

プラトンやパスカル、孫子や老荘思想などを読むと、表面の文化や生活の様式は多様でも、また時代によって変化しても、人間の心理や行動の本質的な側面は簡単には変わらないということを痛感させられる。ヨーロッパの現実主義者フランシス・ピムは一九八〇年代に、現代の新しい国際社会は古い国際社会と驚くほど似ていると述べた。

ロシア人の心理や政治を見ても、このことはそのまま当てはまる。ゴルバチョフ時代、エリツィン時代、プーチン時代と、時代の様相は大きく異なり、その変化を過小評価するのは間違いだ。ロシアの若い新世代は、旧世代から見ると宇宙人だ。しかし同時に、現代のロシアが、ソ連時代、あるいは帝政ロシアとまったく別だと考えるのも、大きな間違いである。とくに最近のロシアにおける大国主義の雰囲気を見ると、その感をとくに強くする。国民の心の奥底に染みついた傾向は、政治体制の変化によってもそう簡単に変わるものではない。近年のロシアの対外政策の変化を意識構造の側面から追ってみて、この感を改めて強く抱く。

第十章

グルジア侵攻、勢力圏回復を図るロシア

2008年8月、ロシアとグルジアが軍事衝突。グルジアに侵攻し、南オセチア自治州を制圧したロシア軍の戦車。（写真／ユニフォトプレス）

連邦崩壊後、揺れ動いた旧ソ連諸国

米ロの新たな冷戦かと世界を震撼させた二〇〇八年夏のロシアとグルジアの軍事衝突。この事件は、ロシアが旧ソ連諸国への影響力を力で回復しようとする冷戦的な思考から未だに抜け出せていないことを端的にしめすものと言える。ソ連邦の崩壊からおよそ二〇年がたつが、この間、旧ソ連諸国は大きく揺れ動いてきた。この章では民主化の先頭に立ってきたグルジアとウクライナの情勢を中心に、勢力圏の回復を目指すロシアと旧ソ連諸国との関係を検証してみたい。まず連邦崩壊後の歩みを簡単に振り返ってみよう。

一九九一年一二月の連邦崩壊によって旧ソ連諸国は大きく二つのグループに分裂した。一つはロシアの支配を嫌って欧米に接近した反ロシア派のグループである。このグループにはグルジア、ウクライナ、ウズベキスタン、アゼルバイジャン、モルドバが入る。このグループは一九九七年にそれぞれの国の頭文字を取って「GUUAM（グアム）」というグループを結成したが、ウズベキスタンはその後、脱退した。もう一つは親ロシア派のグループである。カザフスタンやベラルーシのほか、資源がなく経済混乱でロシアの支援に頼るアルメニアやキルギス、タジキスタンが入っている。中央アジアの独裁国家トルクメニスタンは中立を守った。

その後、旧ソ連諸国は二〇〇〇年代初めにかけ四つの要因を受けて大きな変貌を余儀なくされた。第一は混乱状態におちいっていたロシアがプーチン政権になって次第に安定し、旧ソ連圏での求心力を回復してきたことである。第二に唯一の超大国となったアメリカが旧ソ連諸国に積極的に介入してきたことである。アメリカはNATOの拡大やユーゴスラビアへの空爆などでロシアとの対立を強め、カスピ海の資源をめぐってもロシアと熾烈な争奪戦を繰り広げた。第三にイランやトルコなどイスラム圏の影響が強まったことである。とくに、アフガニスタンのタリバン政権の樹立を受けて、中央アジア諸国やロシアのチェチェン共和国でイスラム過激派の活動が活発化したことは重大な脅威となった。第四に中国が高い経済成長を背景に急速に台頭してきたことである。中国は上海協力機構などを通じて旧ソ連諸国に経済的な働きかけを強め、中央アジアのエネルギー資源をめぐるロシアとの争奪戦も激しさを増していった。

このように変貌を迫られた旧ソ連諸国にさらに二つの出来事が大きな衝撃を与えた。一つは二〇〇一年九月のアメリカでの同時多発テロ事件である。ロシアはテロとの戦いでアメリカに協力し、米ロ関係は一時的に好転した。ロシアの裏庭とされる中央アジアには、アフガニスタンの軍事作戦のためにアメリカ軍の基地が置かれた。しかし、その後のイラク戦争やＮＡＴＯの東方拡大によって米ロ関係は再び悪化しはじめた。

もう一つは二〇〇三年から〇五年にかけてグルジア、ウクライナ、キルギスで民主化革命が相次いだことである。とくにグルジアとウクライナはＮＡＴＯ加盟など欧米寄りの政策を掲げてロシアと対立し、権威主義体制の旧ソ連諸国を激しく揺さぶった。

これに対し、ロシアは巻き返しに転じた。旧ソ連諸国に安い値段で供給していた天然ガスを大幅に値上げし、ウクライナには二度にわたってガスの供給を停止するなど締めつけを強めた。さらにグルジアに侵攻して欧米寄りの政権に打撃を与え、ウクライナでも民主化革命が挫折したことから、ロシアは旧ソ連諸国への影響力を再び強めている。

ロシア・グルジア軍事衝突の背景

二〇〇八年八月、北京五輪の開会式の最中に起きたロシアとグルジアの軍事衝突は世界に大きな衝撃を与えた。軍事大国ロシアが外国に侵攻したのはソ連のアフガニスタン侵攻以来およそ三〇年ぶりで、ロシアになって初めてのことだった。またソ連のチェコスロバキアへの軍事侵攻からちょうど四〇周年にあたったこともあって、国際的にロシアに対する非難やロシア脅威論が高まった。ロシアの軍事侵攻は欧米諸国にとってまったく予想外で、米ロ関係は新たな冷戦と呼ばれるほど悪化した。

この軍事衝突について、EUの独立調査委員会は一年後の二〇〇九年九月に報告書を発表した。それによると、ロシアに対する国際的な非難とは裏腹に、軍事攻撃はグルジアが始めたものだった。グルジア軍は二〇〇八年八月七日午後、南オセチア自治州の中心都市ツヒンバリに陸と空から大規模な軍事攻撃をおこなった。これに対し、国境を接するロシアは翌八日の未明、圧倒的な規模でグルジアへの攻撃を開始した。戦闘は南オセチアのほか、アブハジア自治共和国にも拡大した。グルジア軍は南オセチアとアブハジアから撤退したが、ロシア軍はグルジアが支配しているゴリやポチなどの都市も占領し、首都トビリシに迫る勢いを見せた。戦闘そのものはわずか五日間でロシアの圧倒的な勝利に終わった。

報告書はグルジアの軽率な行動が直接のきっかけとなってロシアの軍事侵攻を招いたと非難している。同時にロシアの責任も指摘している。数年にわたってグルジアに対し経済制裁などの挑発的な行動を取りつづけたこと、グルジアに対して不釣合いなほど大規模な攻撃をおこなったこと、国際法に違反してグルジアの一部である南オセチアとアブハジアを独立国と認めたことなどを列挙している。報告書はアメリカの役割には何も言及していないが、調査委員会のメンバーは『ニューヨーク・タイムズ』紙（二〇〇九年一〇月三日号）でアメリカのブッシュ政権がグルジアのミヘイル・サーカシビリ大統領に肩入れしすぎたと批判している。

では、先に南オセチアを攻撃したグルジアの思惑は何だったのか。国内に紛争地域を抱えていることがNATO加盟の障害になるため、分離独立を目指す南オセチアなどを支配下に置こうと、国際世論の関心が北京五輪に集まっている隙をついて軍を動かしたものと見られている。結果的にこの軽率で誤った行動が手ぐすね引いて待っていたロシアに介入の口実を与えることになった。グルジアはロシアがまさか全面的に軍事介入をするとは思っていなかったし、たとえ介入したとしても欧米が助けてくれると思っていた。グルジアはまさにロシアの反応を過小評価し、アメリカの支援を過大評価したと言える。カーネギー・モスクワセンターのドミトリー・トレーニン所長は、「アメリカがグルジアのこれだけ重要な措置の準備をまったく察知していなかったとは考えられない。一番可能性があるのはアメリカから異なるメッセージが発せられ、サーカシビリ大統領は力による解決を思いとどまるようにというメッセージに応じなくてもよい状況に置かれたのではないか」と述べている。

一方のロシアの思惑はどこにあったのか。第一にロシアはかねてから挑戦的な姿勢を取るグルジアを罰し、西側のロシア軽視の姿勢に反撃する機会をうかがっていた。第二にヨーロッパはロシアに多くのエネルギーを依存しており、軍事侵攻しても強く出てこないという読みがあった。第三にアメリカのイラクへの軍事侵攻が良くて、ロシアのグルジア侵攻が悪いというのはおかしい。欧米がコソボの独立を承認しているのに、ロシアが南オセチアとアブハジアの独立を承認して何が悪いのか。ダブル・スタンダード（二重基準）ではないかとロシアは不満を強めていた。ただロシアも、グルジアがこのタイミングで南オセチアに軍事攻撃するとは考えていなかったと思われる。実際、プーチン首相は当時、北京五輪の開会式に出席し、メドベージェフ大統領はサマラ州のボルガ流域で休暇中だった。ロシアは不意をつかれた形だったが、衝突の一か月前に南オセチアに隣接するロシア領内で軍事演習をしていて、臨戦態勢をそのまま残していたため、グルジアの攻撃に迅速に対応できたと見られている。

グルジアはなぜ重要か

では人口四三〇万人の小国グルジアがなぜ世界の注目を集めたのか。その戦略的な重要性はどこにあるのだろうか。

一つは、グルジアが地政学的な要衝に位置していることである。ロシアと国境を接し、カスピ海と黒海に挟まれ、核開発問題を抱えるイランも周辺にある。ここはコーカサス地方と呼ばれ、アジアとヨーロッパを結ぶ戦略的な要衝で、文明の十字路でもある。また民族のるつぼで火薬庫とも呼ばれている。コーカサス山脈をはさんで北側がロシアの北コーカサス地方で、民族紛争に揺れるチェチェンなどの共和国がある。南側が南コーカサス地方で、グルジア、アルメニア、アゼルバイジャンの三つの国からなっている。この三つの国もグルジアがグルジア正教、アルメニアはアルメニ

図3　コーカサス地域とグルジアの重要性

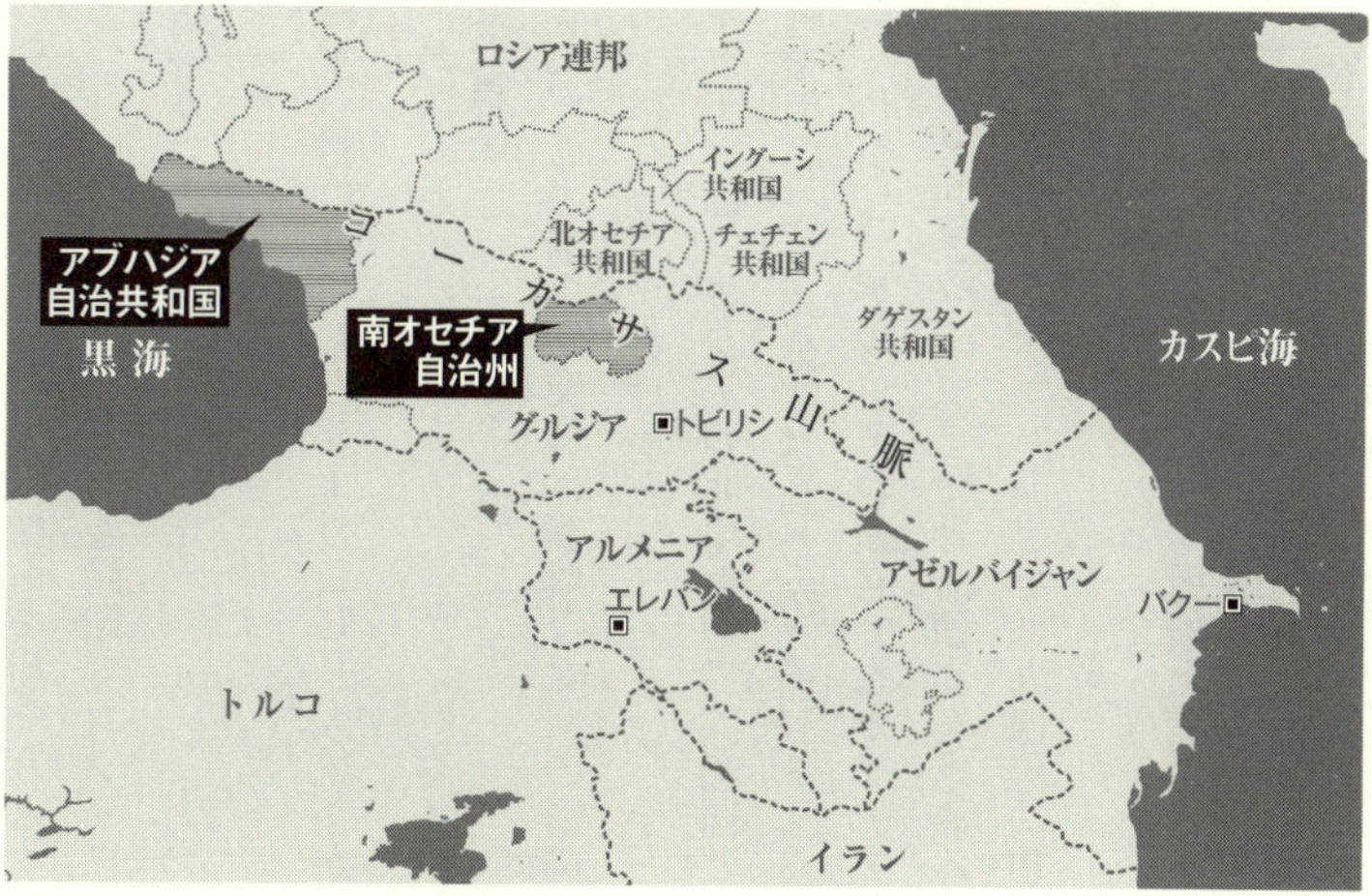

ア教会、アゼルバイジャンはイスラム教シーア派と宗教も異なっている。各国の対外政策も異なり、ロシア寄りの政策を取っているのはアルメニアだけだ。グルジアは欧米寄りの路線を取り、アゼルバイジャンもロシアと距離を置いている。

二つ目は、グルジアがエネルギーの輸送路で、カスピ海からヨーロッパ市場に石油を運ぶ巨大なパイプラインが通っていることである。このパイプラインはアゼルバイジャンのバクーから、グルジアのトビリシを通って、トルコの地中海沿岸にある石油積み出し港ジェイハンに至るもので、経由する都市の頭文字をとって「BTCパイプライン」と呼ばれている。全長一七〇〇キロ。輸送量は年間五〇〇〇万トンで、二〇〇六年七月に本格輸送が始まった。重要なのは、このパイプラインがロシアを通らない「ロシア外し」のパイプラインであることだ（二二八ページの図2参照）。グルジアは輸送路を提供することで、この地域におけるロシアのエネルギーの独占を崩そうとする欧米の戦略の重要な役割をになっているのである。

三つ目はグルジアが旧ソ連諸国でロシアに反対して、民主化の先頭を走っていることである。そのきっかけとなったのが二〇〇三年一一月のバラ革命と呼ばれる民主化革命だ。下院議会選挙で大規模な不正があったのをきっかけに、エドゥアルド・シェワルナゼ大統領が退陣に追い込まれ、翌〇四年一月に就任したサーカシビリ大統領が欧米寄りの路線を強めた。

対立の構図

また、この軍事衝突には複雑な対立の構図がある。

第一はグルジアの政府と南オセチア、アブハジアとの間の分離独立をめぐる国内の対立である。南オセチアは、ロシアの北オセチア共和国と国境をはさんで接している。スターリンが人工的に国境線を引いたため分断されたが、同じオセット人が住み、ソ連時代には住民は自由に行き来していた。しかし、グルジアの独立で北オセチアと南オセチアは分断されてしまった。連邦崩壊の直後、南オセチアとアブハジアで分離独立を求める民族紛争が起き、軍事衝突に発展した。南オセチアでは一九九二年に、アブハジアでは九四年に和平合意が成立し、そのときからロシア軍が平和維持部隊として駐留していた。

そして、その後もグルジア政府と南オセチアとアブハジアとの間で軍事衝突などがつづいた。南オセチアとアブハジアでは住民の多くがロシア国籍やロシアのパスポートを持ち、ロシアに編入されたいという機運が高まっていた。これに対して、グルジアのサーカシビリ大統領は独立に断固反対し、グルジアの領土保全を掲げていた。

第二はロシアとグルジアとの対立である。グルジアが旧ソ連諸国の民主化をあおり、親欧米・反ロシアの政策を取っていることに対して、ロシアは圧力を強めた。グルジアはエネルギーのほとんどをロシアに依存しているが、ロシアは二〇〇六年末にグルジアに供給している天然ガスの値段を一挙に二倍以上に引き上げた。さらにグルジアに対して厳しい経済制裁を科した。特産のワインやミネラル・ウォーターの輸入を全面禁止し、グルジアとの列車や航空機、道路の交通を全面的に停止するなど締め付けを強めていったのである。

第三はグルジアをめぐるロシアと欧米諸国との対立である。ロシアはテロとの戦いでアメリカに協力したのに何の見返りもなかったことなどに苛立ちを強めていた。こうしたなかで、NATOが〇八年四月の首脳会議でグルジアとウクライナを将来加盟させることで合意したことに、ロシアは強く反発していた。

軍事衝突は、こうした連邦崩壊以来の三つのレベルの対立が積もり積もって一気に噴き出したものである。

勢力圏確保と国境変更

ロシアのメドベージェフ大統領は軍事侵攻の直後の二〇〇八年八月三一日、これはみずからの勢力圏と現地に住むロシア人を守るために必要だったと主張した。このなかで、メドベージェフは、「われわれの無条件の優先課題はロシア国民の生命と財産を守ることだ。もし誰かが攻撃をしてくれば、反撃を受けることを理解すべきだ。ロシアには世界のほかの諸国と同様、特権的な利益のある地域がある」と述べた。これは「社会主義圏全体の利益のためにはその一国の主権は制限されてもやむをえない」という、ソ連のチェコスロバキアへの軍事介入を正当化したかつてのブレジネフ・ドクトリン（制限主権論）を思わせるものである。ロシアは旧ソ連諸国を「近い外国」と呼び、伝統的にみずからの勢力圏とみなしている。また旧ソ連諸国には一九〇〇万人とも言われるロシア人が住んでおり、メドベージェフが軍事侵攻の理由にロシア人の保護を挙げたことは旧ソ連諸国に強い警戒感を抱かせた。

もう一つ注目されるのはロシアが外国に軍事侵攻し、国境を変更したことである。ロシアはソ連時代から国境不可侵の原則を掲げてきた。一九七五年のヘルシンキ合意は、ソ連にとってヨーロッパの戦後の国境線を認めさせた重要な原則だった。その国境不可侵という原則をみずから破ったことの意味はきわめて大きい。民族問題の専門家のアレクセイ・マラシェンコは、「南オセチアなどの承認は旧ソ連諸国にとって重要な原則が破られたことを意味する。それは国境不可侵の原則だ。多くの国境問題を抱える中央アジアにとって重大な前例となる」と指摘している。こうした懸念を反映して、軍事衝突の直後の八月末に開かれた上海協力機構の首脳会議では中央アジア四か国と中国は領土保全の原則を確認し、南オセチアとアブハジアの独立は承認しなかった。

米ロのせめぎあい

この軍事侵攻でロシアはアメリカやＮＡＴＯを批判し、メドベージェフ大統領は「新たな冷戦も恐れない」と強気の姿勢をしめした。そして〇八年一一月の年次教書演説でアメリカのミサイル防衛（MD）構想に対抗して、ロシア西部の飛び地のカリーニングラード州に最新鋭の短距離ミサイル「イスカンデル」を配備すると警告した。またロシアは南オセチアとアブハジアをみずからの勢力圏に組み込む動きを強めた。現地にはロシア軍の基地が置かれ、ロシアからの天然ガスのパイプラインが敷かれるなど支配の既成事実化が進んでいる。

これに対して、アメリカのブッシュ政権もロシアとの対決姿勢を強めた。軍事衝突の直後にポーランドとMDシステムの配備で協定を結んだのをはじめ、ロシアとの原子力協定を停止し、ロシアのWTO（世界貿易機関）やOECD（経済協力開発機構）への加盟を認めない考えをしめした。グルジア政府に対しても一〇億ドルもの支援を約束した。またNATOもロシアとの合同評議会を中止するなどロシアとの関係を凍結した。ロシアは国際的な孤立を深めたが、ブッシュ政権の対応は政権末期ということもあって今一つ迫力不足だった。

ところが、アメリカの対応はオバマ政権になって大きく変わった。グルジアを全面支持したブッシュ前政権とは異なり、ロシアとの関係を重視し、グルジアと距離を置く姿勢をしめしたのである。それを象徴するのが二〇〇九年七月のジョセフ・バイデン副大統領によるウクライナとグルジアへの訪問だった。これは直前のオバマ大統領のロシア訪問とのバランスを取ったものだが、バイデンの訪問はオバマの訪ロに比べて格落ちの感は否めなかった。この訪問でバイデンは、「ウクライナやグルジアを犠牲にしてロシアとの関係改善を進めるつもりはなく、ロシアの勢力圏も認めない」とロシアをけん制したが、その一方で、グルジアに対して再び軍事衝突を起こさないよう強くクギをさした。またオバマ大統領も二〇一〇年五月、ブッシュ前大統領がおこなったロシアとの原子力協定の凍結を解除することを決め、議会に送った書簡の中で、「グルジア情勢はもはや障害ではない」として、ロシアとの関係を優先する姿勢を明確にしめした。オバマ政権は事実上グルジアを見放した形だ。

ロシアにとっての功罪

グルジア侵攻はロシアにどんな結果をもたらしたのだろうか。ロシアで最大の成果と見られているのが、グルジアとウクライナのNATO加盟を当面阻止したことである。軍事侵攻後の〇八年一二月に開かれたNATO外相会議で、グルジアとウクライナの加盟は先送りになった。ロシアの多くの専門家は、実力行使によって欧米諸国にようやくロシアの主張に耳を傾けさせることができたと受け止めている。米ロ関係の専門家のアレクセイ・アルバートフは、「グルジア紛争の成果は世界がロシアに真剣に対応するようになったことだ。ロシアは軍縮とNATO拡大の阻止を訴えてきたのに誰も相手にしてこなかった」と指摘した。

一方でロシアは、軍事侵攻によって国際的な権威とイメージを大きく失墜した。大国ロシアの外交が小さな地域のために人質に取られ、アメリカとの関係を悪化させたのは外交政策の誤りだという認識がロシア国内でも出ている。米国カナダ研究所のビクトル・クレメニューク副所長は、「南オセチアとアブハジアはロシアにとって頭痛のタネだ。独立を承認したのはロシアの対外政策にとってマイナスだ。ロシアのような大国が二つの小国に依存することになり、アメリカとの関係を悪化させた」と指摘している。またロシアには同盟国、つまり友だちがいないことも明らかになった。南オセチアとアブハジアを承認したのはロシアのほかは中米のニカラグアやベネズエラなどだけで、旧ソ連諸国をはじめ世界のどの国も同調しなかった。カーネギー・モスクワセンターの研究員のマリヤ・リップマンは、「グルジア戦争のあと、ロシアには同盟国がなく、周りは敵ばかりだということが分かった。どの国も南オセチア、アブハジアの独立を認めなかったことは深刻な政治危機だ」と述べている。

また軍事衝突で外国の投資家が資金を引きあげ、株価が大きく下落するなど、ロシアは経済的にも大きな打撃を受けた。冷戦時代とは違ってロシアが世界経済に組み込まれていることを、ロシア自身が実感した形だ。さらにロシアではパンドラの箱が開けられたかのように、グルジアと国境を接するチェチェン共和国周辺の北コーカサス地方で一時沈静化していた民族紛争が再燃している。このようにグルジアとの軍事衝突はロシアにも深刻な影響を与えているのである。

勝利はしたものの

ではグルジア侵攻は軍事的にはロシアでどう見られているのだろうか。グルジア侵攻は第一次、第二次のチェチェン戦争とは違って、ロシア軍が全面勝利し、行動も早かった。軍を展開するのに第二次チェチェン戦争のときは二週間かかったが、グルジアの場合は一日だった。一方で軍の作戦には大きな欠陥があった。軍事専門家のアレクサンドル・ゴーリツによると、軍の兵器や装備は一九五〇～六〇年代の古くて非効率なもので、近代的なものは少なかった。通信手段も不完全で、将軍が命令するさい、ロシア人の記者から衛星電話を借りていたという。また無人偵察機もまったくなく、必要な飛行機と乗組員も足りなかった。指揮命令系統も古いタイプで、地上戦や航空戦は別々におこなわれた。共通の指揮で作戦をおこなうことができず、ロシア軍の改革が必要であることをしめした。一方、グルジア軍はＮＡＴＯの近代的な装備で武装していたが、ロシアのさびついた戦車にはかなわなかった。

グルジア侵攻で勝利した結果、ロシアでは軍部の影響力が強まった。これに対して、メドベージェフ政権は軍に対する統制を強める動きをしめし、二〇〇八年一〇月に軍の大幅な削減計画を公表した。軍人の総数を一一三万人から一二年までに一〇〇万人に、また将校の数を三五万五〇〇〇人から一五万人に削減するという大胆なものである。また軍管区、軍、師団、連隊の四層構造からなる編成を、新たに軍管区、作戦司令部、旅団の三層構造に改編することも打ち出した。

勢力圏を守るという考え方は、グルジア侵攻を受けてロシアの軍事戦略にも反映された。メドベージェフ政権は二〇〇九年五月に、内外政策や安全保障の指針となる「二〇二〇年までのロシアの国家安全保障戦略」を発表した。これはエリツィン時代に採択した国家安全保障概念を一二年ぶりに全面改訂したものである。このなかで、同盟国の国境付近での軍事衝突などグルジア紛争を念頭に置いたと見られる問題を列挙し、「問題解決のためには軍事力の行使も排除しない」と規定した。これは、ロシアの勢力圏が脅かされるなど国益の障害になる脅威に対しては武力行使も辞さないという強硬な姿勢を打ち出したものだ。

つまずいたグルジアのバラ革命

ロシアとの軍事衝突に敗北し、南オセチアとアブハジアを事実上失ったことで、グルジアの民主化革命は大きくつまずき、サーカシビリ大統領は難しい政権運営を強いられている。欧米諸国はグルジアと距離を置き、ロシアもサーカシビリ大統領を相手にせずという政策を取っている。またグルジアの野党指導者も相次いでロシアを訪問するなど大統領をけん制する動きを強めている。ただグルジアでは二〇一〇年五月の統一地方選挙で与党側が勝利し、反ロシアを掲げるサーカシビリ大統領が依然、国民の根強い支持を受けていることをうかがわせている。

グルジアとロシアとの間では、この南オセチアとアブハジアの問題が長期にわたって関係改善の大きな障害になるのは間違いないだろう。たとえ今後、グルジアに親ロシア派の政権が誕生したとしても、南オセチアとアブハジアを放棄することはなく、ロシアがグルジアを抱きこめる可能性はほとんどないと見られている。

ウクライナのオレンジ革命の衝撃

ロシアとグルジアの軍事衝突と並んで、旧ソ連諸国や米ロ関係を激しく揺さぶったのが、二〇〇四年一二月のオレンジ革命と呼ばれるウクライナの民主化革命だった。

ウクライナは旧ソ連第二の大国で、ロシアとヨーロッパにはさまれた地政学的にもきわめて重要な国である。ウクライナは国を南北に流れるドニエプル川をはさんで、歴史や民族、宗教などの違いから、西部と東部の二つに大きく分かれている。ヨーロッパに近い西部はウクライナ語を話し、宗教はギリシャ・カトリック、穀倉地帯で、ヨーロッパと強い結びつきがある。一方、ロシアに接する東部はロシア語を話し、宗教はロシア正教、重工業地帯で、ロシアと密接な関係がある。また二〇〇四年のEUとNATOの拡大によってウクライナは西側と直接国境を接するようになり、もともとあった国の分裂傾向はますます強まっていた。

オレンジ革命のきっかけとなった二〇〇四年一〇月の大統領選挙は、二期一〇年にわたったレオニード・クチマ大統領の任期切れに伴うもので、ウクライナが西と東のどちらを向くのかが内外の大きな関心を集めた。選挙戦は親ロシア派のビクトル・ヤヌコービッチ首相と野党の親欧米派のビクトル・ユーシェンコ元首相の事実上の一騎打ちとなり、さながらロシアと西側の代理戦争の様相を呈した。目立ったのはロシアが選挙に露骨に介入してきたことで、プーチン大統領自身が投票日直前にウクライナに乗り込み、ヤヌコービッチ首相の支持を訴えた。一方、ユーシェンコ元首相は選挙戦の最中に毒物のダイオキシンを飲まされて中毒症状を起こし、顔つきが一変するなど異様な事態となった。

選挙は二人の決選投票となり、中央選管はヤヌコービッチ首相が当選したと発表した。しかし、野党側が「多くの不正があり、選挙は無効だ」と訴え、オレンジ色をシンボルカラーにした数十万人の野党支持者が連日、革命広場を埋め尽くして抗議行動を繰り広げた。こうしたなかで、最高裁が野党側の訴えを認め、異例の決選投票やり直しを命じた。一二月のやり直し投票の結果、野党のユーシェンコ元首相が五二％を獲得し、ヤヌコービッチ首相に八ポイントの差をつけて当選するという土壇場での逆転勝利となったのである。

このオレンジ革命では、野党側の訴えを全面的に認めた最高裁の判断がすべてを決めたと言っても過言ではない。これが別の判断であったなら、まったく違う展開になっていたかもしれない。クチマ大統領がすべての権力を握っていたため、最高裁が独立した判断が出せるか疑問視されていたが、結局、予想をはるかに超える画期的な判断となった。あるウクライナの専門家は、「『ウクライナは滅びず』というウクライナの国歌があるが、まさにウクライナの民主主義はいまだ滅びずだ」と最高裁の判断を賞賛した。

ウクライナ国民は旧ソ連時代以来の強権支配から脱却して、西側のような民主国家を目指すという歴史的な選択をした。抗議行動が高まった背景には、選挙の不正に対する国民の怒りや反発があるが、権威主義的なクチマ政権への不満や、民主化や改革への強い期待もあったのは確かだ。

外交的な敗北を喫したロシア

一方、ロシアはウクライナへの強引な介入が裏目に出て、大きな外交的な敗北を喫する結果となった。ロシアがヤヌコービッチ首相に肩入れした背景には、旧ソ連諸国に民主化が拡大することへの強い危機感があった。ロシアは連邦崩壊で失った旧ソ連諸国への影響力を取り戻そうと懸命になっていた。ウクライナを取り込み、カザフスタンなど旧ソ連四か国で経済的な結びつきを強め、EUの拡大に対抗しようとしていた。しかし、親欧米派のユーシェンコ元首相が勝利すれば、バルト三国につづいてウクライナまでもが将来NATOに加盟することになりかねないと強く懸念していたのである。

しかし、ロシアは結果的にウクライナ国民の半分を敵に回しただけでなく、欧米からも強い反発を招き、国際的なイメージも失墜した。前年のグルジアにつづくウクライナの民主化革命は、ロシアを初めとする旧ソ連諸国の権威主義体制を大きく揺さぶった。またこのときプーチン政権は、大手石油会社ユーコスのホドルコフスキー社長の逮捕と北オセチア共和国の学校占拠事件をきっかけとする国内の締めつけ強化で国際的な非難を浴びており、オレンジ革命は重大な脅威となったのである。

ロシア国民はこのオレンジ革命によって、何世紀にもわたった両国のすべての結びつきが引き裂かれるような事態に直面した。ロシアにとってウクライナは最も重要でまったく特別の存在である。旧ソ連諸国のなかでウクライナほどロシアと緊密な関係を持っている国はない。同じスラブ系の民族で、歴史的、文化的にも密接なつながりがある。軍需や航空、宇宙といった重要産業でもソ連時代以来の緊密な関係を維持している。さらに国民同士の個人的、家族的なつながりなどあらゆるレベルにおいて両国は最も近くて重要な国である。両国は事実上一つのものを形成し、ウクライナはロシアの一部と受け取られている。重要なのはこの結びつきが両国の大多数の人々の意識のなかに今もあることである。しかし、オレンジ革命はロシアにとって、ウクライナの喪失が現実のものであることを認識する最初の明確な兆候となった。ロシアにとってウクライナのＮＡＴＯ加盟は大きな問題だが、それ以上に大きいのはウクライナを最終的に奪い取られるということなのである。

オレンジ革命後のウクライナとロシアの対立

オレンジ革命後、ユーシェンコ大統領はNATO加盟を目指すなど欧米寄りの路線を取り、ロシアと対立した。その対立が激化したのが二〇〇八年夏のロシアとグルジアの軍事衝突のときである。ユーシェンコはグルジアを訪問し、サーカシビリ大統領への連帯を表明し、ロシアを侵略者と厳しく非難した。ウクライナは東部とクリミア半島に多くのロシア系住民を抱えていて、グルジア侵攻はウクライナにとって大きな脅威だった。一方、大統領のライバルのユリヤ・ティモシェンコ首相はロシアの軍事侵攻について批判を避け、対ロ関係を緊張させるべきではないと主張した。ティモシェンコは「ウクライナのジャンヌ・ダルク」と呼ばれ、美貌と激烈な演説で、ユーシェンコと並ぶオレンジ革命の立役者となったが、その二人の主導権争いが決定的となった。二〇〇九年一月にはロシアとウクライナのガス戦争が再燃した。ロシアはウクライナに対して二度目の供給停止をおこない、ウクライナ経由で天然ガスの供給を受けているヨーロッパの多くの国々が影響を受けた。

また両国は黒海艦隊の問題をめぐっても激しく対立した。ロシアの黒海艦隊はウクライナのセバストーポリ軍港に基地を置いている。ロシアはエリツィン時代の一九九七年にウクライナと黒海艦隊の分割協定を結んだ。このなかで、ロシアは二〇一七年まで二〇年間、年間およそ一億ドルでこのセバストーポリの基地をウクライナから租借することで合意した。しかし、ユーシェンコはそれ以降の軍港の使用を認めない考えをしめし、ロシアはこれに強く反発していた。

革命の終焉とその影響

二〇一〇年二月、オレンジ革命からおよそ五年ぶりにおこなわれたウクライナの大統領選挙は決選投票にもつれ込んだ。その結果、前回敗れた親ロシア派のヤヌコービッチ前首相がおよそ四九％を獲得し、第二位のティモシェンコ首相に三・五ポイントの差をつけて当選した。国を二分する激戦となったが、西側の選挙監視団によると、旧ソ連諸国では例がないほど公正で民主的な選挙となった。再選を目指したユーシェンコ大統領は第一回投票でわずか五％しか獲得できず、惨敗した。

ユーシェンコ大統領とティモシェンコ首相の敗因はオレンジ革命後、民主政権が国民の期待を裏切ったことにつきるだろう。二人はこの五年間、内輪もめに明け暮れ、変化を期待した国民に大きな失望感を呼び起こした。経済も世界的な金融危機の影響を受けて、二〇〇九年にはＧＤＰがマイナス一四％と大幅に落ち込んだ。ユーシェンコ大統領は改革を実行できなかった。ティモシェンコ首相も人気取りに終始し、欧米寄りの政策からロシア重視に転換を図ったが敗北した。民主勢力は自滅した形だ。

ヤヌコービッチ大統領は前回の屈辱的な敗北から奇跡的な復活を果たしたが、今後直面する課題は多い。国内政策で注目されるのは、オレンジ革命がもたらした民主化が今後も維持されるのかどうかだ。国論は二分されており、安定した政権運営の実現は容易なことではない。外交政策では、ユーシェンコ政権の親欧米一辺倒の政策は見直され、ロシアとの関係が重視されることになると予想される。ヤヌコービッチはウクライナのＮＡＴＯ加盟に反対している。しかし、「自分はロシアの傀儡《かいらい》ではない」とも述べ、欧米とロシアとの間のバランス外交を進める考えもうかがわせている。ロシアとの距離感をどう保つのかが今後の大きな課題だ。

こうした中、二〇一〇年四月、ヤヌコービッチ大統領はロシアのメドベージェフ大統領と首脳会談をおこない、ロシア黒海艦隊のセバストーポリ基地の問題について、期限切れとなる二〇一七年以降も二五年間、基地の使用を認めることで合意した。その見返りとして、ロシアはウクライナ向けの天然ガスの価格を一〇〇〇立方メートル当たり三三〇ドルから二三〇ドルに大幅に引き下げることになった。これは二〇一七年以降は延長を認めないとしていたユーシェンコ前政権の外交政策を、ロシア寄りに明確に転換するものである。ヤヌコービッチ大統領は財政再建と、中断しているIMFからの融資の再開に弾みをつけるため、天然ガスの大幅な値下げを必要としていた。この合意はロシアの勝利と受け止められ、ウクライナでは野党勢力から「主権を放棄するもので、国益に反する裏切り行為だ」と強い批判が出ている。

ロシアは前回の大統領選挙への介入の失敗を教訓に、今回は選挙への介入は慎重に控えた。欧米諸国も今回はNGOなどを通じて民主勢力を支援することは控えた。アメリカのオバマ政権はブッシュ前政権とは違って、ロシアに配慮してウクライナに高い優先順位を与えていない。アメリカが選挙で積極的に支援に動かなかったことは、ウクライナやグルジアの民主勢力にとって大きな衝撃にちがいない。

世界の関心を集めたオレンジ革命も色あせ、事実上終焉した形だ。しかし、選挙が民主的に実施され、平和的に政権交代がおこなわれたこと自体、革命の大きな成果だと言える。ウクライナの国民は革命後の政治対立や経済不振には幻滅したが、革命のすべてを否定したわけではなく、民主主義の精神は高く評価した。ウクライナではロシアと異なり、言論の自由は生きている。ウクライナでは親欧米派と親ロシア派の政党が拮抗し、混乱はあるものの機能している。これはロシアでメドベージェフ・プーチンの強権政治がつづき、言論の自由が抑圧されているのに比べて、ウクライナの大きな長所だと言える。ロシアで近い将来、民主的な制度が実現される可能性はないことを考えると、ウクライナはロシア型に代わる新たなモデルをしめし、今後長期にわたって旧ソ連諸国で民主化の象徴となりつづけるだろう。ロシアと欧州の狭間にあるウクライナが民主化を後退させず、安定した国になるよう仕向けていくことが欧米諸国にとってきわめて重要である。

キルギスの混迷

このようにグルジアとウクライナの民主化革命が総崩れとなる中で、二〇〇五年に民主化革命が起きたキルギスでも混迷の度が深まった。

キルギスは中央アジアの五つのイスラムの国の一つで、アフガニスタンに近く、中国とも国境を接する戦略的な要衝である。キルギスが内戦におちいれば、イスラム過激派の活動が活発化し、中央アジア全体が不安定化しかねず、その影響は中国にも及ぶ恐れがある。そのキルギスにはロシアとアメリカの軍事基地がともに置かれている。アメリカが同時多発テロ事件のあと、アフガニスタンの作戦用にキルギスとウズベキスタンに基地を設置したためだ。しかし、その後、ウズベキスタンが反政府暴動を鎮圧し、これをアメリカが非難したことに反発して、アメリカ軍の基地を閉鎖した。このため、中央アジアにおけるアメリカ軍の基地はキルギスだけとなっている。

この基地をめぐって米ロが熾烈な駆け引きを繰り広げた。きっかけは二〇〇九年二月、キルギス政府がアメリカ軍の基地の閉鎖を決定したことである。この決定の直前、ロシアのメドベージェフ大統領とキルギスのクルマンベク・バキーエフ大統領が会談し、ロシアがキルギスに二〇億ドルの経済支援をおこなうことで合意していた。このため、ロシアが経済支援の見返りにキルギス側に基地の閉鎖を働きかけたものと見られている。この決定はイラクからアフガニスタンに軍事作戦の重点を移そうとしていたアメリカのオバマ政権にとって大きな打撃となった。しかし、閉鎖決定の四か月後、アメリカの基地は一転して存続することになった。アメリカが以前の三倍の基地使用料をキルギスに支払い、基地を非軍事物資の中継輸送センターとして使用することで合意したからだ。これは米ロの動きを天秤にかけて、双方から利益を引き出そうとするバキーエフ大統領のしたたかな戦略だと言える。これに対し、ロシアはキルギスへの反発を強め、両国の関係は緊張したものとなった。

そのキルギスで二〇一〇年四月に新たな政変が起き、バキーエフ政権が崩壊した。バキーエフは二〇〇五年にチューリップ革命と呼ばれる民主化革命でアスカル・アカーエフ大統領の強権支配と腐敗を批判して政権の座についたが、今回自分が同じような批判を受けて失脚した。バキーエフ政権とギクシャクした関係にあったロシアは、野党勢力が樹立したキルギスの暫定政府を他国に先駆けて支持した。暫定政府もロシア寄りの姿勢を強めている。その一方で、暫定政府はアメリカに対しては、基地の存続を望むあまり、バキーエフ政権の圧政や腐敗を見逃し、政権を支えてきたと厳しい姿勢をしめしている。アメリカは当面、軍事基地を維持する見通しだが、ロシアはアメリカとせめぎあうなかで、キルギスへの影響力の巻き返しに成功した形だ。

キルギスではその後、六月に南部でキルギス人とウズベク系住民の大規模な民族衝突が起き、多くの犠牲者が出た。国連によると、この衝突で一〇万人のウズベク系住民が隣国ウズベキスタンに逃れるなど、国内外に移動を余儀なくされた避難民はあわせて四〇万人にのぼった。注目されるのはキルギス暫定政府がロシアに平和維持部隊の派遣を要請したのに対して、ロシアがキルギスの内政問題だとして慎重な姿勢をしめしたことである。これはすでにグルジアへの軍事侵攻で旧ソ連諸国の強い警戒感を呼び起こしていることに加え、中央アジアの複雑な民族紛争に介入すれば泥沼化する恐れがあることなどをロシアが懸念したためと見られている。

一方、キルギスでは六月末に国民投票が予定通り行われ、新憲法草案と暫定政府の指導者ローザ・オトゥンバーエワ氏が二〇一一年末まで暫定大統領を務めることがそれぞれ承認された。これによって暫定政府は正統性を得られたことになる。また新憲法草案が承認されたことで、キルギスは独裁国家の多い中央アジアで初めて、大統領制から議会制民主主義の国に移行することになる。しかし、民族衝突で政権が国の治安を掌握していないことが明らかになっただけに、大統領の権限を弱め、議会制民主主義に移行することで、情勢がさらに混迷しかねないと不安視する見方もある。新政権は今後、破たん国家になるのを回避するため統治能力が厳しく問われることになる。

経済攻勢で影響力拡大へ

このように旧ソ連諸国をめぐる状況はロシアのグルジア侵攻の頃に比べて大きく変わった。民主化のうねりは衰え、ロシアは旧ソ連諸国に対する欧米の介入を押し返し、再び影響力を強めている。ではロシアと旧ソ連諸国との関係は今後どうなるのだろうか。二〇一〇年五月に『ニューズウィーク・ロシア版』誌が伝えたロシアの新たな外交指針によると、ロシアは経済危機の打撃を受けている旧ソ連諸国に対して、経済的な攻勢を強め、影響力を拡大する方針を打ち出している。例えば、バルト三国では経済危機でEU諸国からの投資が大幅に減少しているとして、ロシアがエネルギー分野などの企業の買収を行なうべきだとしている。またウクライナとベラルーシの石油や天然ガスのインフラを取得し、ウクライナの航空産業のロシアとの合併を目指すとしている。しかし、こうした経済危機に付け込むような政策は旧ソ連諸国の反発を招きかねない。

これに対して、ほかの旧ソ連諸国でもあちこちでロシアからの離反傾向が目立ち、遠心力が働いている。ベラルーシは天然ガスの料金支払いなどの問題をめぐってロシアと対立しているが、同時にロシアとEU諸国を天秤にかけ、双方から経済支援を引き出そうとしている。また中央アジアのトルクメニスタンも二〇〇九年一二月、新たなパイプラインを通じて中国に対する天然ガスの輸送を開始した。これは中央アジアのパイプライン網を独占してきたロシアに大きな打撃を与えるものだ。

このように影響力の拡大を目指すロシアも、一方でしたたかな旧ソ連諸国から足元を見られているのが実情である。旧ソ連諸国をめぐる米ロのせめぎあいは今後も続き、ロシアはますます複雑な外交を強いられることになると予想される。

（注）この章で引用されているロシアの専門家たちの発言で注釈のないものはすべて筆者のインタビュー取材に基づくものである。

第十一章

リセットなるか米ロ関係

2009年7月、オバマ大統領は初めてロシアを訪問し、メドベージェフ大統領と核軍縮条約の基本的枠組みで合意。（写真／ユニフォトプレス）

リセット・ボタン

「たった一つの国だけが権力を持ち、武力を行使し、決定を下すという一極支配はとうてい受け入れられない」

二〇〇七年二月、ドイツのミュンヘンでおこなわれた国際安全保障会議で、プーチン大統領はイラク戦争に踏み切ったアメリカを冷戦時代さながらの厳しい調子で非難した。

その二年後の〇九年二月、同じミュンヘンの安全保障会議で、アメリカのジョセフ・バイデン副大統領は米ロ関係について「リセット（再構築）・ボタンを押すときだ」と述べ、オバマ政権が新冷戦と言われるまで悪化した米ロ関係の改善を模索する用意があることを明らかにした。さらに翌三月、ジュネーブでおこなわれた米ロ外相会談で、アメリカのヒラリー・クリントン国務長官がロシアのセルゲイ・ラブロフ外相におもちゃのリセット・ボタンをプレゼントした際のやり取りは、新しい米ロ関係の始まりを象徴するものとなった。

クリントン「私たちの関係をリセットしたいと思っているわ」
ラブロフ「じゃあ、一緒にボタンを押そう。でもロシア語が間違っているよ」
ボタンにはリセットを意味するPerezagruzka（ペレザグルースカ）ではなく、Peregruzka（ペレグルースカ、過積載）と誤って書かれていた。
クリントン「間違っているの？　でも私たちの間の問題は山積みにはさせないわ（笑）」

実際、米ロ関係はリセットが必要なほど悪化していた。なぜそうなったのか。この章ではソ連邦崩壊時に遡って原因を探るとともに、核軍縮交渉を中心に、イランやアフガニスタンの問題をめぐる米ロの攻防を見ることで、米ロ関係のリセットの見通しを検証してみたい。

ソ連崩壊後、対米一辺倒から対立へ

連邦崩壊を受けて、当時のロシアのエリツィン大統領は急激な市場経済化を進めるとともに、対米一辺倒の外交を推進した。アメリカへの急接近はエリートの知識人だけでなく、国民のかなり広い層の願いでもあった。国民はロシアが一気に西側のような自由で豊かな社会になることを夢見ていたのである。

こうした市場経済化や西側への接近政策を進めたのが、エリツィンの側近で急進改革派のエゴール・ガイダル首相代行やアナトリー・チュバイス民営化担当副首相、アンドレイ・コズィレフ外相などだった。一九九〇年代初め、ロシアのエリートの間にはロシアが西側の一部になるという確信が広がり、欧米諸国はロシアの戦略的なパートナーとみなされていた。ロシアの指導部は外部の脅威は西側からではなく、南のイスラム過激主義からもたらされると考えていた。

しかし、西側との蜜月関係も、冷戦終結後に起きたユーゴスラビアの民族紛争の影響で大きく変わりはじめた。スラブ民族の住むバルカンの同盟国に対するＮＡＴＯの行動はロシアの指導部だけではなく、国民全体の強い懸念を呼び起こした。ロシアは伝統的にこの地域をみずからの勢力圏と考えていたが、連邦崩壊後の混乱で弱体化していたエリツィンのロシアには影響力を行使するすべがなかった。

ロシアにとって最も衝撃的だったのは、一九九九年三月の同盟国ユーゴスラビアへのNATOの空爆だった。NATOは第二次世界大戦後初めてヨーロッパでスラブ民族に対して軍事作戦をおこなった。この事件はロシアで大きな反響を呼び起こし、ロシアの西側への見方を根本的に変え、国益について真剣な見直しを迫った。NATOの空爆に抗議して、エフゲニー・プリマコフ首相がアメリカ訪問に向かった飛行機を大西洋上でUターンさせた出来事は、ロシア人の記憶に今も強く残っている。

ユーゴスラビアをめぐる一連の事件は、ロシアと西側の関係において本音がぶつかり合う「真実の時」となった。連邦崩壊と冷戦終結への熱狂は冷め、ロシアは西側の一部で対立はありえないという一九九〇年代初めのナイーブな確信から急速に離れていった。西側と協調的な対外政策をおこなうことは不可能となり、エリツィン政権はこのバルカン半島の危機のプリズムを通してNATOのなかにロシアへの脅威を見出していったのである。

プーチン時代の米ロ関係

プーチンは率直で厳しいレトリックにもかかわらず、行動においては妥協を目指す注意深く保守的な政治家である。これは多くの場合、プーチン時代のすべての期間にわたって、ロシアと世界との関係、とくにアメリカとの関係に反映されている。

「主要な敵」。プーチンが勤務したソ連のKGB第一総局ではアメリカをそう呼んでいた。「主要な敵」との関係はソ連にとって、その後ロシアにとって常に最も重要な意味を持っていた。「主要な敵」という概念はソ連時代の人々の脳裏に生きていて、ロシアにおけるアメリカの受け止め方を形作っている。プーチン時代の初期に彼が取ったアメリカに対する行動や具体的な措置、ジェスチャーを見れば、米ロ関係のいくつかの対立を解決し、アメリカと質的に新しい友好関係を築こうとする明確な試みを見出すことができる。ブッシュ大統領と緊密で個人的な関係を築こうとするプーチンの試みや、キューバのレーダー基地やベトナムのカムラン湾の基地の閉鎖などである。

最も重要なのは二〇〇一年九月のアメリカでの同時多発テロ事件への対応である。プーチンはこの事件をきっかけに、テロとの戦いなどでアメリカとの協調路線に大きく舵を切った。プーチンにはアメリカに協力することで、冷戦時代からの対立関係を終わらせ、西側と質的に新しい協力関係を構築するという戦略的な狙いがあった。G8の正式メンバーとなり、WTO（世界貿易機関）に加盟するなど西側の仲間入りをして、世界における発言力を高めていこうとする戦略であった。しかし、プーチンの戦略はことごとく裏目に出た。プーチンの試みは政治、経済、軍事のいずれの分野でもアメリカとの関係改善を促進しなかった。アメリカから見返りのジェスチャーと問題の妥協的な解決を期待したが、期待は裏切られた。アメリカはロシアの意向を考慮せず、イラク戦争に踏み切るなど一国主義的な動きを強めた。

米ロ関係悪化の背景

こうして米ロ関係はぎくしゃくしていったが、その根本的な原因の一つがNATOの拡大である。

NATOは冷戦終結後、一九九九年、二〇〇四年、二〇〇九年の三度にわたって東方に拡大した。かつてロシアの同盟国だったポーランドやチェコなどの東欧諸国や旧ソ連のバルト三国を取り込み、加盟国は冷戦終結時の一六か国から二八か国にまで増えた。NATOはさらに、ロシアと国境を接するウクライナとグルジアの加盟を実現しようとしている。これはロシアにとって最もデリケートな問題である。

ロシアではNATOは冷戦の遺物と受け取られている。ロシア人はNATOと対峙したワルシャワ条約機構が消滅したのに、NATOがいまだに存在し、拡大しているのは公正なものではないとみなしている。NATOに対する国民の意識も大きく変わった。世論調査ではエリツィン時代末期の一九九八年にNATOを脅威と考える人は四%にすぎなかったが、プーチン時代も後半となると七六%がNATOに否定的な感情を持つようになった。対立の根底には安全保障をめぐる米ロの考え方の違いがある。アメリカはNATO拡大によって、自由や民主主義を旧ソ連諸国に広め、平和や安定をもたらそうとしている。しかし、ロシアはこれを自国の安全保障に対する重大な挑戦と受け止め、自らの勢力圏を維持・拡大することに躍起になっているのである。

関係悪化の第二の原因は、イラクやアフガニスタンでの戦争で国力が衰えたアメリカが、一極支配が揺らぐなかで、経済成長で国力を回復したロシアの台頭を認めようとしないことである。

アメリカは冷戦終結後、ロシアが民主国家になり、同盟関係になることを期待していた。ロシアのG8への参加も支持し、ロシアの市場経済化や民主化、核兵器の管理を支援してきた。しかし、プーチン政権になって状況は大きく変わり、ロシアは権威主義的な国になった。アメリカが期待したものとは違うものがロシアに形成されている。こうした強い苛立ちや懸念がアメリカ側にある。

これに対して、ロシアは連邦崩壊による混乱で弱体化し、十数年間、守りの外交に終始してきた。しかし、プーチン政権になって国が安定し、膨大なオイル・マネーが流れ込んで大国として復活してきたことを受けて、攻めの外交に転じたのである。それを象徴するのが豊富なエネルギーを政治的に利用し、ウクライナなど近隣諸国に影響力を拡大しようとする政策だ。

関係悪化の第三の原因は、ロシアがアメリカとの対等な関係という亡霊のとりこになっていることである。ソ連時代はアメリカと対立したが、それは対等な対立関係だった。ソ連崩壊後、ロシアには過ぎ去った超大国の亡霊の痛みが残り、アメリカとの対等な関係という原則を放棄するのは困難だった。プーチンもロシアの民族的なよりどころを再生するため、反米的なレトリックを利用しようとした。問題はまさにロシアがアメリカにみずからを対等なものと認めてほしいと求めたことである。

しかし、この二〇年間、ロシアは民主的な超大国にはならなかった。ロシアはプーチン時代に記録的な成長をとげたが、それでも経済力ではアメリカとはまったく比べ物にならない。米ロの格差は拡大する一方である。アメリカは経済や軍事で優位に立っているだけでなく、みずからのイデオロギーやモラル、文化的な価値観を全世界に輸出している。これに対して、ロシアは外部世界に何も提案できなかっただけでなく、国のアイデンティティも決められなかった。今日、ロシアの数少ない切り札の一つは核兵器である。そして、これがアメリカが対外政策の優先国のリストからロシアを最終的に除外しない理由だろう。

冷戦後最悪の関係からの転機

プーチン時代に悪化した米ロ関係は、二〇〇八年五月、リベラル派のメドベージェフ大統領が就任したことで改善が期待されたが、ロシアとグルジアの軍事衝突でむしろ新たな冷戦と呼ばれるほど悪化した。メドベージェフ自身、「冷戦も恐れない」と強気の発言をした。しかし、筆者がグルジア侵攻の直後にモスクワで話した専門家の多くは、冷戦の再来はないという見方で一致していた。外交専門家のドミトリー・トレーニンは次のように指摘した。

「これはけっして冷戦ではない。イデオロギーの対立がなく、かつてのような軍事政治的な対立もない。しかし、それは米ロ関係が冷戦時より良いということではない。米ロ関係は強い対立と厳しい競争の時代に入った。こうした関係では対立と競争のほうが協力や相互行動よりも多くなるだろう」

新しい冷戦はないという見方の根拠は次のようなものだ。第一に、冷戦時代のような全世界的な規模での対立や軍備競争はないし、ロシアはソ連よりもはるかに弱体化している。第二に、かつてソ連は西側への依存率はわずか数%で、自給自足の経済だった。しかし、今のロシアはヨーロッパにエネルギーを輸出し、また金融危機や原油価格の下落の影響を受けるなど世界経済に深く取り込まれ、依存を強めている。第三に、米ロ両国には利害の一致する分野が少なくない。テロとの戦いやエネルギーの安定供給、大量破壊兵器の拡散防止、イランの核開発問題の解決にはロシアの協力が不可欠だ。こうした状況では冷戦の再来はありえない。しかし、グルジア侵攻の影響で米ロ関係が冷戦後最悪の状態におちいったのは確かだ。

そうした米ロ関係が改善に向かいはじめたのは、二〇〇九年一月にアメリカのオバマ政権が発足してからだった。世界中の関心を集めたオバマ大統領の登場はロシアではどう受け止められたのだろうか。全ロシア世論研究センターの調査によると、彼がアメリカの大統領に就任したことはロシアでも広く知られている(七二%)。六六%がブッシュ前大統領の政策をつづけるべきではないと答え、路線変更に強く期待している点が注目される。

米国カナダ研究所のビクトル・クレメニューク副所長によると、ロシアの専門家にとってアメリカ史上初めての黒人大統領の誕生は予想外の出来事だった。オバマの当選はアメリカ社会が大きく変わり、政策面でも大きな変化が可能だということをしめしている。また冷戦時代を覚えている高齢な指導者とはまったく違う世代で、世界がイスラム過激主義の脅威に直面していることをよく認識し、新しい原則に基づいて外交を進めようとしている。オバマ大統領はロシアとの関係をどのようにしようとしているのか、明確な立場をしめすことが重要だ。クレメニュークはこう指摘した。

米ロ核軍縮交渉の開始

米ロ関係のリセットに中心的な役割を果たしたのが核軍縮の分野だった。米ロ間では二〇〇九年一二月で期限切れとなるＳＴＡＲＴ１(第一次戦略兵器削減条約)に代わる新たな条約を締結することが最優先の課題となっていた。

ＳＴＡＲＴ１はソ連時代末期の一九九一年七月にブッシュ大統領とゴルバチョフ大統領との間で調印された。弾道ミサイルなど運搬手段を一六〇〇基以下に、また核弾頭も六〇〇〇発以下に削減するものだ。ソ連崩壊後、ウクライナ、ベラルーシ、カザフスタンに配備されていた戦略核兵器をソ連の継承国となったロシアに集め、九四年に条約は発効した。

米ロ間ではその後、二〇〇二年五月にブッシュ大統領とプーチン大統領が新たな戦略兵器削減条約（モスクワ条約）に調印した。これは核弾頭をおよそ三分の一の一七〇〇発～二二〇〇発の水準に大幅に削減するものだが、核弾頭の廃棄は義務づけられてはおらず、削減した核弾頭は保管できるようになっている。アメリカは実際に保管する方針なのに対して、財政難のロシアは多くは保管できないため、冷戦時代からの核の均衡が崩れることになった。

二〇〇九年四月、オバマ大統領とメドベージェフ大統領はロンドンで初の首脳会談をおこない、START1に代わる新たな条約の年内締結を目指し、交渉を始めることで合意した。その目標として核弾頭数をモスクワ条約の一七〇〇発～二二〇〇発より低い水準に削減することで一致した。さらにオバマ大統領は四月にチェコの首都プラハでおこなった演説で過去に核兵器を使った国の責任として「核兵器のない世界」を目指す方針を打ち出した。これによって米ロの核軍縮への期待は大きく高まった。

七月、オバマ大統領が初めてロシアを訪問し、米ロ両首脳は新しい条約について核弾頭と運搬手段を大幅に削減する基本的な枠組みで合意した。核弾頭を一五〇〇発～一六七五発に、またミサイルなどの運搬手段を五〇〇基～一一〇〇基の水準に削減するというもので、具体的な削減数にまで踏み込んだ合意となった。

その一方で、米ロは二つの点について対立した。一つは、核弾頭の削減数と削減する核弾頭を廃棄するのか保管を認めるのかという問題である。もう一つは、ミサイル防衛（ＭＤ）計画をめぐるもので、ロシアは計画の撤回と、ＭＤを戦略核削減とリンクさせることを主張した。アメリカはこれまで戦略核削減とＭＤは何の関連もないと否定してきたが、オバマ大統領は従来の立場とは異なり、採択された文書のなかで攻撃兵器と防衛兵器の関連性があることを認めた。

アメリカ、ＭＤ計画の見直しを決定

こうしたなかで、米ロの最大の懸案だったＭＤ問題が急展開した。二〇〇九年九月、オバマ大統領はチェコとポーランドに迎撃ミサイルやレーダーを配備するとしたブッシュ前政権の計画を破棄し、見直すことを発表した。イランの長距離ミサイルではなく、短・中距離のミサイルへの対応に絞るという再編成を図ったのである。オバマはその理由として、イランの長距離ミサイルの開発が当初の予測よりも遅れていて脅威はさほど深刻ではないこと、むしろ短・中距離のミサイルへの対応を急ぎ、当初の計画より強力で迅速に対応できる新たな防衛システムを構築する必要があると判断したことを挙げた。

オバマ大統領がこのタイミングでヨーロッパのＭＤ計画の中止を打ち出した背景として、三つの理由が指摘されている。第一に、メドベージェフ大統領との翌週の首脳会談を前に、ロシアに譲歩することで戦略核削減条約の締結に向けてロシアの同意を得る狙いがあった。第二に、オバマ政権の優先課題であるアフガニスタンの安定化やイランの核開発問題に対してロシアの積極的な協力を得たいという思惑がある。第三に、イージス艦に配備される短・中距離の迎撃ミサイルを軸にした新たなMD計画によって、当面のイランの核ミサイルの脅威には対応できるとの判断があると見られている。

メドベージェフはこの決定を歓迎し、対抗措置としてロシア西部の飛び地カリーニングラード州に予定していた短距離ミサイル「イスカンデル」の配備を撤回する考えを表明した。一方、アメリカでは共和党のジョン・マケイン上院議員らが配備中止は深刻な誤りで、アメリカの弱さの象徴になりかねないと懸念をしめし、決定がチェコやポーランドとの関係を犠牲にする形でおこなわれたと非難した。

アメリカのMD計画の撤回で核軍縮交渉は進展するかに見えたが、米ロ両国は二〇〇九年末までに新条約を締結するという目標は達成できなかった。一二月五日、START1は期限切れとなり失効した。米ロ両国は協議を継続し、その間はSTART1の効力を維持することで合意した。

新たな戦略核削減条約の調印

米ロの新たな戦略核削減条約は結局、当初の目標より四か月遅れの二〇一〇年四月八日、オバマ大統領が一年前に「核兵器のない世界」の実現を呼びかけたチェコの首都プラハで調印式がおこなわれた。両国は配備されている戦略核弾頭の上限数を、二〇〇二年のモスクワ条約より三〇％少ないそれぞれ一五五〇発に減らすことで合意した。また弾道ミサイルなどの運搬手段の上限も、これまでの半分の八〇〇基に減らすことになった。条約の有効期間は一〇年間で、発効から七年以内に削減を達成する義務がある。アメリカ科学者連盟（FAS）によると、世界各国で配備されている戦略核弾頭はあわせて五四〇〇発。このうちロシアが二六〇〇発と最も多く、アメリカがおよそ二〇〇〇発となっている。新条約の合意が実行されれば、配備される戦略核弾頭は米ロの核軍縮史上、最低水準となる。

条約調印は「核兵器のない世界」に向けた重要な一歩であり、オバマ大統領にとって就任後初めての外交面での具体的な成果となった。オバマは調印後の会見で、「核の安全保障と核不拡散、そして米ロ関係にとって重要な一里塚だ」と調印の意義を強調した。オバマ政権は核軍縮と核抑止力の維持という二つの政策を同時に進めようとしている。冷戦が終結し、ロシアと大量の核兵器を保有して対峙する必要はなくなり、国際的なテロ組織による核テロ攻撃が最大の脅威となっている。同時にイランや北朝鮮の核開発、核の近代化を進める中国の脅威に対処するため、今後も相当数の核兵器を保有し核抑止力を維持する必要に迫られている。条約調印はこうした新しい時代の脅威に効果的に対処するため、アメリカが率先して核軍縮に取り組んでいることを内外にしめすものと言える。

一方、メドベージェフ大統領も、「重要なのは勝者も敗者もないことで、条約は双方の利益になる。新たな合意は米ロ関係を新たなより高いレベルに引き上げることになる」と意義を強調した。ロシアには核軍縮を進めることで、老朽化した核兵器を廃棄し、軍事支出を抑え、代わりにトーポリMなど新しい核兵器を開発・配備したいという思惑がある。また条約調印は核の分野でアメリカと対等の立場を誇示し、核軍縮に向けたロシアのイニシアティブを内外にしめすとともに、メドベージェフにとってもみずからの権威を高めるという狙いがある。

MDで交渉難航

条約の交渉が予想外に長引いた背景には、MD問題をめぐる両国の対立があった。アメリカはチェコとポーランドへの配備計画を破棄し見直しを図っていたが、ルーマニアが予想外にMDの迎撃ミサイルの受け入れを表明したことで、再び対立が激化することになった。ロシアはMDに対する何らかの制限が盛り込まれるべきだと主張した。二〇一〇年二月に承認されたロシアの新しい軍事ドクトリンも、NATOの東方拡大とともに、このMD計画を主な軍事的な脅威と初めて位置づけ、強い警戒感をしめした。

双方の対立は深刻化し、交渉は一時決裂寸前におちいった。二〇一〇年二月末におこなわれた米ロ両首脳の電話会談は、非常に緊張したものだったという。メドベージェフはMDで新たな譲歩要求を突きつけ、MDを法的に拘束する共同声明を要求した。これに対して、オバマは、「ドミトリー、もう合意したはずじゃないか。それはできない。条約に背を向け、まとめないと言うのなら、それでも構わない。われわれはそうした道を歩んではこなかったはずだ」と述べ、激怒した口調で要求を拒絶したという。一年に及んだ交渉でロシア側はオバマ大統領は弱腰だと見て、揺さぶりをかけられないか小手調べをしてきた。そして土壇場での譲歩要求も、オバマが四月の核セキュリティ・サミットを前に条約をまとめ上げるのを切望しているため譲歩すると見ていたからだという（『ニューヨーク・タイムズ』、2010.3.26）。

この問題については、結局、条約の前文で防衛兵器と攻撃兵器が相互に関連していることについて触れられ、本文にも防衛兵器の攻撃兵器への転用禁止の規定が盛り込まれた。さらにロシアは防衛兵器に関する異例の声明を発表し、アメリカの防衛システムがロシアの戦略核戦力の脅威となれば、条約から脱退する権利を留保すると警告した。ロシア側はこの条約には法的な拘束力があり、MDをしばるものだと主張している。しかし、これは核削減で低下する抑止力をMDで補おうとするアメリカの戦略とは相容れないものだ。アメリカは条約にはしばられず、適切とみなすMDを構築していくという立場だ。両国の解釈は隔たっており、今後の対立の火種をはらんでいる。

核軍縮への険しい道のり

包括的な核削減条約の調印はSTART1以来およそ二〇年ぶりだが、米ロ両国が核廃絶に向けてさらなる一歩を踏み出したとはとても言えないのが実情だ。まず今回の合意は核兵器を大幅に削減するものではない。たとえば、運搬手段の上限は八〇〇基だが、ロシアは老朽化した運搬手段をすでに八〇〇基余りにまで削減してきており、新条約では事実上アメリカが一方的に削減することになる。また核弾頭の数え方にも問題がある。新条約では、爆撃機一機に搭載される核弾頭は実際に搭載される数とは無関係に一発と数えられることになった。しかし、アメリカの戦略爆撃機B52は一機に最大二〇発の核弾頭を搭載できる。専門家は、この方式だと米ロは現状とほぼ変わらない数の核弾頭を維持できると指摘している。さらに新条約は核弾頭の廃棄を義務づけておらず、配備されず保管された核弾頭には制限は設けられていない。

また今後さらなる核削減交渉を進めるのかどうかについても米ロの立場は異なっている。オバマ大統領は調印後の会見で、「新STARTの調印は重要な第一歩だが、長い道のりの一歩にすぎない。これを基盤に未配備の兵器を含む戦略・戦術核兵器のさらなる削減をロシアとともに目指したい」と述べ、射程の短い戦術核や配備されていない核兵器についても削減していくことに強い意欲をしめした。これに対して、メドベージェフ大統領はアメリカがまず新条約を批准することが重要だとして、核兵器のいっそうの削減にどこまで応じるのか明言を避けた。

ただ米ロともに最少限の核兵器を維持し、その抑止力で国の安全を確保しようとする点では一致している。アメリカは二〇一〇年四月に発表した核戦略見直しで、初めて核兵器の使用を制限する方針をしめした。核拡散防止条約（ＮＰＴ）を遵守する国には核兵器を使用しないと初めて明言し、核開発を進めるイランや北朝鮮を強くけん制した。核兵器の役割を限定する代わりに、通常兵器やミサイル防衛（ＭＤ）で核抑止力の低下を補っていこうという戦略である。一方、ロシアは新型のミサイルの配備など核戦力の近代化を進めている。新しい軍事ドクトリンも核兵器について、「軍事紛争を阻止する手段の一つとして十分な量を維持する」と明記し、核抑止力に依存する立場に変わりがないことをしめした。ロシアは核大国の地位の維持や通常戦力の劣勢を補完する意味からも今後も核戦力を重視する方針で、核への依存度を高めている。

今後の焦点となる戦略核兵器のさらなる削減について、ロシアの専門家は核弾頭を一〇〇〇発以下に削減するためには、核保有国のイギリス、フランス、中国を巻き込んだ多国間の軍縮交渉が不可欠だと指摘している。しかし、これらの国々は交渉の開始に難色をしめしている。また冷戦の終結後、米ロの射程の長い戦略核の削減が優先され、射程が五〇〇キロ以下と短い戦術核兵器については、これまで置き去りにされてきた。アメリカが保有する戦術核はおよそ五〇〇発で、そのうち一四〇発から二五〇発がドイツやベルギーなどヨーロッパ諸国に配備されていると推定されている。これに対し、ロシアは二〇〇〇発余りの大部分をヨーロッパ寄りに配備していると見られている。しかし、アメリカは戦術核の扱いはNATO全体で決めるべきだとして、当面、撤去・削減する考えはなく、削減はロシアとの軍縮交渉の枠組みでのみ可能だとしている。一方で、ロシアにとって戦術核はNATOの通常戦力に対抗する有効な手段であり、削減に応じる構えはない。世界の核の九〇％以上を保有する米ロ両国が長期的な信頼関係を築き、実質的な核削減交渉を進めていけるのかどうか。核兵器のない世界への道のりは遠く険しいのが実情である。

イラン核開発問題をめぐる攻防

こうした米ロ主導の核管理体制に強く反発しているのがイランである。イランは核開発は平和目的だと主張し、国連安保理決議を無視してウラン濃縮をつづけている。ロシアはこれまでイランへの制裁に一貫して反対してきた。その背景にはイランがロシアにとって安全保障上、またアメリカをけん制するうえでも中近東で最も重要な国だという事情がある。ロシアとイランの間には中央アジア、コーカサス地方、豊富なエネルギー資源が眠るカスピ海がある。ここは民族紛争がたえない火薬庫である。アメリカとイランの対立が強まり、イランが軍事攻撃を受ければこの地域全体が不安定化しかねない。ロシアとしてはそうした事態は何としても避けたい。またロシアはイランの原子力発電所の建設に協力し、武器も輸出している。経済制裁に同調してこうしたビジネス・チャンスを失いたくはない。またイランは、ロシアや中国、中央アジア四か国でつくる上海協力機構にオブザーバーとして参加している。

ではロシアはイランの核開発問題にどんな姿勢をとっているのか。イランが核兵器を持つとモスクワを直撃でき、ロシアにとっても安全保障上、重大な脅威になる。このため、イランの原子力の平和利用の権利は認めるものの、核兵器の開発は絶対に認めないというのがロシアの立場である。この点ではアメリカと協力の余地がある。こうした観点からロシアは、バイカル湖近くのアンガルスクに設立したウラン濃縮の国際センターで低濃縮ウランの再濃縮を代行することをイランに提案している。核大国のロシアには濃縮や再処理などの技術やインフラ、専門家など核燃料サイクルに必要なすべてがそろっている。経済的な実利を得るとともに、独自のパイプを使ってイランの核開発問題を解決し、国際的な権威を高めたいというのがロシアの戦略である。

一方、アメリカのオバマ政権は当初イランに対して対話による問題解決を呼びかけたが、イランが応じないため、制裁強化に大きく軸足を移した。またロシアに対してイランに核開発をやめるよう圧力をかけることを期待した。アメリカがヨーロッパへのMD計画を破棄した背景には、見返りとしてイラン問題でロシアの協力を得たいという思惑があった。

こうした中で、二〇〇九年一〇月、国連安保理常任理事国にドイツを加えた六か国とイランは、イランの低濃縮ウランを国外に持ち出し、ロシアとフランスで濃縮・加工することで基本合意した。具体的には、イランが三・五％の濃度に濃縮した低濃縮ウランをロシアに搬送して、ロシアがこれをおよそ二〇％まで再濃縮し、さらにフランスで燃料棒に加工したうえでイランに戻すというものである。これはイランの低濃縮ウランをいったん国外に持ち出すことで核兵器に転用されるのを防ぐ狙いがある。しかし、交渉は不調に終わった。

その後、二〇一〇年に入って、イランはウラン濃縮施設を新たに国内の一〇か所に建設すると発表し、ウラン濃縮の濃度を三・五%から一気に二〇%に引き上げた。さらにイランは低濃縮ウランのおよそ半分をトルコに運び出し、それをロシアとフランスで濃縮・加工し、イランに燃料棒を戻すことで合意し、国連の制裁を何とか阻止しようとした。

しかし、欧米各国はイランがより純度の高い濃縮ウランの製造に踏み切ったことは核兵器開発の疑惑を強めるもので、低濃縮ウランを国外に持ち出す合意も制裁を回避する時間稼ぎにすぎないと非難した。ロシアもイランが強硬姿勢を変えないのであれば制裁の強化もやむをえないとする姿勢に変わりはじめた。

結局、この問題で国連安保理は二〇一〇年六月、イランに対する四度目の制裁決議を採択した。内容はこれまでの制裁決議を強化するもので、イランに対してウラン濃縮活動の即時停止や核弾頭を搭載できる弾道ミサイルの開発の禁止などを求めている。ロシアもこの決議案に賛成した。メドベージェフ大統領はアメリカの有力紙とのインタビューで、イランは核開発問題に関する国際社会の建設的な提案を聞こうとしていないとイランの姿勢を批判した。

「イランはこれまでも今も理性の声を聞こうとしておらず、核計画について合意を望んでいない。制裁決議はバランスのとれたものだ。制裁はかなり厳しいもので、イランに行動をうながすものだが、同時にイラン国民に害を与えるものではない」

これを受けて、ロシアと中国、中央アジア四か国で作る上海協力機構の首脳会議は、国連安保理の制裁を受けている国は加盟できないとの新規加盟基準を採択し、オブザーバーのイランの新規加盟を認めないという厳しい姿勢をしめした。さらにプーチン首相は最新鋭の対空ミサイル「S300」のイランに対する引渡しを凍結する方針を明らかにした。一方で、ロシアはアメリカが国連安保理とは別に独自に追加制裁をすることに強く反対し、イランでの原発の建設もつづける意向を表明している。

このようにロシアがイランに対する姿勢を変えはじめた背景に米ロ関係の改善があるのは確かだ。このイランの核開発問題をめぐって両国がどこまで歩み寄れるかは、今後の米ロ関係を占う重要な試金石になる。

アフガニスタン問題をめぐる駆け引き

もう一つ、米ロ関係の重要な鍵を握っているのがアフガニスタン問題だ。オバマ政権にとってこの問題は外交の最優先課題である。イラクからアフガニスタンに軍事作戦の重点を移し、一〇万人の部隊を送り込んでタリバンを抑え込み、撤退への道筋をつけようという戦略を打ち出している。これでブッシュの戦争から本格的にオバマの戦争になった形だ。しかし、現地では治安が悪化してアメリカ軍の犠牲者が増えつづけ、アメリカでは作戦への反対が強まっている。第二のベトナムになるのではないかと懸念されている。

そのアフガニスタン情勢を好転させるためにも、アメリカにとってロシアとの関係改善は緊急の課題である。アメリカはこれまで、アフガニスタンへの物資の輸送は主に隣のパキスタン経由の陸上ルートを通じておこなっていた。しかし、二〇〇八年ごろからこのパキスタン・ルートがタリバンの攻撃をしばしば受けるようになった。さらにオバマ大統領がアメリカ軍の増派を打ち出したことから、輸送ルートの多角化を図ることが死活的に重要な課題となった。

こうしたなかで、二〇〇九年七月、オバマ大統領がロシアを訪問したさい、ロシアはアメリカの要請を受け入れ、アメリカ軍機がアフガニスタンに向け軍需物資を積んで自国領空を通過することに同意した。その背景にはアフガニスタン情勢の安定化が米ロの共通の利益だという事情がある。ロシアにとってもアフガニスタンが不安定化して、イスラム過激派が中央アジアを揺るがし、麻薬が流入することは大きな脅威だ。またかつてアフガニスタンに軍事介入したロシアではアフガニスタン・シンドロームと呼ばれる後遺症が残り、再びアフガニスタンに派兵するのは不可能な情勢だ。

その一方でロシアは、中央アジアのキルギスに対して、アフガニスタンの作戦用に置かれたアメリカの軍事基地を閉鎖するよう働きかけている。ロシアにとってアメリカがアフガニスタンで過激派を掃討してくれるのは好都合だが、アメリカ軍のアフガニスタン駐留が長期化することや中央アジアにアメリカの軍事基地が維持されることは望ましくない。ロシアとすれば、中央アジアからアメリカの影響力を排除し、みずからのコントロールを強めることで、アフガニスタン問題を外交的なカードに使いたいという思惑がある。アフガニスタン問題では今後、アメリカ軍の撤退開始をにらんだ関係諸国間の熾烈なパワーゲームが予想され、そうしたなかで、米ロの協力と駆け引きがつづくと見られている。

対決姿勢から融和路線へ

冷戦後最悪の状態と言われた米ロ関係は核軍縮の分野を中心に急速に改善された。メドベージェフ大統領は二〇一〇年六月、初の訪米を前に、「米ロ関係は冷戦状態の寸前にまで落ち込んだが、完全に修復された」という認識をしめした。米ロ両国とも関係のリセットに成功したとしているが、なぜそうなったのだろうか。

アメリカ側の要因としては、一国主義を掲げ、対ロ強硬路線を取ったブッシュ政権に代わって、国際協調を掲げるオバマ政権が登場したことが大きかったと言える。そのオバマ政権が対ロ関係のリセットを打ち出した背景には、深刻な金融危機の対応に追われたことや、核軍縮や不拡散、アフガニスタンやイランなどの課題に対処するためにはロシアの協力を得ることが不可欠だという現実的な判断があった。

一方、ロシア側もアメリカとの関係改善に大きく舵を切った。そのきっかけは二〇〇九年一一月のメドベージェフ大統領の年次教書演説だった。この中で、メドベージェフは石油などの資源に依存した経済構造を改めて、近代化を進めることを最優先の課題に掲げ、そのために現実的で賢い外交をおこなう必要があることを強調した。経済を近代化し、国民生活を向上させるために外交を活用し、外国から投資や技術を呼び込もうという戦略である。

ではロシアは具体的にどのような外交をおこなおうとしているのか。それをうかがわせるのが、メドベージェフの指示でロシア外務省が作成した「ロシアの長期的発展のための外交政策の効率的な利用のための計画」という新たな外交指針である。その内容を二〇一〇年五月一一日付けの『ニューズウィーク・ロシア版』誌がスクープしたが、それはロシアが近代化を進めるため、欧米諸国に対してこれまでの対決姿勢から融和路線に転換するという大胆なものである。外交指針はアメリカとEU諸国を最も望ましいパートナーとして友好関係を築くよう求めている。また西欧諸国との間に「近代化の同盟」を作ることも提案されている。

興味深いのはこの指針がオバマ大統領を最適な指導者だと高く評価する一方、大統領の立場が弱体化し、軍部などの対ロ強硬派が台頭することを懸念していることである。この新たな外交指針は「敵か味方か」というプーチン時代の対決路線を大きく転換するもので、冷戦に代わって再びデタント（緊張緩和）がやってきたと『ニューズウィーク』誌は指摘している。

リセットから関係拡大へ

こうした新たな外交指針に沿う形で、アメリカとの間では核軍縮条約が結ばれたのに続いて、二〇一〇年六月にはメドベージェフ大統領がアメリカを初めて公式訪問した。この訪問でメドベージェフはロシアが近代化やイノベーション（技術革新）を目指していることをアピールし、アメリカからの投資や技術の導入に強い期待をしめした。これに対して、オバマ大統領はロシアとの関係をリセットするだけでなく拡大することが重要だとして、ロシアの近代化を支援していく方針を明らかにした。これに先立って、メドベージェフはカリフォルニア州のシリコンバレーでIT（情報技術）関連の先端企業を視察し、モスクワ近郊のスコルコボ村に計画しているロシア版シリコンバレーの建設の参考にしたいとの意欲を表明した。

融和路線への転換は、ロシアが対立していたポーランドとの関係を劇的に改善したことにも現れている。両国間では第二次大戦中に起きたカチンの森の事件が大きな障害となっていた。事件はソ連軍の捕虜となったポーランド軍の将校ら二万人以上がスターリンの命令によって虐殺されたものである。この事件から七〇周年にあたる二〇一〇年四月、初めてプーチン首相とポーランドのトゥスク首相がそろって現場を訪れ、犠牲者を追悼した。また、メドベージェフ大統領もスターリンの行為を強く非難した。さらに、現地での式典に出席しようとしたポーランドの大統領を乗せた飛行機が墜落した際、メドベージェフ大統領が葬儀に参列するという配慮を示した。

さらに四月、ロシアがノルウェーとの領土紛争を四〇年ぶりに解決したことも大きな関心を集めた。バレンツ海の国境線を画定するもので、両国が係争地域をほぼ半分ずつに分割することで基本合意した。ロシアも大幅な譲歩をしているが、最終的にメドベージェフ大統領が合意を決断した。バレンツ海の係争地域には石油などの豊富なエネルギー資源が眠っており、両国はこの資源の共同開発を視野に互いに歩み寄ったと見られている。

メドベージェフ大統領の訪米によって、オバマ政権の発足以来、核軍縮条約の調印、核セキュリティ・サミット、核拡散防止条約（ＮＰＴ）の再検討会議と、軍縮を中心とした一連のリセットの動きが一段落した形だ。米ロ両国は今後、協力関係をこれまでの核軍縮などの安全保障面から、経済面など幅広い分野に拡大させていくことが最大の課題となる。

しかし、米ロ間にはミサイル防衛（ＭＤ）問題やロシアの世界貿易機関（ＷＴＯ）への加盟問題など懸案が少なくない。ロシアが融和路線に転換したとしても、米ロ関係は今後も協力と対立が繰り返されるのは避けられないだろう。政治学者のリリヤ・シェフツォーワは、「リセット政策の肯定的な影響を過大評価しないほうがよい。ロシアはリセット政策をアメリカがロシアに譲歩することだと受け止めている」と警告している。

大きな問題はメドベージェフ大統領が進めようとしている融和路線に国内の民主化が伴っていないことである。当局に対する抗議デモを力で抑え込むなど強権的な姿勢はメドベージェフ政権になっても変わっていない。また近代化も国家主導で上からの近代化だ。とはいえ、近代化というロシアの運命を決める至上命題がロシア外交を融和路線に向かわせていることは興味深い。近代化と融和外交をうまく連動させてロシアを本質的に変えることができるのか、メドベージェフ大統領が掲げる現実的で賢い外交の成果が問われている。

（注）この章で引用されているロシアの専門家たちの発言で注釈のないものはすべて筆者のインタビュー取材に基づくものである。

結語

評価は見る者次第

「プーチンの十年」は、黄金の十年か、それとも暗黒の十年なのか。この問いに対する答えは、見る者の立場、論じる者次第で大きく変わってくる。

簡単な例を引く。グシンスキー、ベレゾフスキー、ホドルコフスキーらのオリガルヒは、エリツィン政権下に己が形成した財産をプーチン政権によって没収されたうえに、国内外へ追放される憂き目にあった。彼らにとり、この十年は呪わしい歳月である。また、プーチンが始めた第二次チェチェン戦争、それと密接に関連するモスクワ劇場占拠事件、ベスランの学校人質事件、モスクワ連続自爆テロなどによって肉親を喪《うしな》った家族にとり、プーチンの十年は悪夢の年月にちがいない。

悲しむ者がいる一方、喜ぶ者もいる。旧KGBやサンクトペテルブルク閥に連なる者たちにとっては、さぞかし笑いが止まらない十年だったろう。彼らは、同僚のプーチンがロシアの最高権力者の地位を占めたことによって、みずからもわが世の春を謳歌することができたからである。

いったい何を主要尺度として、この十年間を評価するのか。その基準の取り方いかんによっても、評点は変わってくる。一例として、経済分野を取り上げてみよう。

プーチンが権力の座に就いたとき、ロシアの国内総生産（GDP）は、世界第二二位だった。プーチン大統領は二〇〇三年の教書演説のなかで、今後十年間でロシアのGDPを倍増するとの野心的なスローガンを掲げた。一九六〇年代に日本の池田勇人首相が所得倍増論を唱え、それを実現したことを念頭に置いているかのようだった。主として国際的な油価高騰の追い風を受けて、ロシアのGDPはその後年平均七%のスピードで急成長した。GDPは一九九九年の二五〇〇億ドルから、二〇〇七年には一兆五〇〇〇億ドルに達し、世界のランキングでは第一一位に躍進した。

一方、国民一人当たりの所得倍増の目的は必ずしも達成されなかった。二〇〇七年におけるロシアの国民一人当たりのGDPは約一万一一〇〇ドル弱で世界五一位、ほぼベネズエラ（五二位）並みにとどまっている。この十年間で、ロシアにおける貧富の格差も縮小されなかった（二〇一〇年、ロシアの専門家によると一六〜一七倍）。プーチンが大統領を退いたあとの二〇〇九年時点で、ロシア人の月額最低賃金は、ヨーロッパ諸国のなかで最下位にとどまっている（一三九ドル）。旧東欧諸国に属していたルーマニア（二一九ドル）、ブルガリア（一七六ドル）よりも低い。ヨーロッパ最高のルクセンブルク（二三五六ドル）の一五分の一以下である。

油価上昇の利用法

このように歪《ゆが》んだ形のものだったとはいえ、プーチン主導下の十年間に一応の経済発展が達成されたことはたしかである。しかしそれは、油価高騰によって初めて可能となった。原油とガスはロシアの輸出の六三・三％、国家収入の四四％を占める（二〇〇六年）。油価が一バレル当たり一ドル上がるごとに、ロシアは一七〜二〇億ドルの余剰収入を得る。まるで濡れ手で粟のごとく労せず入手するレント（余剰収益）である。これでは笑いが止まらぬ一方、額に汗してこつこつと真面目に働こうとする意欲が湧かなくなって当然ともいえよう。

ともかくこの（資源）レント収益のおかげで、プーチン政権は、ソ連時代から長らくの間蓄積させてきた国際通貨基金（ＩＭＦ）、世界銀行、パリクラブなどに対する借金を、期限前倒しで返済することができた。それればかりか、金外貨準備高は約六〇〇〇億ドルにも達した。これは、貯蓄傾向の強い中国、日本に次ぎ、台湾のそれを凌駕する額である。この準備金のなかには、油価急落に備える保険機能を果たす安定化基金が含まれている。実際、〇八年以降の経済危機によって準備金は約三分の二まで減少したものの、同危機の衝撃を緩和するクッションの役割を見事果たした。

このようにプーチンの統治期間は、原油価格高騰期とぴったり合致した十年間だった。その意味で、プーチンはラッキーな指導者である。言い換えるならば、この十年間におけるロシア経済の復調は、かならずしもプーチンの経済政策が適切だったからもたらされたものではなかった。いや反対に、プーチンはその間になすべきことをなさなかったリーダー、こう批判することすら可能だろう。プーチンが油価上昇という千載一遇のチャンスを十分生かしえたとは、とうていいえないからである。たとえば、油価高騰で得られた収益は産業多様化やインフラストラクチャー整備のためにほとんど用いられなかった。日本の一九六〇年代は、所得倍増論の実現と並んで、名神高速道路、東海道新幹線などに代表される交通・通信網の整備に関して革命的な進歩がもたらされた時期でもあった。ところがロシアでは、道路、港湾、空港、都市、個人住宅などは旧態依然のままに放置されている。これをして、「プーチノミックス」(Putinomics)と呼ばれるものの特徴であるとみなして、差し支えないであろう。

そのような「プーチン主義」または「プーチノミックス」の歪みの結果として、アレクセイ・ベイヤー(モスクワ生まれ、現在はニューヨーク在住の経済学者)の言葉を借りるならば、「ロシアは、あらゆるパラメーター、つまり、所得、平均寿命、環境保護から始まり、高速道路の質、汚職、犯罪、法律による保護の観点から見て、人間が実際生活するには最悪の場所――少なくともヨーロッパのなかでは――になった」。ロシアの首都モスクワは、少なくとも外国人にとり物価が最も高くつくという点では、実に住みにくい都市である。もっとも、経済危機後の二〇〇九年、ようやくその不名誉な地位を東京に譲った。だがホテル代に関しては、アブダビやパリを抜いて依然としてトップの座を占めている(一泊、平均四四七ドル)。他方、自家用車の数だけが急増し、モスクワの交通渋滞は、おそらく今日、北京のそれさえ上回るだろう。モスクワのシェレメチェボ国際空港に着いた外国人旅行者は、税関の手続きと交通渋滞のために都心のホテルに着くまでに少なくとも二時間を使い、へとへとになる。そのことも手伝ってか、モスクワへの外国人ツーリストの数は、〇九年の前半期に一八・六%減の一五八万人となった。ともあれ、独立ラジオ「モスクワのこだま」の政治評論員、エフゲニー・キセリョフは、〇九年八月時点で結論する。「本来ならば油価上昇分を、国の政治的、経済的近代化のために用いるべきだったにもかかわらず、プーチン政権はそのことを怠った。絶好の機会が失われた十年間だった」

連続と非連続

どの政権も前政権との間に「連続」と「変化」の両側面を持つ。このことは、プーチン政権についても均《ひと》しく当てはまり、同政権はエリツィン政権からの連続と変化からなる混合体《ミックス》である。問題は、いったい何が変わり、何が変わらなかったのかである。「プーチンの十年」を考える場合には、この問いの検討、そして両要因の混じり具合の測定が肝要となる。

まず、連続面。プーチンはエリツィンから単独指導体制《ワンマン》を継承した。リリヤ・シェフツォーワの言葉を使用すると、「選挙で選ばれた君主制」(elected monarchy) である。ロシア大統領は、一応「民主的な」——ただし「公正」とはいえない——手続きを経て選ばれる。しかしいったん選ばれたあとの大統領は、帝政君主《ツァーリ》またはソ連共産党書記長のそれにも似た強大な専制的権力を行使し、もはや大統領に対する反対を許さない。エリツィンは、このような「超大統領制」(super Presidentialism) の基礎を敷いた。とはいえ、本人自身が心身ともに脆弱化したために、実際は強力な大統領権力をほしいままにすることなく政権の座を去った。とりわけ二期目にそのことが当てはまったエリツィンとは異なり、心身ともにタフでエネルギッシュなプーチンは、前任者がつくった超大統領制を最大限に活用した。

次に、非連続面。統治の基礎という視点から見ると、エリツィンとプーチンとの間にはたしかに連続性が存在した。しかし同一の政治制度を共有しつつも、両人が現実におこなったことは大いに異なった。正反対だったとさえいってよい。たとえばこれまでの各章でふれたように、「プーチンの十年」における中央集権化、議会の翼賛化、民主主義の制限、基幹産業の再国有化、オリガルヒの抑圧、言論や報道の制限などは、明らかにエリツィン期の遺産の修正行為だった。

たしかに、これらプーチンがおこなったことのなかには、おそらくエリツィン本人が修正を欲したであろうものが含まれていたかもしれない。エリツィンは、政敵ゴルバチョフを超える業績を内外に誇示したいという野心に基づいて自分がつい犯してしまった勇み足を、一部後悔していた。または、みずからがなそうと欲したものの、自身の身体的脆弱化などの理由で十分なしえなかったことを、プーチンが己になり代わっておこなってくれている。このことに対しても、エリツィンは内心では感謝こそすれ不満感を抱かなかった。——このように想像することさえ可能だろう。

しかし政治家は動機ではなく、結果によって裁かれる。マックス・ウェーバーが『職業としての政治』で言うように、「善からは善だけが、悪からは悪だけが生じるとはかぎらない。これを知らない人間は、政治的には子供である」。メフィストフェレスですら悪を欲して、しかも善をなした（ゲーテ『ファウスト』）。意図したか否かにかかわらず、エリツィンが実際におこなったことのなかには、民主化、市場化、地方分権化といった観点から見てゴルバチョフがなしたことをさらに大きく前進させたものが少なくなかった。ところが同様に現実の行動や結果の観点から見る場合、プーチンはエリツィンのそのような業績のほとんどを見事なまでに逆転させ、転覆させた。その点で、プーチンがおこなったことは、ゴルバチョフのペレストロイカ、エリツィンの「改革」の修正である。プーチン主義はゴルバチョフ主義やエリツィン主義のアンチテーゼである。このようなわれわれの見方は、基本的に正しいといわねばならないであろう。

奇妙なハイブリッド

プーチンは、ゴルバチョフ、エリツィンという前任者二人が意図するとしないとにかかわらず実際におこなったペレストロイカや「改革」の正の遺産の一部を、明らかに放棄した。そのために、再びソビエト時代ばかりでなく、帝政《ツァーリズム》へ部分的に先祖返りすることとなった。とはいえ、そのようなプーチン期の動きには当然限界が存在した。すでに動き出したものの一部はもはや停止しえないか、逆転不可能な既成事実と化していたからである。ソ連邦の解体は、その典型例といえる。

結果として、プーチン・ロシアに現出したのは、実に奇妙な混合体《ハイブリッド》である。政治体制としては家父長的専制、官僚的権威主義、自由民主主義。経済的には、国家資本主義、市場経済、賄賂やコネがまかり通る地下経済。外交上は、欧米諸国との協調と反発——。このように通常は「容易に両立するはずがない」諸要素の同時存在である。別の言葉でいえば、「異なった複数の文明の発展段階」の混在である。たとえば現ロシアの国章は、ソビエト期の「槌と鎌」から帝政期の「双頭の鷲」へ戻された。国歌の旋律《メロディー》は、ソビエト期のものと同一とされた。国旗はもはや赤旗でなく、リベラルな三色旗となった。このような例がしめしているように、プーチン主導下のロシアには、一九世紀（帝政）、二〇世紀（ソビエト期）、二一世紀（現代）の三つの時期が共存している。矛盾する諸要素からなるミックス状態のゆえに、「プーチンの十年」の特徴を一語で要約することは難しい。それは、民主主義と独裁、市場と国家資本主義、親《プロ》欧米と反《アンチ》欧米のいずれの軸にも収斂することなく、それらの間の「グレー・ゾーン」（シェフツォーワ）を漂流した十年だった。

「プーチンの十年」がハイブリッドであることを念頭に置いたうえで、次にこの十年間の特徴を説明してみると、かつて欧米の政治家や政治学者が政治一般について述べた箴言《しんげん》や定式が、「プーチンの十年」の分析に——完全とはいわないまでも——かなりの程度まで当てはまるように思われる。

私益の追求

まず、ウインストン・チャーチルは、ノーベル文学賞に輝いた著書『第二次世界大戦』のなかで、ロシアの行動様式について次のように記した。「ソ連の行動は、謎（enigma）のなかの謎（mystery）に包まれた謎（riddle）である」。こう述べたあと、ただしチャーチルはつづけて自分の見方を披露した。「だがおそらくロシアの行動を解く鍵はあり、その鍵はロシアの国益（national interest）である」

チャーチルの箴言は部分的には正しいが、完全に正しいとはいえない。まず、「国益」はロシアの行動様式の謎を解くおそらく最重要の鍵ではあろうが、そのすべてではない。ワン・オブ・ゼムにすぎない。そのほかに、国際的な威厳や面子《メンツ》の保持、慣性や惰性の法則、相手方の出方……といったものも、重要な役割を果たすからである。仮に一歩譲って、「国益」がロシアの行動様式を決定する枢要な要因であることを認める場合でも、検討されねばならない問題がある。それは、いったい誰が「国益」を決めるのか、の問いである。現ロシアでは、プーチン、メドベージェフ、彼らの側近たち、すなわち「レント・クラス」が決定するものが即ち「国益」にほかならない。ロシア国民や議会は、彼ら統治エリートが決めるものをロシアの「国益」として追認する以外のすべを持たない。彼らは、たんなる共鳴板の機能を果たすにすぎない。したがって、そのようなエリートたちが「国益」とみなすもの、極言すれば彼らの「私益」が、ロシアの「国益」となる。

ここでアメリカの政治学者、ハロルド・ラスウェル（エール大学教授）の有名な定式が、想起される。p｝d｝r＝P すなわち、政治的人間（P）は私的動機（p）をオブラートに包んで公けの目的に転位（d）し、公共の利益の名において合理化（r）する。これこそが、政治の真髄である。ラスウェルは、こう説くのである。大学で政治学を勉強しはじめたころ、筆者は正直いってこのラスウェルの図式があまりにも単純明快すぎるように思えて失望感を抱いた記憶がある。しかし現在では、プーチン体制に関するかぎり、このラスウェルの指摘以上にその本質を鋭く剔抉《てっけつ》した説明法をほかに見つけえないとさえ考えるようになった。たとえば、エネルギー産業の再国有化が、その証左となる。石油や天然ガス企業のトップの座に就いているのは、「プーチンのお友だち」ばかりだからである。

国家権力とビジネスを結びつけることは、脱産業化を目指す国家のなすべきことではない。案の定、ガスプロムをはじめとするロシアの国策会社の経済効率は低く、外国の民間企業とはとうてい対等に競争しえない。しかし、そのようなことは、プーチンの側近たちにとりさして重要なことではない。彼らの念頭にあるのは「国益」の推進ではなく、もっぱら「私益」の擁護にほかならないからである。彼らの権力基盤である「レント・シーキング・システム」を維持するために、主な投資を時代遅れの経営形態である国営企業や国策会社に優先的におこなう結果として、ロシアの産業多様化は阻害され、進捗しないままにとどまっている。にもかかわらず「レント・クラス」は、そのことを一向に気にかけようとしないのだ。

敵の創出

当時その単純さに同様に失望したものの、現在では「プーチンの十年」の説明法として筆者が是非とも借用したいもう一つの理論がある。それは、ドイツの政治学者、カール・シュミットが『政治的なものの概念』のなかで唱えた「友・敵」論である。シュミットによれば、政治とは結局のところ「友」(Freund)と「敵」(Feind)を区別し、両者を対立させることにある。マルクスは、ブルジョアジーとプロレタリアートを相互にけっして和解しえぬものとしてとらえた。ロシアのKGB教育も、シュミット流の「友・敵」論を採用している。マルクス主義、KGBの両方の教育・訓練を受けたプーチンを、シュミット流の「友・敵」論の忠実な信奉者とみなして差し支えないのではなかろうか。少なくともウッドロー・ウィルソン米大統領流の世界観よりも、「万人の万人に対する闘い」を説いたトーマス・ホッブスの人生観に近い考え方の持ち主のようである。ともあれ、プーチンは自己の体制を正当化し、それを永続化させるために、「敵」または「スケープゴート(贖罪《しょくざい》の山羊)」を創出し、国民の眼を外部に逸らせようとした。そのような「敵」となる候補者にはこと欠かなかった。もし存在しなければ、発明するだけだからである。「プーチンの十年」間で、そのような敵は状況に従い、次のように変遷してきた。

当初、プーチン政権はチェチェン武装勢力を「主要な敵」とみなした。プーチン首相は、彼らに対する断固たる闘いを主唱して、ロシア国民の支持を獲得した。そして大統領ポストの入手に成功した。彼らイスラム過激主義勢力と闘うために、プーチン大統領は一時はブッシュ米政権とスクラムを組むことさえちゅうちょしなかった。次に、同大統領はオリガルヒを標的とした。ホドルコフスキーらを槍玉に挙げて国民のうっ憤を晴らすとともに、彼らの資産を没収、己の側近たちが事実上支配する企業間にそれを分配した。

プーチン政権が第三番目のターゲットとしたのは、「カラー革命」を唱える旧ソ連諸国の指導者たち。たとえば二〇〇四年一二月、「オレンジ革命」の旗手、ビクトル・ユーシェンコのウクライナ大統領当選を阻止しようとして、プーチンは対立候補のビクトル・ヤヌコービッチに異常なまでの肩入れをおこなった。〇八年八月の「釣り合いを失した」対グルジア軍事制裁も、「バラ革命」を成功させ、親欧米外交路線を掲げるミヘイル・サーカシビリ大統領に対する敵意が、その根底にあった。

プーチン政権の次の「主要な敵」となったのは、米国ならびに米国主導下のNATOだった。たとえば〇七年二月の「ミュンヘン演説」のなかで、プーチン大統領は米国を遂に名指しで非難するようになった。プーチンによれば、米国こそは、ロシアが民主主義から後退していると批判し、グルジアやウクライナへのNATO拡大をたくらみ、東欧へ米国製ミサイル防衛（MD）を配備しようとするなどして、冷戦を再開しようとする元凶にほかならない。

「プーチンの十年」のロシア

ところがロシアは、〇八年以降、深刻な金融・経済危機に見舞われることになった。はたしてこの危機はロシアの政治・社会にいったいどのような影響をおよぼすのか。それは、まずロシア版の「社会契約論」を揺るがすこととなった。これでは、約束が違う。統治者が被治者に与えるべきものを保障しえないのなら、国民はなぜプーチン主導の権威主義的統治に耐えなければならないのか。契約違反を理由にして、ロシア国民が反乱を起こし、結果としてタンデム体制を崩壊にみちびく――。たしかに、このようなラジカルなシナリオが実現するとは、少なくとも現時点では予想しえない。とはいえ、〇八年以来の経済危機を重要なきっかけとしてロシア指導部内にも微妙な変化が発生しているように見える。

そのような変化を如実にしめしているのは、メドベージェフ大統領自身が〇九年九月一〇日にネット新聞『ガゼータ・Ru』に発表した論文「ロシアよ、進め！」のなかで展開した見解であった（その主旨は、約二か月後一一月一二日の年次教書演説のなかでも繰り返された）。およそロシア大統領の口からこのような言葉が発せられるとは！――こう思わせるまでのロシアの過去ならびに現在についての厳しい批判が、その内容となっていた。

まず政治分野に関して、大統領は述べる。「（ロシアの）民主主義制度の質は理想からほど遠く、市民社会は脆弱であり、自治や自治組織のレベルは低い」。経済分野については、さらに手厳しい。「わが国の現行経済は、ソビエト経済体制の最悪の欠陥をコピーしたものであり」、「わが国の大多数の企業は、そのエネルギー効率や労働生産性に関して恥ずかしいまでの低水準にある」。社会分野においては、「アルコール依存症や喫煙中毒症、人口激減、交通事故、医療設備不足、環境問題といった諸欠陥が、何百万というロシア人の寿命を縮めている」。連邦制の分野においても、「深刻な諸問題」が多い。たとえば、「ロシア（連邦中央政府）に対するテロリストたちの攻撃はまだ続行中であり」、「北コーカサス地域の諸共和国の住民たちは、平和や安息の日々を知らない状態にある」

本書のテーマとの関連でメドベージェフ論文が注目に値するのは、それが「プーチンの十年」を——少なくとも間接的に——批判していると受け取れる点である。まず一般論として、現状の批判は過去の批判に連なる。今日のロシアにこれほどまで負の遺産を山積させたのは、その期間中に指導者の地位にあった者の無為無策の結果と解されても仕方がない。

もとより、メドベージェフ自身も過去十年間にわたりロシア指導部の重要な一翼を占めていたので、彼もまた連帯責任を免れえない。とはいえ、一九九九〜二〇〇九年の「十年間」のロシアの最高にして最大のリーダーは、プーチンその人だった。したがってメドベージェフが論文「ロシアよ、進め！」で、現ロシアが二十年前もしくは十年前からさほど進歩をとげていないと言うとき、直接名指ししていないにせよ、彼は、事実上プーチン批判をおこなっていることになる。

そのように解釈しうる箇所を二、三引用してみよう。「わが国はドラスチックな改革を二十年間つづけたにもかかわらず、屈辱的なまでの原料輸出依存度を減少させることに成功しなかった」（傍点は引用者）。メドベージェフはつづける。「これらはすべて、われわれがこれまでの歳月に必要なすべてのことをなさなかったことをしめしている」（同）。メドベージェフは結論する。「現ロシアは、十年前と同様、半ば麻酔状態におちいり、半分しか機能しない国家のままにとどまっているのだ」（同）

米誌『ニューズウィーク』国際版の編集長、ファリード・ザカリアも、筆者と同一の点を問題にして、メドベージェフ論文発表からわずか十日後におこなったメドベージェフに対するＣＮＮインタビューで、次のように訊きただした。「大統領閣下が〔『ガゼータ・Ru』論文中で〕今日のロシアについてご批判なさった諸点は、〔プーチン政権下の〕過去八年間において悪化したものなので、貴論文はプーチン八年の批判であるように受け取れます。その点はどうお考えになりますか？」この鋭い質問に対して、メドベージェフ大統領は、それらの問題がはるか一九六〇～七〇年代にまで遡るロシアの宿痾《しゅくあ》であると弁解する一方、部分的には最近の十年間に誤りがなされた事実を率直に認めた。「すべての人間は誤りを犯し、それから解放される者はいません。この十年間にも、もちろん誤りは犯されました」（傍点は引用者）

たしかにメドベージェフとプーチンとの間の実際の力関係を考慮に入れるならば、論文「ロシアよ、進め！」の意義をあまり過大評価することは禁物かもしれない。というのも、プーチン首相の暗黙の同意なしに、そもそもメドベージェフ大統領がこのように大胆な内容の論文を発表しうるはずがないからである。しかし、ではいったいなぜプーチンはそのような論文公表をメドベージェフに許したのか？　この問いが提起されるだろう。今後のロシアは、これまでの路線や政策上のたんなる継続だけでは不十分である。端的にいえば、プーチン首相ですら、メドベージェフ大統領が説く「ロシアの近代化」に少なくとも総論では賛成しているのである。プーチン側にもこのような認識が生じていればこそ、メドベージェフ発言を黙認しているのだろう。もしこのような推測が当たっているとするならば、現ロシアが直面している難局はわれわれ外部の者が想像する以上に深刻であることを物語っている。もとより、このような展開をもって、すわメドベージェフ主義の幕開けと見るのは、楽観的すぎる見方である。しかし、「レント・シーキング・システム」を中核とする旧プーチン主義が行き詰まった結果として、現ロシアは少なくともポスト・プーチン主義へと脱皮する必要性に迫られている。このことは、間違いない。そのような意味で、旧プーチン主義が謳歌した「プーチンの十年」は終息をとげたと結論して差し支えないだろう。

あとがき

昨二〇〇九年の賀状交換の折り、私は旧友の飯田健一氏（元NHKモスクワ支局長、解説委員）宛てに「プーチン時代のロシアに関する本を、一緒に書きませんか」と誘った。几帳面な飯田氏は、直ちに「自分は、現在、ほかの仕事で手がふさがっている。代わりに、山内聡彦君を推薦したい」と返事してきた。相前後して、山内氏から同意のメールが届いた。二人では心細いので、両人旧知の袴田茂樹氏の参加を要請、三人の共著体制が出来上がった。渋谷のNHK、青山学院大学の袴田研究室、都内ホテルの喫茶室などで執筆分担、情報交換の会合を重ねたあと、執筆を開始、翌二〇一〇年五月には全原稿がそろった。

一方で、日本人一般、とりわけ若年層の活字離れ傾向、一向に北方領土返還に応じようとしないプーチン主導下のロシアに対する絶望などの諸事情のゆえに、適当な出版元が見つかるかどうかと危惧していたが、それは杞憂であった。山内氏の斡旋により日本放送出版協会から内諾の朗報が飛び込んできたのは、袴田氏と私がモスクワでの日露シンポジウムに参加したあと、成田空港に着いた今年三月中旬のことだった。プーチン・ロシア研究の意義を評価してくれた日本放送出版協会の藤橋和浩氏（部長）、水野哲哉氏（編集長）の英断に、心からの深謝の意を表する。

編集出版の実務一切は、ロシア留学経験のある同出版協会の小林丈洋氏（編集スタッフ）が担当してくれた。私個人はこれまで数々の編集者にお世話になったが、ロシア語に通じた編集者と仕事するのは初めての経験だった。同氏との共同作業は実に効率的かつスムーズに進行し、われわれ三人がそうでなければ犯したであろう数々の誤りを回避することができた。もっともその反面、同氏は三人の共著者間に挟《はさ》まって、用語の統一、その他の調整に人知れず苦労されたことであろう。もし本書の判断、分析、そして誤字脱字などの誤りがあるとすれば、それはひとえにわれわれ執筆者の責任であること、改めて断るまでもない。

僭越《せんえつ》ながら最年長者というだけの理由に基づき執筆者を代表して、以上の方々、そして紙幅の関係で一々お名前を出さないものの本書の執筆・出版にあたり数々の御教示やお心遣いを賜った方々に対して、御礼を申し上げる。これらの方々のご尽力がなければ、本書が陽の目を見ることはけっしてなかった。

木村　汎

二〇一〇年七月

■関連年表

旧ソ連時代

一九五三年	三月	スターリン書記長死去。フルシチョフが第一書記に就任（九月）。
一九五六年	二月	第二〇回党大会でフルシチョフがスターリン批判。
一九六二年	一〇月	キューバ危機。
一九六四年	一〇月	フルシチョフ解任。ブレジネフが第一書記に就任。
一九六八年	八月	ソ連軍、チェコスロバキアに侵攻。「プラハの春」終わる。
一九六九年	三月	ダマンスキー島（珍宝島）事件。中ソ武力衝突。
一九七九年	一二月	ソ連軍、アフガニスタンに侵攻。
一九八二年	一一月	ブレジネフ死去。アンドロポフが書記長に就任。
一九八四年	二月	アンドロポフ死去。チェルネンコが書記長に就任。
一九八五年	三月	チェルネンコ死去。ゴルバチョフが書記長に就任。
一九八六年	四月	チェルノブィリ原発事故。
一九八九年	五月	ゴルバチョフ中国訪問。三〇年ぶりに中ソ関係正常化。
	一一月	ベルリンの壁崩壊。チェコスロバキアで民主革命。
	一二月	マルタ島で米ソ首脳会談。冷戦終結宣言。
一九九〇年	二月	ソ連共産党が一党独裁の放棄を決定。

一九九一年	三月	ゴルバチョフがソ連初代大統領に就任。
	七月	米ソ首脳会談。START1第一次戦略兵器削減条約調印（モスクワ）。
	八月	保守派によるクーデター未遂事件。
	一二月	ソ連邦崩壊。ゴルバチョフ大統領辞任。

ロシア・エリツィン政権		
一九九二年	一月	新生ロシア、価格自由化開始。
一九九三年	一〇月	大統領と議会の対立激化で最高会議ビル砲撃。
一九九四年	一二月	第一次チェチェン戦争開始。
	六月	ロシア、NATOとの「平和のためのパートナーシップ」に加盟。
一九九六年	七月	ロシア大統領選挙。エリツィン再選。
一九九八年	三月	チェルノムイルジン解任。キリエンコが首相に就任（四月）。
	八月	金融危機。キリエンコ解任。九月　プリマコフが首相に就任。
一九九九年	五月	プリマコフ解任。ステパーシンが首相に就任。
	八月	チェチェン武装勢力、ダゲスタン共和国に進攻。 ステパーシン解任。プーチンが首相に就任。
	九月	モスクワなど各地でアパートの爆破事件が相次ぐ。 第二次チェチェン戦争開始。
	一二月	ロシア下院議会選挙。大統領陣営圧勝。 エリツィン大統領辞任。プーチンが大統領代行に就任。

政権

二〇〇〇年	三月	ロシア大統領選挙。プーチン、大統領に当選。
	五月	メディア・モスト強制捜査。グシンスキー逮捕（六月）。
		プーチン大統領、連邦管区全権代表を任命。
	七月	プーチン大統領、新興財閥と会談。政治への不介入を要求。
	八月	原潜クルスク沈没。
	一一月	政商ベレゾフスキー、国家資産横領の罪で起訴。
二〇〇一年	一月	アメリカ、ブッシュ政権発足。
	五月	ブッシュ大統領、ミサイル防衛構想推進、ABM制限条約見直しを主張。
	九月	アメリカで同時多発テロ事件。プーチン、テロとの戦いで協力を表明。
	一二月	アメリカ、ABM制限条約から脱退を通告。
二〇〇二年	五月	米ロ首脳、戦略核削減条約に調印（モスクワ）。
		NATO首脳会議（ローマ）。NATOロシア理事会創設。
	六月	G8首脳会議（カナダ）。ロシア、G8の正式メンバー入り。
	一〇月	モスクワでチェチェン武装勢力による劇場占拠事件。
二〇〇三年	三月	イラク戦争開始。
	一〇月	ユーコスのホドルコフスキー社長逮捕。
	一一月	グルジア議会選挙をめぐる混乱でシェワルナゼ大統領退陣（バラ革命）。
	一二月	ロシア下院議会選挙。統一ロシア圧勝。

プーチン

二〇〇四年	三月	ロシア大統領選挙。プーチン再選。
		NATO第二次東方拡大。バルト三国など七か国加盟。
	五月	チェチェン共和国のカディロフ大統領、爆弾テロで暗殺。
	九月	北オセチア共和国ベスランで学校占拠事件。
		プーチン大統領、地方の首長を大統領任命制にするなどの国家機構再編を提案。
	一二月	ウクライナ大統領選挙で野党のユーシェンコ候補当選（オレンジ革命）。
二〇〇五年	三月	キルギスでアカーエフ政権崩壊（チューリップ革命）。
	一一月	メドベージェフ第一副首相に、セルゲイ・イワノフ副首相に。
二〇〇六年	七月	ロシアが議長国を務める初のG8サミット（サンクトペテルブルク）。
	一〇月	ポリトコフスカヤ記者暗殺。
	一一月	リトビネンコ元FSB職員毒殺（ロンドン）。
二〇〇七年	二月	プーチン大統領、ミュンヘン演説。アメリカの一極支配を批判。
	九月	フラトコフ首相解任、後任にズプコフ。
	一二月	ロシア下院議会選挙。統一ロシアが圧勝。
		プーチン大統領、後継者にメドベージェフ第一副首相を指名。
二〇〇八年	二月	プーチン大統領演説、「二〇二〇年までのロシアの発展戦略について」。
	三月	ロシア大統領選挙。メドベージェフ当選。

メドベージェフ政権

二〇〇八年	五月	メドベージェフ大統領就任。プーチンは首相に。
	八月	ロシア・グルジア軍事衝突。
	九月	リーマン・ショック。世界同時不況。
	一一月	メドベージェフ大統領、初の年次教書演説。大統領任期の延長を提案。
二〇〇九年	一月	ロシア、ウクライナへの天然ガス供給を停止。
		アメリカでオバマ政権発足。
	四月	オバマ大統領、「核兵器のない世界」を声明。メドベージェフ大統領、これに同意。
	七月	オバマ大統領訪ロ。戦略核削減で基本合意。
	九月	オバマ大統領、欧州へのＭＤ配備中止を声明。
		メドベージェフ大統領、論文「ロシアよ、進め！」を発表。
	一一月	メドベージェフ大統領、年次教書演説。経済近代化を訴え。
二〇一〇年	二月	ウクライナ大統領選挙でヤヌコービッチ前首相が当選。
	三月	モスクワで地下鉄爆破テロ事件。
	四月	米ロ首脳が新たな戦略核削減条約に調印。
		キルギスでバキーエフ政権崩壊。

主要参考文献

（欧米語、ロシア語、雑誌、新聞紙上などの文献は割愛し、必要な場合は本文中に記した）

〔著者五十音順〕
上野俊彦「プーチン政権下における連邦制の改編」『（季刊）国際情勢』（国際情勢研究会）、第76号、二〇〇五
マックス・ヴェーバー著／脇圭平訳『職業としての政治』岩波文庫、一九八〇
NHK取材班『揺れる大国　プーチンのロシア』日本放送出版協会、二〇〇九
ボリス・エリツィン著／中澤孝之訳『エリツィンの手記―崩壊・対決の舞台裏（上下）』同朋舎出版、一九九四
大野正美『メドベージェフ―ロシア第三代大統領の実像』東洋書店、二〇〇八
木村　汎「一点集中主義―プーチンの軌跡を訪ねて」『日文研』（京都・国際日本文化研究センター）、No.38、二〇〇七
木村　汎「チェチェン紛争　繰り返す悲劇」『ブリタニカ国際年鑑二〇〇五』ブリタニカ・ジャパン、二〇〇五
木村　汎『ボリス・エリツィン―ロシア政治家の軌跡』丸善ライブラリー、一九九七
木村　汎『プーチン、シラヴィキー、ナショナリズム』（海外事情）拓殖大学海外事情研究所、二〇〇四年六月
木村汎、名越健郎、布施裕之『「新冷戦」の序曲か―メドベージェフ・プーチン双頭政権の軍事戦略』北星堂書店、二〇〇八
アレックス・ゴールドファーブ＆マリーナ・リトビネンコ著／加賀山卓朗訳『リトビネンコ暗殺』早川書房、二〇〇七

マーシャル・ゴールドマン著／鈴木博信訳『強奪されたロシア経済』日本放送出版協会、二〇〇三
塩原俊彦『ネオKGB帝国―ロシアの闇に迫る』東洋書店、二〇〇八
ミヒャエル・シュテュルマー著／池田嘉郎訳『プーチンと甦るロシア』白水社、二〇〇九
カール・シュミット著／田中浩・原田武雄訳『政治的なものの概念』未来社、一九七〇
レイモンド・チャンドラー著／清水俊二訳『プレイバック』早川・ミステリ文庫、一九七七
中澤孝之『資本主義ロシア―模索と混乱』岩波新書、一九九四
中澤孝之『オリガルヒ―ロシアを牛耳る163人』東洋書店、二〇〇二
二村秀彦、金野雄五、他著『ロシア経済10年の軌跡―市場経済化は成功したか』ミネルヴァ書房、二〇〇二
袴田茂樹『ソビエト・70年目の反乱―現地から検証する出口なきゴルバチョフ・ソ連』、集英社、一九九〇
袴田茂樹『プーチンのロシア　法独裁への道』NTT出版、二〇〇〇
袴田茂樹「反体制知識人」『現代マルクス＝レーニン主義事典（下）』社会思想社、一九八一
袴田茂樹「ロシア・中央アジア圏」『知恵蔵』二〇〇一年版、朝日新聞社
袴田茂樹「ロシアにおける新たな『スラブ派・西欧派』論争」『ロシア・東欧研究』〇七年度版、ロシア・東欧学会
袴田茂樹『ロシアのジレンマ―深層の社会力学』筑摩書房、一九九三
ヤコブ・パッペ、溝端佐登史著／溝端・小西豊・横川和穂訳『ロシアのビッグビジネス』文理閣、二〇〇三
ウラジーミル・プーチン（N・ゲヴォルクヤンほか）／高橋則明訳『プーチン、自らを語る』扶桑社、二〇〇〇
エレーヌ・ブラン著／森山隆訳『KGB帝国―ロシア・プーチン政権の闇』東京・創元社、二〇〇六
クライスティア・フリーランド著／角田安正、吉弘健二、松代助訳『世紀の売却―第二のロシア革命の内幕―』新評論、二〇〇五
エヴゲニー・プリマコフ著／鈴木康雄訳『クレムリンの5000日―プリマコフ政治外交秘録』、NTT出

版、二〇〇二
タチアーナ・ポポーヴァ著／鈴木玲子・山内聡子訳『モスクワ劇場占拠事件―世界を恐怖で揺るがした4日間』小学館、二〇〇三
アンナ・ポリトコフスカヤ著／鍛原多恵子訳『プーチニズム―報道されないロシアの現実』、日本放送出版協会、二〇〇五
ヘルベルト・マルクーゼ著／生松敬三訳『美的次元』、河出書房新社、一九八一
皆川修吾『ロシア連邦議会―制度化の検証　1994-2001』渓水社、二〇〇二
ロイ・メドヴェージェフ著／海野幸男訳『プーチンの謎』現代思潮新社、二〇〇〇
本村眞澄『石油大国ロシアの復活』アジア経済研究所、二〇〇五
山内聡彦『ドキュメント　プーチンのロシア』日本放送出版協会、二〇〇三
ハロルド・D・ラスウェル著／永井陽之助訳『権力と人間』東京創元社、一九五四

タ　行

ナ　行

事項索引

「ロシア」のような頻出語は採録しておりません。また、索引に挙げた名称と本文中の表記が完全に一致していない場合があります（例：「NATO拡大」＝「NATOの拡大」「NATOの東方拡大」）。

人名索引 「ウラジーミル・プーチン」「ボリス・エリツィン」は頻出するため採録しておりません。

木村 汎——きむら・ひろし

●1936年生まれ。京都大学法学部卒業。コロンビア大学Ph.D. 現在、北海道大学および国際日本文化研究センター名誉教授。拓殖大学海外事情研究所客員教授。専攻は、ソ連／ロシア研究。

●主な著書に、『ソ連とロシア人』(蒼洋社)、『ソ連式交渉術』(講談社)、『総決算 ゴルバチョフの外交』(弘文堂)、『ボリス・エリツィン』(丸善ライブラリー)、『プーチン主義とは何か』(角川oneテーマ21)、『遠い隣国』(世界思想社)、『新版 日露国境交渉史』(角川選書)、『プーチンのエネルギー戦略』(北星堂)、『現代ロシア国家論』(中公叢書)など。

袴田茂樹——はかまだ・しげき

●1944年生まれ。東京大学文学部哲学科卒業。モスクワ国立大学大学院修了。東京大学大学院国際関係論博士課程単位取得。米プリンストン大学客員研究員、東京大学大学院客員教授、モスクワ大学客員教授などを歴任。現在、青山学院大学国際政治経済学部教授。ロシア・東欧学会代表理事(前代表理事)、安全保障問題研究会会長。専門は現代ロシア論。

●主な著書に、『深層の社会主義―ソ連・東欧・中国こころの探訪―』(筑摩書房、サントリー学芸賞受賞)、『現代ロシアを読み解く』(筑摩書房)など。

山内聡彦——やまうち・としひこ

●1952年生まれ。東京外国語大学ロシア語学科卒業後、NHKに入局。モスクワ支局特派員、ウラジオストク初代支局長、モスクワ支局長を歴任。現在、旧ソ連・南アジア担当の解説委員。1993年にロシア太平洋艦隊による液体放射性廃棄物の日本海への投棄をスクープ。プーチン大統領と2回にわたるインタビューに成功。

●主な著書に、『ドキュメント プーチンのロシア』(日本放送出版協会)。

NHKブックス［1162］

現代ロシアを見る眼 「プーチンの十年」の衝撃

2010（平成22）年8月25日 第1刷発行

著 者 木村 汎・袴田茂樹・山内聡彦

発行者 遠藤絢一

発行所 日本放送出版協会（NHK出版）

東京都渋谷区宇田川町41-1 郵便番号 150-8081

電話 03-3780-3317（編集） 0570-000-321（販売）

ホームページ http://www.nhk-book.co.jp

携帯電話サイト http://www.nhk-book-k.jp

振替 00110-1-49701

［印刷］誠信社 ［製本］笠原製本 ［装幀］倉田明典

落丁本・乱丁本はお取り替えいたします。

定価はカバーに表示してあります。

ISBN978-4-14-091162-4 C1336